舰艇声隐身技术基础

主　编　纪　刚
副主编　吕晓军　谭　路
参　编　谢志勇　刘文玺　贾文超
　　　　　　潘雨村　唐　颖

华中科技大学出版社
中国·武汉

内 容 提 要

本书介绍了信号处理理论、振动理论、波动理论、水声传播原理与规律、舰艇辐射噪声规律、舰艇对探测声信号的反射特性、舰载声呐噪声干扰规律等系列知识,较为全面地给出了理解舰艇声隐身技术所必备的知识。全书除绪论外可分为三个部分:第一部分为声学基本理论,包括第 2、3、4 章,重点给出声学基础理论,用于向读者介绍声学的基本概念和处理方法,便于读者掌握声学的基本知识和分析思路。第二部分为工程应用声学部分,包括第 5、6、7、8 章,重点从工程处理的角度说明声学基础理论是如何被应用于实际工程的,以及在工程层面噪声源、噪声传递途径及检测具备怎样的规律。读者通过这一部分知识的学习,能够对声隐身技术具有更为全面的认识和了解。第三部分为声学技术实战部分,即第 9 章,重点结合教材建设团队的舰艇声隐身科研实践,探讨如何利用舰艇的声学特性进行隐身作战。

本书可作为非水声工程专业本科生学习舰艇声隐身技术相关知识的基础教材,也可作为拟从事舰艇声隐身技术研究的研究生和专业技术人员的入门参考书。

图书在版编目(CIP)数据

舰艇声隐身技术基础 / 纪刚主编. -- 武汉 : 华中科技大学出版社,2025. 7. -- ISBN 978-7-5772-2012-3

Ⅰ. U661.44

中国国家版本馆 CIP 数据核字第 20256XF112 号

舰艇声隐身技术基础　　　　　　　　　　　　　　　　　　　　　　　　纪　刚　主编
Jianting Shengyinshen Jishu Jichu

策划编辑:张少奇
责任编辑:姚同梅
封面设计:廖亚萍
责任监印:朱　玢
出版发行:华中科技大学出版社(中国·武汉)　　　　电话:(027)81321913
　　　　　武汉市东湖新技术开发区华工科技园　　　　邮编:430223
录　　排:武汉市洪山区佳年华文印部
印　　刷:武汉市洪林印务有限公司
开　　本:787mm×1092mm　1/16
印　　张:11
字　　数:279 千字
版　　次:2025 年 7 月第 1 版第 1 次印刷
定　　价:49.80 元

前　言

提高海军舰艇的声隐身性能并利用海洋环境进行隐身作战,对增强舰艇自身作战威力与生存能力具有重要的意义。因此,有必要为将要投入海军作战相关技术岗位和指挥岗位的本科生开设"舰艇声隐身技术与作战使用"课程,讲授有关水声学知识,介绍有关舰艇噪声源、舰艇噪声在海洋中的传播原理及利用水声学原理进行隐身作战的技术。本书将用作该课程的基础教材。

目前,国内同舰艇声隐身技术相关的教材主要分为两类:一类以声学基础为主要内容,重点针对声学物理进行论述。这类教材是水声工程专业的专业基础课教材,其对声学物理层面的内容论述更为详尽,更侧重于数学的推演。由于声学问题本身就是多学科交叉问题,因此这类教材涉及的知识范围也很广。另一类以声学工程应用为主要内容,重点从工程角度说明舰艇噪声的产生、传播、散射、接收的过程及工程研究方法。此类教材主要针对水声工程专业的学生,由于他们已经具备一定的声学理论基础,因此学习这类教材并不存在太大困难,但非水声工程专业的人员学习这类教材时则会较为吃力。本书专门为具备大学物理知识背景、但不具备声学基础的人员而编写,以帮助他们更好地掌握舰艇声隐身技术基础知识。

本书充分考虑了非水声专业人员的前导知识背景,对声学基础和声学工程应用的内容进行了统筹和梳理。首先,本书给出了有关声学基础原理;然后,从声学工程应用层面介绍舰艇声学知识,它是介于基础声学理论与声呐技术层面之间的内容,可以看作对声学理论、结果和现象的总结;最后,介绍了本书编写团队在相关领域的最新科研成果,以引导读者创新思维,积极开展新战法研究。

本书由纪刚研究员任主编,吕晓军、谭路任副主编,谢志勇、刘文玺、贾文超、潘雨村、唐颖参与了编写工作。其中,纪刚负责第1章至4章,吕晓军负责第5章,谭路负责第6章,谢志勇负责第7章,潘雨村和贾文超负责第8章,刘文玺和唐颖负责第9章。另外,吕晓军为全书进行了配图,纪刚对全书进行了统稿。

受专业水平限制,加之编写时间很紧,书中难免有不妥之处,敬请读者予以批评指正。

编　者
2025 年 2 月

目　　录

第1章 绪 论

隐身是舰艇提高生存能力的重要手段。在浑浊和含盐的海水中,光波和电磁波的衰减都比声波大,水声探测成为海洋中探测舰船行踪的最有效方式,因此舰艇声隐身技术在舰艇隐身技术中处于相当重要的地位。舰艇声隐身技术通过控制舰艇的声频特性来降低敌方声呐系统的探测距离和精度,声频特征的检测手段是声隐身技术的基础。为此,本章重点概述了水声检测的仪表和实现方法,并介绍了舰艇隐身技术的相关概念。

1.1 舰艇隐身技术的基本概念

随着军事信息技术、精确制导技术的迅猛发展以及远距离对舰攻击武器的出现,各种作战平台对舰艇的探测、跟踪、攻击能力越来越强,舰艇的生存能力受到的威胁日益严重。发展和应用隐身技术成为提高舰艇生存能力的重要手段。

舰艇隐身技术是在现代舰船系统发展过程中出现的一类高新技术,重点研究如何控制舰艇的特征信号,进而降低探测系统的发现距离,从而减少以特征信号为引信的制导武器的命中概率,提高舰艇的生存能力及作战效能。

影响舰艇隐身性能的特征信号通常包括声信号、磁信号、红外信号、电场信号、尾迹信号、光信号等。针对这些特征信号的控制,发展出了相应的隐身技术。

1. 声隐身

海水是声波传播的良好媒介,声呐系统利用海水传播过来的声波可以有效探测、发现目标,进而跟踪并攻击目标。

舰艇上的各种机械在工作时会产生振动噪声,如齿轮啮合、涡轮叶片旋转、电动机运转、螺旋桨工作时,都会以特有的频率振动而发声。除此之外,不规则起伏的水流流过船只时也会带来噪声。

为减小舰艇噪声,可采取多种低噪声控制技术,如:采用多叶大侧斜螺旋桨(见图 1-1)、泵喷推进器(见图 1-2)、低噪声船体外形,减小螺旋桨噪声和水动力噪声;使用隔振技术,即将运转机器安装在动态性能和静态性能都能达到要求的弹性基座上,减少机器的振动向船体的传递(见图 1-3);采用吸振和阻振技术,避免机器的振动向船体传递;采用消声瓦消声(见图 1-4)、吸声涂层消声和有源消声等消声技术。

2. 磁隐身

现代舰船多采用钢制船体结构,在地球磁场的磁化作用下,船体会成为浮动的磁体,从而使舰船周围空间形成磁场。磁探测仪可以通过探测舰船运动时的磁场变化而感知舰船的行踪,磁性水雷在船体磁场作用下其磁针将接通起爆电路从而使水雷爆炸。

图 1-1　潜艇七叶大侧斜螺旋桨

图 1-2　潜艇泵喷推进器

图 1-3　潜艇机械设备采用浮阀隔振

图 1-4　潜艇外壳敷设消声瓦

　　为减少磁性,舰艇需在消磁站进行临时线圈消磁(见图 1-5):在被消磁的舰艇上临时绕上若干线圈,通以强大的电流,消去舰艇的固有磁性;在舰艇内部敷设若干组固定线圈,借助消磁电流整流器,使固定线圈中产生会随航向和海区变化的消磁电流,进行固定绕组消磁,由此消除舰艇的感应磁性。

图 1-5　美国核潜艇在消磁站中消磁

3. 红外隐身

舰艇会辐射热能,如烟囱等部位会排放温度较高的燃烧产物,因而可产生较大的红外辐射。这些辐射"亮点"可被红外制导导弹探测到,从而导致舰艇被跟踪和命中。

为实现红外隐身,需对发动机排气管路、发动机排气道等进行控制,如在舰艇设计时,将内燃机和辅助设备的排气管路安装在水线以下,对金属表面和排气管路进行冷却等。

4. 电场隐身

舰船在水下具有的电场也是一种特征信号源,较强的电场可以引爆水雷。舰船的电场包括静电场和交变电场。静电场来源于金属电化学腐蚀电流和有源阴极保护系统产生的电流。交变电场来源于螺旋桨、轴系等转动形成的感应交变电流。

此外,船上电子设备开启时,会产生电磁波二次辐射,形成电场。

电场隐身是指通过安装电保护装置、屏蔽装置、电场补偿系统等来避免水下电场的产生或降低水下电场强度。

5. 尾迹隐身

舰船在航行时会留下尾迹(见图1-6、图1-7)。尾迹持续时间长,不易消除,不易伪装,容易成为暴露舰船目标的信号源。常见的尾迹包括声尾迹、磁尾迹、热尾迹等。

图1-6 水面舰艇航行尾迹

图1-7 潜艇航行尾迹

为控制尾迹,需在舰艇设计时尽量优化艇尾线型,同时在舰艇使用中要注意三废(废气、废水、固体废弃物)处理,避免敌方依据污迹进行航迹跟踪。

6. 光隐身

在舰艇设计时必须注意舰艇外表的颜色和光洁度,使用吸光性能强、反射性能差的涂料,如甲板油漆采用深褐色、侧壁使用深蓝灰色,对表面粗糙度不做特别要求等,避免被敌方飞机发现和攻击。

7. 雷达隐身

舰艇表面对雷达波具有反射和散射作用,从而可被雷达探测到,如图1-8所示。为实现雷达隐身,可采取材料隐身和外形隐身技术。

典型的材料隐身技术采取雷达吸波材料实现对雷达波的有效吸收,从而降低雷达回波强度。在不影响舰艇总体性能、结构强度的前提下,尽量采用非金属材料可有效降低雷达回波强度。

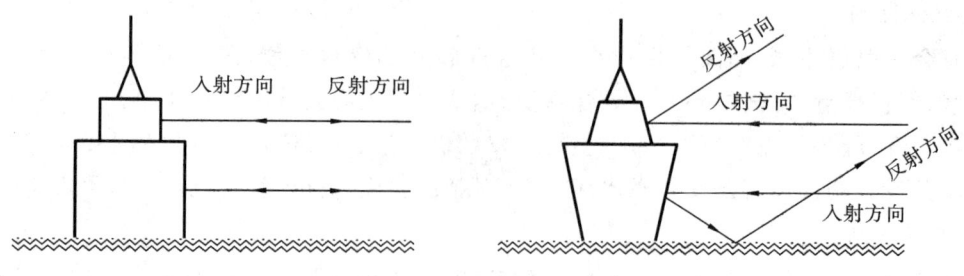

图 1-8　雷达波在舰艇表面的反射

在外形隐身方面,可通过改变舰艇的表面形状来减小雷达散射截面面积。若外形设计合理,能大幅度降低雷达回波强度。典型的外形隐身措施包括:将舰艇上层结构尽量设计成能使回波集中指向背离敌人的一个方向(预先确定多个方向)的样式;尽量避免在露天区域安装金属设施,除必要的通风口、通气口外,其他金属物体不在露天甲板设置,或给露天安装的设施加装遮挡形体;将整个舰艇的形体设计为封闭型,整体呈流线型,减少凹凸面、垂直直角面,将突出部位设计成圆弧状等,以避免雷达波的多次发射腔体效应,减小雷达散射面积。

1.2　声波、声呐技术、舰艇的声隐身技术与水声对抗

1. 声波

声即声音,通常指人耳能够感觉到的空气振动时产生的声波。从广义上来说,在弹性介质中传播的压力、应力、质点位移、质点速度等物理量的变化或其综合作用都可以构成声波现象。声波不能在真空中传播,只能通过具有弹性的介质传播。介质可以是各种气体、液体或固体。例如,潜在水里的人也能听到声音,人将耳朵附于铁轨上可以听到远处的火车声。因此,声音是各种弹性介质中的机械波。在本书的讨论中,海水是声波的主要传播介质。

2. 声呐技术

从广义上来说,凡是利用水下声信息进行探测、识别、定位、导航和通信的系统都称为声呐系统,与之相关的技术称为声呐技术。

声呐按工作方式的不同通常分为两种:主动声呐和被动声呐。主动声呐工作时,发射系统向海水发射带有特定信息的声信号,利用回声信号实现对目标的探测。被动声呐没有专门的声源发射系统,声源部分为被探测目标,如鱼雷、潜艇、水面舰艇等运动目标在航行中所辐射的噪声,被动声呐就是通过接收目标的这种辐射噪声来实现水下目标探测的。

声呐技术最早可追溯到达·芬奇时代。1490 年,达·芬奇发现,取一根长管,将其一端插入水中,而将管的另一端放在耳旁,可以听到远处大船航行时船桨击水发出的声响。

19 世纪初叶,瑞士物理学家科拉顿与法国数学家斯特姆在瑞士日内瓦湖开展声速测量试验,通过测定敲钟和水下钟响之间的时间间隔,获得了声速的较为精确的结果。

20 世纪初,出现了水声的第一个实际应用:在灯塔船上安装潜水钟和雾号,同时令潜水钟发出钟声和由雾号发出号声,测定船舶接收到钟声和号声的时间差,就能确定船舶与灯塔间的距离。该测距原理为声呐技术的发展奠定了基础。

1912 年,英国科学家刘易斯·弗莱·理查森(L. F. Richardson)首次提出水下回声定位理论方案:通过发射高频声波并接收其反射信号实现目标探测。这一理论在 1914 年得到初步验证,试验装置成功探测到 2 英里(约 3.2 km)外的冰山。

1915 年,法国物理学家保罗·朗之万与俄国工程师契洛夫斯合作开发了首台主动式声呐设备,其核心为静电变换器,通过发射和接收声波实现水下目标探测。这一试验成果标志着主动声呐技术的诞生。1916 年,他们成功利用石英材料开发出新型超声探头,可接收200 m外装甲板的回波。1917 年,朗之万团队完成压电石英传感器的实用化改进,该传感器成为主动声呐的核心部件,奠定了现代声呐技术的物理基础。1918 年,协约国将这一技术集成至舰载声呐系统,首次实现 1500 m 外潜艇探测的实战成果。

第一次世界大战期间,空气管也被广泛地用于水下听测。一般是采用 12 根空气管组成线阵,安装在船底的左右舷侧。这种可以转向的听音设备具有惊人的目标定向精度,即使一个未经训练的观察者,利用该设备来对一个远处的航船目标进行定位,定位精度也可以达到±0.5°。

第一次世界大战后不久,德国学者发表的一篇关于水声传播的论文指出:海水温度、盐度随深度变化,会影响声音传播的方向和距离。这一发现可以解释一些奇怪的现象:在某些情况下潜艇能够接收到比较远的距离处其他舰船的声音,己方的声音却不能被对方接收到,而有些情况下则正好相反。声呐员早晨往往能够得到良好的回波,可是一到下午回声信号就变差,或者根本接收不到。温度的变化导致声音方向发生改变,当目标处于声影区时,就不能接收到目标的声音。这篇论文说明该时期的德国物理学家对水声传播已具有较深刻的认识。

第二次世界大战期间,主动式超声声呐技术趋于成熟。美国海军于 1940 年前后批量装备舰用声呐系统,操作者通过机械旋转基阵调整探测方位,利用回波时间差计算目标距离,并通过机电示波器或纸带记录器显示结果。这种声呐装置在 1941 年后的大西洋反潜战中成为遏制德国 U 型潜艇的关键装备之一。

第二次世界大战后,声呐技术有了显著进展,在军事方面尤其如此,例如音响水雷、声制导鱼雷和水下电话得到技术改进,声呐浮标和专用探雷声呐系统逐步趋于成熟,水听器性能显著提升。

音响水雷利用舰船的辐射噪声实现引爆,是一种非触发独立水雷。当舰船与水雷接近到一定程度时,航行舰船产生的声波或水雷探测声信号的回波被声引信鉴别,将触发水雷声引信动作,引起水雷爆炸。

声制导鱼雷利用高频声波实现对目标的制导。声制导鱼雷的制导方式包括主动制导和被动制导。如果利用回声检测目标并导向目标,称为主动制导;如果利用目标辐射噪声制导,则称为被动制导。主动制导鱼雷通常使用多阵元换能器阵作为收、发基阵,采用波束形成器形成发射波束,从而具备更好的抗干扰能力。图 1-9 所示为声制导鱼雷的自导头发射声波的示意图。

水下电话用于水面舰艇与潜艇或潜艇与潜艇之间的通信,它是利用调制声波来实现信息传递的。

声呐浮标(见图 1-10)是飞机投放的小型声呐,用于水下听测或回声定位。声呐浮标为消耗性装备,其中有一台微型发射机,能对水听器收到的电信号进行接力传递。飞机空投特殊包装的炸药在水中爆炸,事先投放的声呐浮标接收爆炸回声并发送回声信号,实现对目标的定位,如图 1-11 所示。

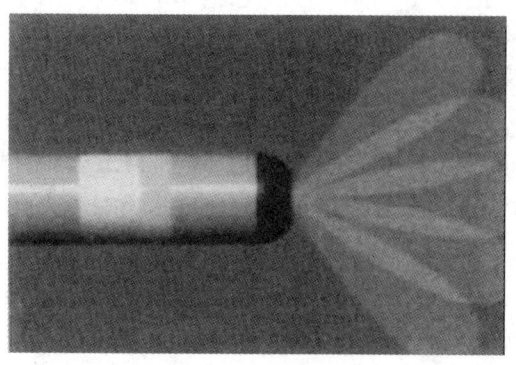

图 1-9　声制导鱼雷

（a）P3-C 反潜机携带的声呐浮标

（b）AN/SSQ-101和AN/SSQ-125声呐浮标投放

图 1-10　美国机载声呐浮标与声呐浮标投放

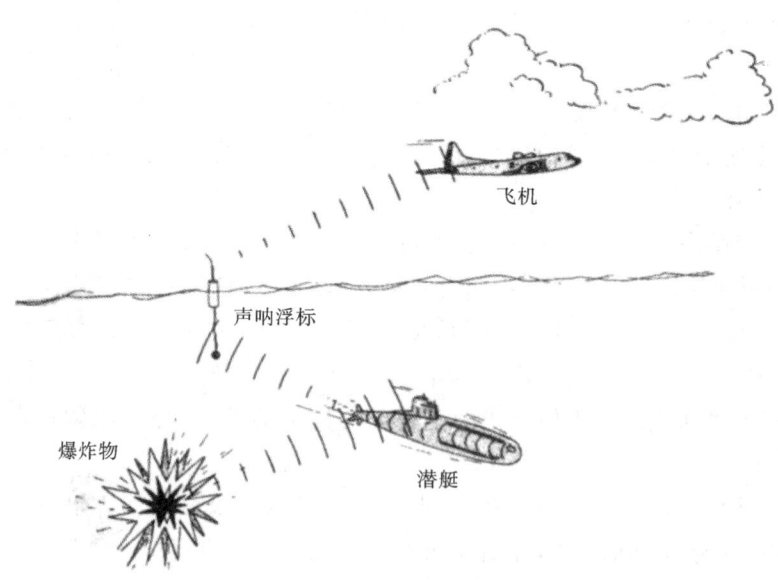

图 1-11　机载声呐浮标猎潜示意图

探雷声呐使用高指向性的换能器和短脉冲进行回声定位,能将混响背景中的小目标信号检测出来。在海底安放水听器可以接收由远处目标发出的声音,从而确定目标的方向,实现"被动检测"。例如,美国在海底铺设的水声监听系统——SOSUS(sound surveillance system,声音监测系统),如图 1-12 所示,其海底水听器阵可利用深海声学通道(SOFAR)监听远距离潜艇的噪声。

图 1-12 美国 SOSUS

此外,现代的主动声呐体积和功率都有了很大的增加,工作频率也越来越低,从而使得主动声呐的作用距离有了大幅增加。同样,被动声呐也具有更低的探测频率,能够探测潜艇的低频噪声。主动声呐和被动声呐被广泛安装于现代的水面舰艇和潜艇。

图 1-13 所示是一个潜艇上的圆柱阵,图 1-14 所示是安装在现代潜艇上的球面阵,图 1-15 所示是安装在水面舰艇上的球面阵,图 1-16 所示是安装在潜艇上的共形阵。这些声呐阵采用多个换能器单元组合而成,灵敏度更高,指向性更好,信噪比更大。现代声呐阵可以在垂直和水平的任一方向发送大功率长脉冲,并利用现代信号处理技术对回波进行显示,有效实现对目标的高精度探测定位。

图 1-13 潜艇上的圆柱阵

图 1-14 现代潜艇上的球面阵

图 1-15　水面舰艇上的球面阵

图 1-16　潜艇上的共形阵

拖曳声呐利用舰艇尾部的特定拖缆装置来拖行装有声呐的基阵,如图 1-17 所示,拖缆长度可调节,从而改变声呐深度。其最大的优势是声呐位置距离舰艇远,背景噪声低;可以通过调整深度匹配海洋水文环境,环境适应性好;制成线阵的拖曳声呐长度可达数百米,指向性好;探测距离远,好的主动拖曳声呐可探测 50 km 远的目标。

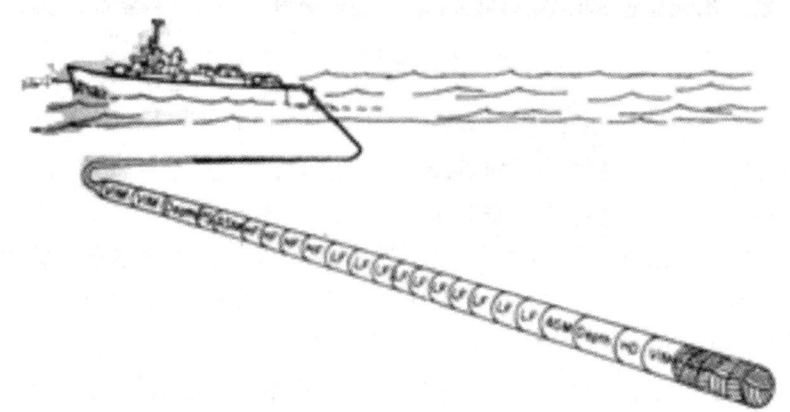

图 1-17　一种包含高频段和低频段的拖曳声呐

舷侧声呐阵是一种低频被动声呐阵,声呐换能器安装于舰体的两舷,并与壳体共形,如图 1-18 所示。舷侧声呐阵具有工作频率低,探测距离远,指向性好,不占用过多布置空间等优点,20 世纪 80 年代以来一直是西方海军潜艇上的重要装备。

在非军事领域,也发展出了一些基于水声技术的商用声呐产品,其在海洋资源开发中应用广泛,主要功能包括:海洋测绘、资源探测、导航与定位、设备协同、工程检测、环境监测。

3. 舰艇的声隐身技术

舰艇的声隐身技术通常指通过减小舰艇辐射噪声和声波反射能力来降低敌方声探测设备及声制导系统对舰艇探测发现概率的反声探测技术。

现代舰艇研究设计中,声隐身性已成为舰艇尤其是水下航行器的重要战术技术指标,因而各国海军都在不遗余力地开展舰艇的声隐身研究工作。

各国海军通过动力系统革新(无轴泵推、自然循环反应堆)、螺旋桨优化(七叶大侧斜螺旋

BQQ-10艇首声呐　　　　BQG-5A舷侧声呐阵　　　　TB16/TB29拖曳声呐

图 1-18　美国弗吉尼亚级核潜艇装备的声呐

桨、空化抑制)及综合减振(浮筏隔振、流体外形设计),使舰船辐射噪声持续降低。美国和苏联潜艇辐射噪声总声级逐年下降的趋势如图 1-19 所示。从总体上看,美国多用途攻击型核潜艇的辐射噪声总声级从 1960 年的 160 dB 下降到 1985 年的 118 dB,平均每年下降 1.5 dB。苏联多用途攻击型核潜艇的辐射噪声总声级从 1960 年的 170 dB 下降到 1990 年的 130 dB,平均每年下降的分贝数略低于美国。

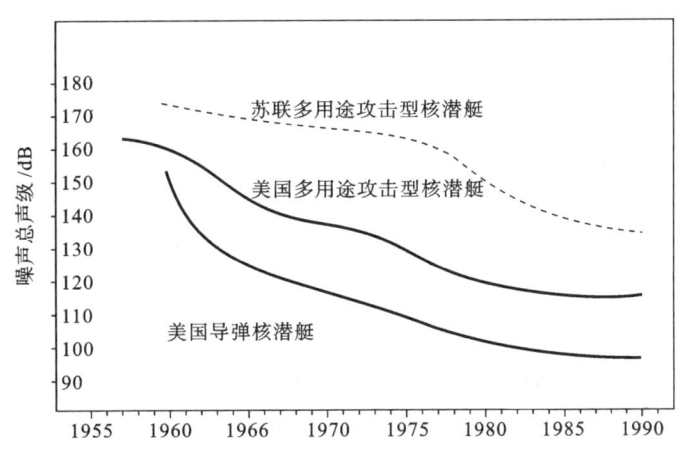

图 1-19　美国和苏联潜艇辐射噪声总声级逐年下降的趋势

注:基准声压为 $1×10^{-6}$ Pa,$r=0.914$ m。

　　以上虽然只比较了美国和苏联核潜艇的降噪情况,但是这个数据有一定的普遍性。20 世纪末,先进国家现役潜艇的辐射噪声大都在 130 dB 左右,美、俄的部分潜艇辐射噪声在 120 dB 左右。

　　近年来,随着潜艇噪声的大幅度降低,被动声呐的探测距离大大下降,主动声呐因此重新受到重视。由于主动声呐是利用回声来探测目标的,因此,为了提高舰艇的声隐身性,需要控制舰艇对声波的反射能力。舰艇对声波的反射能力由舰艇的目标强度这一指标来表征。

为控制舰艇的目标强度,在舰艇设计中通常要考虑舰艇的形状、材料,即从这两方面下手来促使舰艇对声波的反射减少。此外,还可在舰壳上贴敷消声瓦。德国为了让潜艇不反射声波,开发了一种不反声的潜艇覆被材料。它是一层穿了孔的橡皮,将这层橡皮贴在潜艇外壳上,外面再贴上一层薄的硬橡皮,从而将海水和空气隔开。这种表面覆盖物只在有限深度和有限频带内有效,并且只能在工作情况下使用,不能和潜艇外壳长期黏合在一起。采用消声瓦是现代舰艇减小目标强度的主要途径。

在我国,舰艇声隐身技术已形成覆盖设计、建造、维护的全流程技术体系,在主动噪声抵消(如低频水声主动发射单元)、被动吸声(如稀土基消声瓦)及流体噪声抑制(仿生艇体涂层)等方面取得突破,显著提升了舰艇隐身性能。声隐身技术通常应用在以下方面:

(1)合理确定舰艇噪声指标。

根据舰艇作战使命确定舰艇合理的噪声指标,主要包括辐射噪声指标、目标强度指标、自噪声指标、舱室噪声指标等。指标论证与分配工作以定性分析和定量估算相结合。

(2)通过舰艇声学设计得到舰艇噪声控制的优化方案。根据确定的噪声指标,建立噪声控制方案模型,对控制结果进行预报和评估。

(3)为获得舰艇噪声控制效果,研发噪声控制关键技术。

其中主要的关键技术包括:低噪声螺旋桨技术、阻尼技术、浮筏技术、管路噪声振动控制技术、消声瓦技术,以及其他新技术。

(4)舰艇建造、试航交货期间的噪声控制。

根据舰艇声隐身的方案设计完成技术设计而进入施工设计后,噪声控制由相应施工工艺和试航验收文件保证。

(5)舰艇服役期间的噪声控制。

采取噪声监测仪检测阵源振动与噪声及其变化,制定相应措施,达到噪声控制目的。

(6)舰艇修理期间的噪声控制。

在舰艇修理期间,由声隐身的控制方案和实际情况,编制相应的施工工艺和验收文件,使舰艇在修理前、后噪声水平相当。

4. 水声对抗

水声对抗是基于水声学原理开展的综合性对抗体系,通过有源干扰(主动声波压制)、无源干扰(气幕屏障、声诱饵欺骗)及战术规避等手段,实施对敌方声呐探测的反制与对其声自导鱼雷攻击的防御,属于水下电子战(EW)的重要分支,亦称声学战。

水声对抗分为战略性水声对抗和战术性水声对抗。战略性水声对抗是利用欺骗、伪装、干扰等手段,防御敌方的战略性兵力侦察和攻击,或用水声对抗假兵力诱骗、佯攻,吸收敌方真兵力,保证我方战略行动的成功;战术性水声对抗是指执行具体战斗任务或在海上遭敌方跟踪或攻击时,采用水声对抗手段,发射或投放各类干扰、诱骗器材,破坏敌方的进攻或迷惑敌方,争取时间,实施战术规避或防御反击。

水声对抗不是一味地提高自身的隐蔽性,以躲开敌方的探测或攻击,而是主要采用各种各样的诱饵、干扰器和气幕弹等迷惑敌方鱼雷或声呐,或干扰其制导系统使之偏航,甚至将其摧毁。总之,水声对抗是为使敌方声呐设备失灵或迷盲、声自导武器失控或毁灭而采取的各种手段。

1.3 舰艇声信号的检测

舰艇声隐身性能和状态需要通过测量来检测、评价和监测，这是通过噪声测量系统来实现的。用于检测或监测的噪声测量系统都是若干测量仪器的组合。噪声测量系统由声学传感器，信号调理仪器，信号采集、存储与分析设备构成，如图 1-20 所示。

图 1-20 噪声测量系统的构成

1. 声学传感器

声学传感器用于将声、振动等非电信号转换为电信号，以便于电子仪器处理和显示。常用的声学传感器包括水听器、测振传感器、声矢量传感器等。

1）水听器

实现声能和电能相互转换的设备统称为换能器。海水压力脉动是水声信号在海水介质中传递的重要方式之一，换能器可感受或发射脉动压力，其基本原理是材料的压电效应和磁致伸缩效应。压电效应是：当压缩某种晶体时，某些晶面上会出现电荷。与之相反，磁致伸缩效应为：当加上电压时，晶面之间会产生应力，出现形变。换能器利用压电和磁致伸缩材料制作，从而可感受或形成海水压力脉动。

水听器是换能器的一种。水听器将声能转换为电能，又称为接收器。将电能转换为声能的换能器称为发射器。有些声呐换能器既可发射声音，也可接收声音；有些声呐系统采用不同的换能器分别作为发射器和接收器。

水听器的主要性能指标包括：

（1）频率范围——能接收的压力脉动信号的频率范围。自噪声水听器的频率范围通常应为 10 Hz～30 kHz；辐射噪声水听器的频率范围通常为 5 Hz～500 kHz。

（2）灵敏度——每单位声压使水听器输出端产生的开路电压，反映了水听器的声-电转换比例。舰艇水噪声测量中经常使用的水听器灵敏度约为 50 μV/Pa，含有前置放大器的水听器灵敏度约为 600 μV/Pa。

（3）指向性——对来源于不同方位的声音响应的均匀性。部分水听器不具备指向性。当水听器具有指向性时，应给出指向性指数，用于修正对不同方位的声音测量的结果。

利用多个水听器作为阵元，可组成水听器阵。同单个水听器相比，水听器阵具有以下几个方面的优点：

（1）具有较高的灵敏度，因为相对于放在同一声场中的单个元件，阵元将产生更高的电压（在串联时）或更高的电流（在并联时）。

（2）水听器阵具有指向性，因而能分辨从不同方向到达的声波。

（3）水听器阵比单个水听器元件有更高的信噪比，因为它能够从各向同性或准各向同性的噪声中把水听器阵所指向的那个方向上的入射信号提取出来。

因此，绝大多数实际的水声应用中都使用水听器阵。

2）测振传感器

测振传感器用于测量机械振动,将振动机械能转换为电能。依据测量的物理量不同,测振传感器可分为位移传感器、速度传感器和加速度传感器。按工作原理的不同,测振传感器又可分为压电式、磁电式、电容式、电感式、应变式和光电式等。

压电式测振传感器以某些材料的压电效应为基础:当被测对象发生振动时,传感器的振子与基座就产生相对运动,振子的惯性力使压电陶瓷上产生电荷。

电容式测振传感器工作时,振子与固定极板做相对运动,导致电容发生变化,通过测量传感器的电容量就能测得被测物体的振动信息。

电感式测振传感器利用线圈自感或互感的变化实现测量:振子(铁芯)与线圈产生相对运动,导致线圈的自感或互感发生变化,测量线圈的自感或互感可反映出被测物体的振动信息。

最常使用的应变式测振传感器为电阻应变式测振传感器。测振时,振子与壳体产生相对振动,从而导致簧片振动,安装于簧片上的应变片将振动量转化为电阻变化量,变换电路再将电阻变化量转换为电压变化量输出。

测振传感器的性能指标除了灵敏度、频率响应之外,还包括动态范围。动态范围反映了传感器的振动测量量程,是可测量的时变信号最大值和最小值的比值。此外,相位特性也是测振传感器的重要性能指标,相位偏移对应机械输入和由此产生的电输出之间的时间延迟。如果在测振传感器测量频率范围内相位不恒定,则一个振动信号的各种频率成分之间的相位关系将互相变换,最终导致失真的电输出。

3）声矢量传感器

声矢量传感器是一种新型的测量器件,它不但可以测量声场中的标量物理量——声压,而且还可以直接、同步测量声场同一点处流体介质的矢量物理量——质点振速矢量(或声压梯度、加速度矢量等)。

声矢量传感器是由多个振速传感器或振速传感器与声压水听器按照不同的方式组合而成的。例如,将振速传感器与声压水听器组合成的声压-振速组合传感器就是一种矢量传感器,当测量了声场中的声压和振速矢量后,该传感器可根据这两个物理量计算获得声强值。

根据声矢量传感器中振速矢量传感器的类别,声矢量传感器一般可分为声压梯度式和惯性式两种类型。惯性式传感器将测振传感器安装在刚性球体内,当有声波作用时,刚性球体会随流体介质质点同步振动,内部的测振传感器会拾取相应质点的运动信息。声压梯度式传感器中装有不止一个水听器,可以测量不同的、临近位置的声压,利用空间两点处声压的差分近似获得声压梯度,声压梯度与加速度具有物理关联,因此可以通过计算声压差分获得质点振速。

2. 信号调理仪器

简单来说,信号调理就是将敏感元件检测到的各种信号转换为标准信号,实现该功能的仪器都可称为信号调理仪器。

测量放大器是典型的信号调理仪器。测量放大器用来放大来自测量传感器的微弱电信号,使其达到信号记录采集设备所要求的电压值,同时具有高的输入阻抗和低的输出阻抗,以便与水听器等传感器和其他电子仪器相匹配。

通常使用的水听器和测振传感器多数具有很高的输出阻抗,作为信号源,它们的输出将难以驱动更大的负载,因而不能直接连接到测量仪器和分析仪器上,必须在中间插入放大器。放大器除具有放大信号的基本作用外,还可以把高阻抗输出转换为低阻抗输出,起到阻抗变换器的作用。

信号放大一般需要分级实现。微弱信号被放大时,噪声信号也被放大,只有设置与信号源相匹配的放大器才能使电路噪声系数最小,这一级放大器被称为前置放大器。经过前置放大的信号再由信号采集设备采集。为了使用方便,某些型号的传感器已经内置前置放大器。

其他信号调理仪器还包括滤波器、模/数(A/D)或数/模(D/A)转换器、过流保护器、电平转换器、隔离器等,这些调理器分别实现滤波、模/数或数/模信号转换、过流限制、电平转换、隔离非正确信号等功能。通过信号调理,由传感器输出的信号中不需要的成分被滤除,最终得到能被下级设备识别、采集、控制、处理的信号。

3. 信号采集、存储与分析设备

1) 信号采集设备

经测量放大器放大的信号被信号采集设备所采集,供后续分析和长期保存。

信号采集设备的工作方式有两种:直接采集模拟信号,即以原本的连续信号形式记录信号;采集数字信号,即先将信号经模/数转换变为数字信号再进行记录。

磁带记录仪是一种信号采集设备,它以磁带为信号载体,利用磁性物质被磁化后保持剩磁的特性,根据电磁感应原理记录和重放电信号。磁带记录仪可以以模拟方式(如模拟磁带记录仪)或数字方式(如数字磁带记录仪)记录采集信号。

数据采集器是用于采集信号的计算机设备,利用采集板卡采集信号,信号被存储在硬盘中。数据采集器可以实现多通道的数据采集。数据采集器根据采集卡的型号不同分为模拟通道类型和数字通道类型。

频率响应、动态范围、采样速率等是信号采集设备的重要指标。频率响应反映了信号采集设备可记录信号的频率范围,动态范围反映了信号采集设备可记录信号的脉动幅度范围。采样速率是指每秒从连续信号中提取并组成离散信号的样本个数。信号采集设备的采样速率越高,意味着对高频信号采集的失真度越小。当信号采集设备的频率响应范围和采集速率范围不够宽时,必须通过滤波器将信号分成不同的分量,再对各分量分别进行放大,并使用满足要求(如频率响应、动态范围要求)的信号采集设备分别进行记录。

2) 信号分析仪

信号分析仪用于对测量数据进行处理,给出信号的分析结果。信号分析方法主要包括频谱分析、时频分析、相关性分析等。

3) 显示仪表

显示仪表位于测量通道的末端,用于显示信号和分析结果。常用的显示仪表包括交流电压表、示波器、电平记录仪、显示器等。

4. 测量系统的检定和校准

测量系统的仪表要经过计量部门的检定,检定结果具有有效期,只有经过检定并且检定结果在有效期内的仪表才能使用。

将各仪表设备组合成测量系统后,还要检查系统功能是否正常,然后进行系统校准。校准的目的是正确给出整个测量系统的灵敏度。灵敏度是测量系统的输出端电压与被测物理量的比值。例如,对于声压测量系统,灵敏度 S 就是测量系统的输出端电压 V_o 与测量水听器处的声压之比 p,其定义式为

$$S = \frac{V_o}{p} \quad (\mu V/Pa) \tag{1-1}$$

测量系统的具体校准方法一般有两种。

一种是对测量系统的各个组件单元进行分别校准,然后给出整个系统的灵敏度。例如,在进行声学测量时,如果已经校准的测量水听器的灵敏度为

$$M = \frac{V_i}{p} \quad (\mu V/Pa) \tag{1-2}$$

式中:V_i 为测量系统输入端电压。

信号调理系统的灵敏度为

$$K = \frac{V_o}{V_i} \quad (\mu V/\mu V) \tag{1-3}$$

则由测量水听器和信号调理系统所组成的测量系统的灵敏度为

$$S = \frac{V_o}{p} = \frac{V_i}{p} \times \frac{V_o}{V_i} = M \times K \quad (\mu V/Pa) \tag{1-4}$$

另一种是对包括测量传感器在内的整个测量系统进行校准,显然这一种方法更好,可以避免不同组件的连接匹配性不好所带来的误差。不过,这种校准方法比较麻烦,因为需要采用待校准测量系统来对已知量值的校准信号进行测量。

思考题

1. 什么是舰艇隐身技术?
2. 举例说明常见的舰艇隐身技术。
3. 说明声呐技术、舰艇声隐身技术与水声对抗技术间的关系。
4. 给出常见的声学传感器,并说明其作用。
5. 给出常见声学传感器的主要性能指标。
6. 说明噪声测量系统的基本构成及各部分的作用。
7. 举例说明噪声测量系统中灵敏度的概念。

第2章 信号分析基础及声学基本量

由声学传感器感知的声学信号是与时间相关的动态信号,在信号分析中需要对动态信号进行时域-频域的变换,以便于识别信号的特征。本章将给出动态信号分析的基础理论,然后给出声学基本量和声级的有关概念。

2.1 信号分析基础

声学传感器感受的声学信号与时间相关。时域表示是声学信号最直接的呈现形式,能够直观反映信号波形随时间的变化规律。然而要深入解析信号的频率成分特性,通常需要将时域信号转换到频域来表示。这里重点给出信号的时域-频域变换关系。

2.1.1 信号的分类

信号 $g(t)$ 是时间的函数,它通常表征某个物理量随时间的变化,如通过 $1\ \Omega$ 电阻的电流随时间的变化。

根据信号在时域是否具有重复性特征,信号可分为周期信号和非周期信号。

对于周期信号,存在时间间隔 T,满足:

$$g(t) = g(t+T) \tag{2-1}$$

若时间间隔 T 为无穷大,则信号就是非周期信号。

定义 $g^2(t)$ 为信号的瞬时功率,则根据信号是否为周期信号,可分别定义平均功率和能量。

(1) 对于周期信号,有

平均功率

$$\overline{P} = \frac{1}{T}\int_0^T g^2(t)\,\mathrm{d}t \tag{2-2}$$

能量

$$E = \int_0^T g^2(t)\,\mathrm{d}t \tag{2-3}$$

(2) 对于非周期信号,有

平均功率

$$\overline{P} = \lim_{T\to\infty}\frac{1}{T}\int_0^T g^2(t)\,\mathrm{d}t \tag{2-4}$$

能量

$$E = \lim_{T \to \infty} \int_0^T g^2(t)\,\mathrm{d}t \qquad (2\text{-}5)$$

根据平均功率和能量是否有限,信号 $g(t)$ 还可分为功率有限信号和能量有限信号:当平均功率 $\overline{P}$ 有限时,信号 $g(t)$ 是功率有限信号,简称功率信号;当能量 E 有限时,信号 $g(t)$ 是能量有限信号,简称能量信号。$\overline{P}$ 又称均方值,$\sqrt{\overline{P}}$ 称为均方根值。

显然,平均功率和能量之间的关系为

$$\overline{P} = \frac{E}{T}$$

2.1.2　周期信号

1. 简谐信号

余弦信号和正弦信号统称为简谐信号。简谐信号用余弦函数表示为

$$g(t) = A\cos(\omega t + \phi) \qquad (2\text{-}6)$$

式中:A 为幅值;ω 为圆频率;t 为时间;ϕ 为相位。

简谐信号的特征量包括幅值、频率(或圆频率)和相位,或幅值、周期和相位。

图 2-1 给出了典型的简谐信号时域曲线,其表达式为

$$g_{\mathrm{I}} = 2\cos\frac{\pi t}{30}$$

$$g_{\mathrm{II}} = 1.5\cos\left(\frac{\pi t}{30} - \frac{\pi}{3}\right)$$

两个信号的圆频率都为 $\pi/30$ rad/s,频率都为 $1/60$ Hz,周期都为 60 s;信号 I 的幅值为 2 m,信号 II 的幅值为 1.5 m,且信号 II 的相位滞后于信号 I 的相位 $\pi/3$。

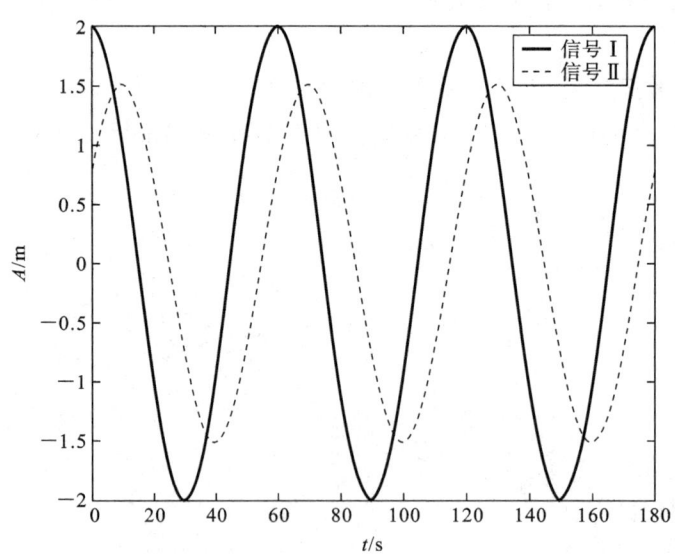

图 2-1　典型的简谐振动信号时域曲线

一般地,信号的周期 T 同圆频率 ω、频率 f 之间的关系为

$$T = \frac{2\pi}{\omega} = \frac{1}{f}$$

$$\omega = \frac{2\pi}{T} \tag{2-7}$$

简谐信号的平均功率为

$$\overline{P} = \frac{1}{T}\int_0^T [A\cos(\omega t + \phi)]^2 \mathrm{d}t = \frac{A^2}{2} \tag{2-8}$$

简谐信号的能量为

$$E = \int_0^T [A\cos(\omega t + \phi)]^2 \mathrm{d}t = \frac{A^2 T}{2} \tag{2-9}$$

2. 一般周期信号

简谐信号是最简单的周期信号,因为一般的周期信号是系列简谐信号的叠加,每个简谐分量都有各自的幅值、频率(周期)和相位。

将周期信号分解为系列叠加的谐波信号的过程称为傅里叶级数展开。一般的周期信号可表示为

$$g(t) = \frac{C_0}{2} + \sum_{n=1}^{\infty}[C_n\cos(n\omega t) + D_n\sin(n\omega t)]$$

$$= A_0 + \sum_{n=1}^{\infty} A_n\cos(n\omega t + \phi_n) \tag{2-10}$$

式中:

$$C_0 = \frac{2}{T}\int_{-\frac{T}{2}}^{\frac{T}{2}} g(t)\mathrm{d}t$$

$$C_n = \frac{2}{T}\int_{-\frac{T}{2}}^{\frac{T}{2}} g(t)\cos(n\omega t)\mathrm{d}t$$

$$D_n = \frac{2}{T}\int_{-\frac{T}{2}}^{\frac{T}{2}} g(t)\sin(n\omega t)\mathrm{d}t$$

$$\omega = \frac{2\pi}{T}, \quad n = 0,1,2,\cdots$$

$$A_0 = \frac{C_0}{2}, \quad A_n = \sqrt{C_n^2 + D_n^2}$$

$$\phi_n = \arctan\frac{D_n}{C_n}$$

n 称为谐波阶数。当 $n=1$ 时,相应的谐波分量为

$$g_1(t) = C_1\cos\omega t + D_1\sin\omega t = A_1\cos(\omega t + \phi_1) \tag{2-11}$$

该谐波分量称为基波,对应的频率 $f_1 = \omega/2\pi$ 称为基频,基波的周期是合成信号的周期。当 $n>1$ 时,相应的谐波分量称为第 n 阶谐波。可见,周期信号各谐波的频率比为有理数。

考虑一个振动的例子,振动位移由三个谐波分量组成,其表达式为

$$g(t) = 3\sin\left(\frac{2\pi}{150}t\right) + \cos\left(\frac{6\pi}{150}t - \frac{\pi}{3}\right) + 0.8\sin\left(\frac{8\pi}{150}t\right) \tag{2-12}$$

三个分量的圆频率之比为 1∶3∶4,因此三个分量分别称为基波、第 3 阶谐波和第 4 阶谐波。图 2-2 给出了谐波分量信号的波形和叠加波形。

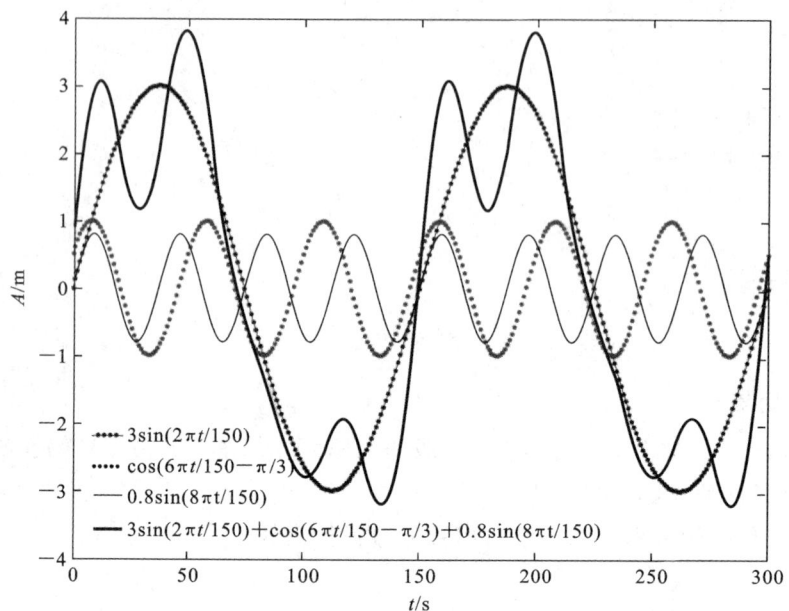

图 2-2 复杂周期振动是多个谐波振动的叠加

周期信号的平均功率为

$$\overline{P} = \frac{1}{T}\int_{-\frac{T}{2}}^{\frac{T}{2}}\left\{\frac{C_0}{2} + \sum_{n=1}^{\infty}\left[C_n\cos(n\omega t) + D_n\sin(n\omega t)\right]\right\}^2 \mathrm{d}t$$

$$= \left(\frac{C_0}{2}\right)^2 + \sum_{n=1}^{\infty}\left(\frac{C_n^2 + D_n^2}{2}\right)$$

$$= A_0^2 + \sum_{n=1}^{\infty}\frac{A_n^2}{2} \tag{2-13}$$

这说明,周期信号的平均功率是各谐波分量平均功率的和。

各谐波信号的平均功率在频域的分布称为功率谱。功率谱图用来直观显示各谐波信号的平均功率在频域的分布:在各谐波频率处作出"谱线",谱线长度为相应谐波分量的平均功率值。对于周期信号,功率谱图是离散的谱线,相邻谱线的频率最小间隔为 $\Delta f = \omega/2\pi = 1/T$。

图 2-3 给出了信号 $g(t)$(见式 2-12)的功率谱图。由图可见,该信号的平均功率由三个谐波分量的平均功率所贡献,其中频率为 1/150 Hz 的基波分量平均功率最大,所以从图 2-2 中可以看到,整个信号的波形主要体现了该分量的波形特征。

信号的功率谱密度是信号的平均功率在频带上的平均。对于周期信号,将某阶谐波的平均功率在最小频率间隔上平均,就得到周期信号功率谱密度在该阶谐波频率处的值:

$$G_i = \frac{A_i^2}{2\Delta f} = \frac{A_i^2 T}{2} \tag{2-14}$$

有了周期信号功率谱密度在各阶谐波频率处的值,就可以获得该周期信号以直方图形式表示的功率谱密度图。图 2-4 给出了式(2-12)所表示的典型周期信号的功率谱密度图。功率谱密度图从功率谱密度角度表征了周期信号的谐波分量在频域中的分布。显然,在周期信号功率谱密度图中,直方图的面积就是整个周期信号的平均功率。

类似地,也可定义周期信号的能量:

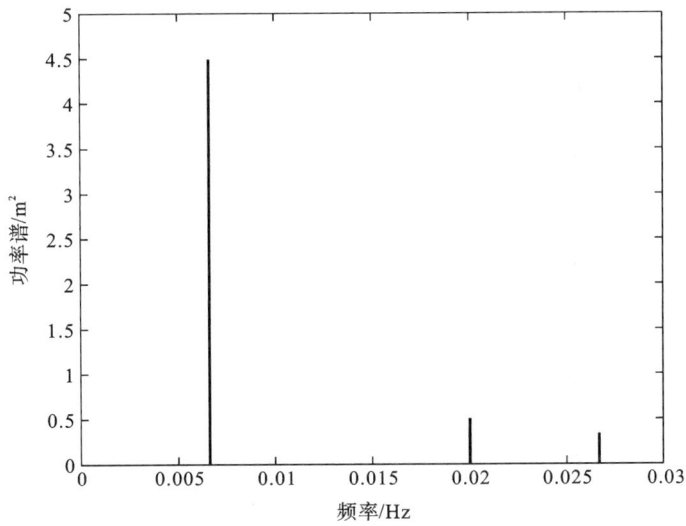

图 2-3　典型周期信号的功率谱图

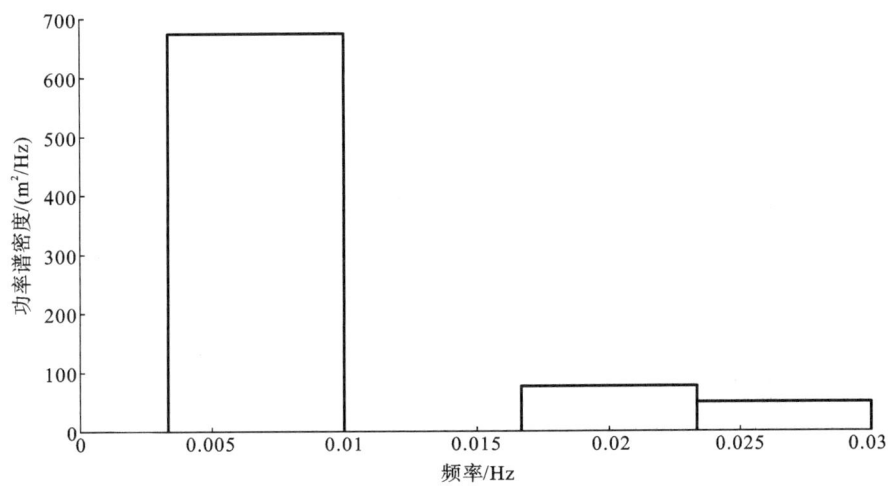

图 2-4　典型周期信号的功率谱密度图

$$E = \overline{P}T = A_0^2 T + \sum_{n=1}^{\infty} \frac{A_n^2 T}{2} \qquad (2\text{-}15)$$

各谐波信号的能量在频域的分布称为能量谱。

信号的能量谱密度是信号的能量在频带上的平均。对于周期信号,将某阶谐波的能量在最小频率间隔上平均,就得到周期信号能量谱密度在该阶谐波频率处的值:

$$S_i = \frac{A_i^2 T^2}{2} \qquad (2\text{-}16)$$

图 2-5 和图 2-6 分别给出了式(2-12)所表示的典型周期信号的能量谱图和能量谱密度图,它们分别从能量谱和能量谱密度的角度表征了周期信号的谐波分量在频域中的分布。能量谱图中,谱线的长度之和就是信号的总能量;能量谱密度图中,直方图的面积就是整个周期信号的总能量。

由式(2-14)和式(2-16)可知,对于给定谐波,在该阶谐波频率处,能量谱密度和功率谱密

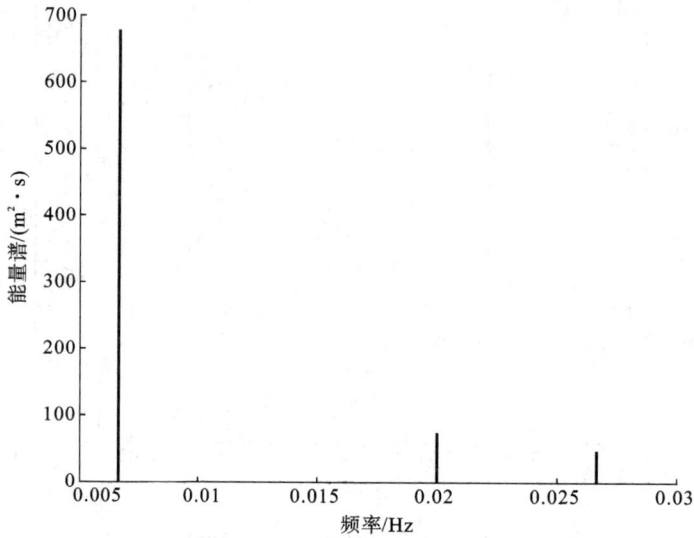

图 2-5　典型周期信号的能量谱图

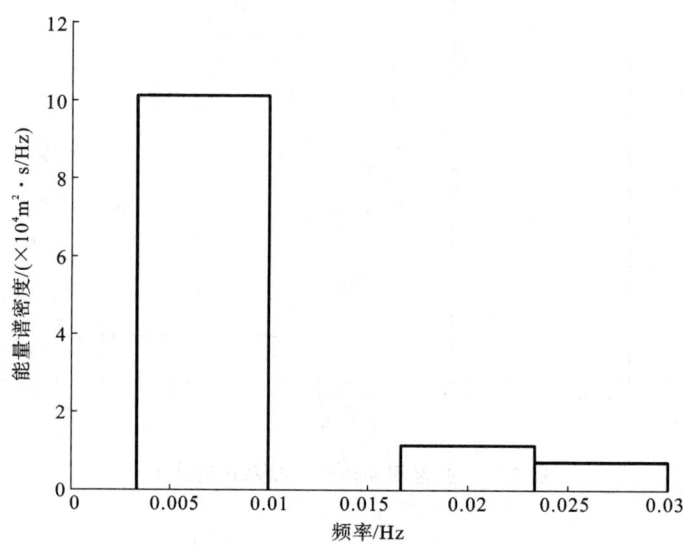

图 2-6　典型周期信号的能量谱密度图

度的关系为

$$S_i = G_i T \tag{2-17}$$

2.1.3　非周期信号

非周期信号是周期无限长的周期信号。为了对非周期信号进行数学分析,需要将周期信号的周期取为无限长,即 $T \to \infty$,这将导致:

（1）基频和相邻谱线的频率最小间隔趋于零,$f \to 0$;

（2）谐波或谱线数量无限增加。

第(1)条结论意味着,非周期信号的谐波频率可以是任意实数,而不会仅限于离散的、使得频率比为有理数的频率。

第(2)条结论意味着,谐波分量的平均功率或能量为零,因为信号的总平均功率或总能量是确定值,但由于谱线数量(即谐波数量)是无限的,因而分配到单根谱线(或单个谐波分量)的平均功率或能量只能为零。因此,无法使用具有"谱线"的功率谱图表征非周期信号的平均功率或能量在频域的分布。

不过,根据非周期信号是功率信号还是能量信号,可使用功率谱密度表征功率在频域的分布,或使用能量谱密度表征能量在频域的分布。

对于非周期功率信号,某个频率 f 处的功率谱密度 $G(f)$ 为

$$G(f) = \lim_{T \to \infty} \frac{A^2(f)T}{2} \tag{2-18}$$

式中:$A(f)$ 是频率为 f 的谐波分量幅值。虽然根据前述结论(2)可知,当 $T \to \infty$ 时,有 $A(f) \to 0$,但式(2-18)中的极限值可以不为零。式(2-18)中的功率谱密度表征了非周期功率信号的功率在频域的分布情况。功率谱密度也可用图形表示,只不过它不再是直方图,而是连续的功率谱密度曲线。图 2-7 展示了当 $T \to \infty$ 时,功率谱密度直方图演变为连续的功率谱密度曲线的过程。

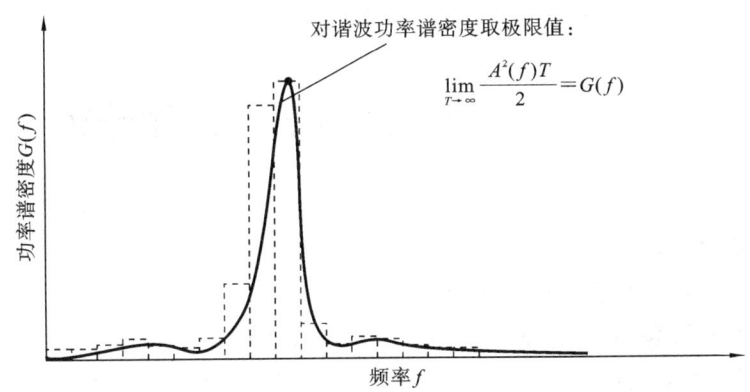

图 2-7　周期取无限长时功率谱密度直方图演变为功率谱密度曲线

类似地也可给出非周期能量信号的能量特性的频域分布表示方法。对于非周期能量信号,某个频率 f 处的能量谱密度 $S(f)$ 为

$$S(f) = \lim_{T \to \infty} \frac{A^2(f)T^2}{2}$$

同样,通过分析可知,取极限值后,$S(f)$ 可以不为零。$S(f)$ 用图形表示即为连续的能量谱密度曲线,它也可以视作由能量谱密度直方图在 $T \to \infty$ 的过程中逐步演变而来的,如图 2-8 所示。

利用功率谱密度或能量谱密度,还可给出非周期功率信号的平均功率和非周期能量信号的能量。非周期功率信号的平均功率表达式为

$$\overline{P} = \int_0^{+\infty} G(f) \mathrm{d}f$$

非周期能量信号的能量表达式为

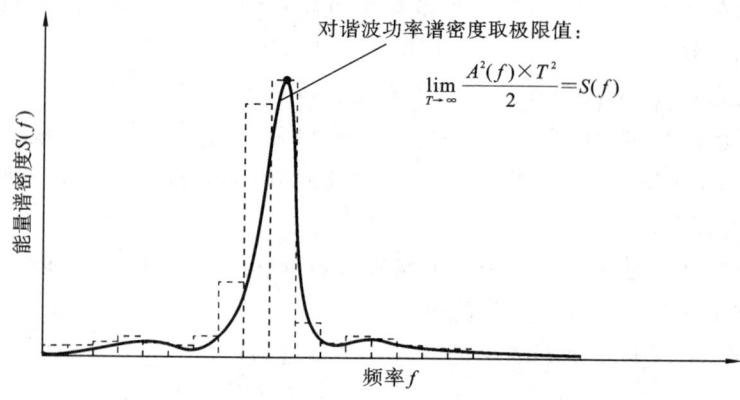

图 2-8　周期取无限长时能量谱密度直方图演变为能量谱密度曲线

$$E = \int_0^{+\infty} S(f) \, \mathrm{d}f \tag{2-19}$$

进一步,根据非周期信号平均功率和能量的定义(分别见式(2-4)和式(2-5)),有

$$\bar{P} = \lim_{T \to \infty} \frac{1}{T} \int_0^T g^2(t) \, \mathrm{d}t = \int_0^{+\infty} G(f) \, \mathrm{d}f \tag{2-20}$$

$$E = \lim_{T \to \infty} \int_0^{+\infty} g^2(t) \, \mathrm{d}t = \int_0^{+\infty} S(f) \, \mathrm{d}f \tag{2-21}$$

2.2　声学基本量及其信号工程分析

研究表明,舰艇辐射噪声而产生声信号的过程是平稳随机过程,可以使用某个样本的结果作为随机过程的数字特征。实际采集的舰艇噪声信号表现为功率信号,因此后续处理中,可直接使用针对功率信号进行分析而得到的结论。

常见的声学基本量包括声压、振速和声强。在实际工程中,这些基本量的值因变化幅度较大,频域分布较广。为方便起见,采取"级"表示它们的相对大小,采取"频程"压缩或放宽高、低频的频带宽度。

2.2.1　声压、振速和声强

声音是通过介质传播的,声传播过程会引起介质中某点处物理量的脉动,因此可利用物理量的脉动量描述声音的强弱。脉动量是均值为零的信号。

例如:记海水中没有声波时的压强为 P_0,海水中某点在某时刻的压强为 $P(t)$,则声波引起该点的压强变化称为声压,用 $p(t)$ 表示。有

$$p(t) = P(t) - P_0$$

可见,声压是随时间连续变化的波动信号,这种压力波动通过听觉系统转化为神经信号,从而使人感知到声音。在静态空气中,声压表现为围绕大气压的正负交替波动,因此其时间平均值为零。

测量系统采集了一段时长的声压信号后,以采集时长 T 作为信号的周期,并进行频谱

分析。

　　声压有效值可用来表示声音的强弱。某时刻的声压值为瞬时值,声压有效值是瞬时值在信号采集时间间隔内的均方根:

$$p_e = \sqrt{\frac{1}{T} \int_0^T p^2(t) \, dt} \qquad (2\text{-}22)$$

　　显然,声压有效值同声压信号平均功率的关系为

$$p_e^2 = \frac{1}{T} \int_{-\frac{T}{2}}^{\frac{T}{2}} p^2(t) \, dt = \overline{P} \qquad (2\text{-}23)$$

　　在声波的作用下,介质中的某点具有往复速度,即质点的振速也是脉动的。某点的瞬时质点振速记为 $v(t)$,也可采取有效振速等表征声音的强弱。

　　声压和质点振速都可以用来描述某点声音的大小,它们之间具有一定的关系。例如,在一维平面简谐行波的声波动场中,有

$$p = \rho c v \qquad (2\text{-}24)$$

式中: ρ 是流体密度; c 是声速; v 是沿传播方向的质点振速。

　　不过,工程中测量声压通常更为方便,因此一般采用声压来描述声音。

　　声强是声压在单位面积内做功的功率。已知某点瞬时声压和质点瞬时振速,该点在给定方向 $\boldsymbol{n}$ 上的瞬时声强表示为

$$I_n(t) = p(t) \times v_n(t) \qquad (2\text{-}25)$$

式中: $p(t)$ 为瞬时声压; $v_n(t)$ 为瞬时速度在指定方向 $\boldsymbol{n}$ 上的投影,即

$$v_n(t) = \boldsymbol{v}(t) \cdot \boldsymbol{n} \qquad (2\text{-}26)$$

　　可见,声强是矢量,它是具有方向的,后续若无特别说明,提到声强时都是指其量值。

　　在声场中,声强值是随时间变化的,可以用有效声强度量声强的大小。例如,沿指定方向 $\boldsymbol{n}$ 的有效声强为

$$I_n^e = \frac{1}{T} \int_0^T I_n(t) \, dt \qquad (2\text{-}27)$$

2.2.2　分贝(级)表示

　　在工程中,声学量通常采用"级"表示。

　　一个量的"级"定义为该量与某一指定基准量的比值取对数,对数的底、基准量和级的类别必须说明。

　　当对数以 10 为底时,量级的单位是"贝耳",1 贝耳的十分之一是 1 分贝(dB)。

　　例如,声压级定义为

$$L_p = 10 \lg \frac{p_e^2}{p_0^2} = 20 \lg \frac{p_e}{p_0} \quad (\text{dB}) \qquad (2\text{-}28)$$

式中: p_e 是某点处声压的有效值; p_e^2 是声压信号的平均功率; p_0 是人为定义的常量,它是基准声压,一般 $p_0 = 1 \ \mu\text{Pa}$。 p_e 和 p_0 之比给出的分贝数就是声压级。

　　又例如,声强用"级"表示为"声强级",其定义式为

$$L_1 = 10 \lg \frac{I}{I_0} \quad (\text{dB}) \qquad (2\text{-}29)$$

它代表某点声强有效值与基准声强之比的对数值，取分贝数，声强基准值为 $I_0 = 0.67 \times 10^{-18}$ W/m^2。

在一维平面简谐行波的声波动场中，由于某点声压和速度满足式(2-24)，因此有

$$I = \frac{p^2}{\rho c} \tag{2-30}$$

则可以验证：

$$L_I = 10\lg \frac{I}{I_0} = 10\lg \frac{p^2}{p_0^2} = 20\lg \frac{p}{p_0} = L_p \tag{2-31}$$

即，采用 $p_0 = 1$ μPa 作为基准声压时所给出的声压级同采用 $I_0 = 0.67 \times 10^{-18}$ W/m^2 作为基准声强时所给出的声强级在数值上相同。这说明，当选择合理的基准值时，同一声音的声压级和声强级是相同的。

"级"在本质上表示的是比值，因此"级"还可表示其他与比值相关的量。如，传播损失可用"级"来表示：某个声源发出的声音的压强随声源的距离增加而减弱，如果位置 1 比位置 2 距离声源近，则这两点之间的传播损失为

$$L_T = 20\lg \frac{p_1}{p_2} \quad \text{（dB）} \tag{2-32}$$

它表示位置 2 的声压 p_2 比位置 1 的声压 p_1 减少的分贝数。该值与使用的基准值无关。

又如，p_s 表示舰船的噪声声压，p_n 表示海洋背景噪声声压，信噪比 $20\lg(p_s/p_n)$ 表示舰船噪声高于海洋噪声的分贝数，它与使用的基准值无关。

分贝数与比值具有对应关系，表 2-1 中给出了分贝数与比值 p_e^2/p_0^2 的换算关系表。分贝数取正值，代表比值大于 1；反之，分贝数取为负值，代表比值小于 1。从表 2-1 可知：如果声强级增加 3 dB，声强增大一倍；声强级减少 3 dB，声强大约减小到原来的一半。

表 2-1　分贝数与比值 p_e^2/p_0^2 的换算关系表

分贝数	0	1	2	3	4	5	6	7	8	9
比值（分贝数取正值）	1	1.26	1.6	2	2.5	3.16	4	5	6.3	8
比值（分贝数取负值）	1	0.8	0.68	0.5	0.4	0.316	0.25	0.2	0.16	0.125

水听器的灵敏度也可用"级"来表示，称为灵敏度级。有

$$L_M = 20\lg \frac{M}{M_0}, \quad M_0 = 1 \text{ V/μPa} \tag{2-33}$$

例如，某种水听器的接收灵敏度 $M = 56$ μV/Pa，则灵敏度级为

$$L_M = 20\lg \frac{M}{M_0} = 20\lg \frac{56 \times 10^{-12} \text{ V/μPa}}{1 \text{ V/μPa}} = -205 \text{ dB} \tag{2-34}$$

在振动测量中，也可用"振动级"表示振动的大小。如振动加速度级表示为

$$L_a = 20\lg \frac{a}{a_0} \tag{2-35}$$

式中：a 为振动加速度值；a_0 为振动加速度基准值，$a_0 = 10^{-6}$ m/s^2。

2.2.3　频程

舰艇噪声分析的频带很宽，对于水噪声，频率范围可为 10 Hz～50 kHz。为方便分析，同

样采用对数坐标系:将频率轴用一系列频率划分为若干小频带,将每个频带的上限频率 f_h 和下限频率 f_l 之比取以 2 为底的对数,若得到的结果是常数,那么以这些上限频率和下限频率为刻度的坐标轴就是倍频程坐标轴,相应的常数单位就是倍频程(OCT)。记

$$n = \log_2 \frac{f_h}{f_l} \quad \text{(OCT)} \tag{2-36}$$

得到的坐标轴是 n 倍频程坐标轴。

当 $n=1$ 时,对应坐标轴为 1 倍频程坐标轴,频带宽度由频带上限频率 f_h 和下限频率 f_l 决定,它们满足:

$$\frac{f_h}{f_l} = 2^n \bigg|_{n=1} = 2 \tag{2-37}$$

当 $n=1/3$ 时,对应坐标轴为 1/3 倍频程坐标轴,频带宽度由频带上限频率 f_h 和下限频率 f_l 决定,它们满足:

$$\frac{f_h}{f_l} = 2^n \bigg|_{n=\frac{1}{3}} = 1.26 \tag{2-38}$$

倍频程带宽为

$$\Delta f = f_h - f_l \tag{2-39}$$

具体带宽则由频带中心频率来确定。频带中心频率定义为

$$f_c = \sqrt{f_h f_l} \tag{2-40}$$

若指定中心频率,则频率上限和下限分别为

$$f_h = f_c \sqrt{2^n}, \quad f_l = \frac{f_c}{\sqrt{2^n}} \tag{2-41}$$

频程相对带宽为

$$\frac{\Delta f}{f_c} = \frac{f_h - f_l}{f_c} = \sqrt{2^n} - \frac{1}{\sqrt{2^n}} \tag{2-42}$$

对 1 倍频程而言($n=1$),$\Delta f/f_c = 70.7\%$;对 1/3 倍频程而言($n=1/3$),$\Delta f/f_c = 23.1\%$。可见,频程的相对带宽为恒定百分数。

频程来源于声学滤波器的设计:只有频率在倍频程滤波器给定带宽范围内的信号才能通过该滤波器输出。国际标准化组织(ISO)推荐了 1 倍频程和 1/3 倍频程滤波器的中心频率,从而规定了相应的上限频率和下限频率。表 2-2 给出了 1 倍频程和 1/3 倍频程滤波器的中心频率、上限频率、下限频率和带宽等主要数值。

表 2-2　1 倍频程和 1/3 倍频程滤波器的中心频率、上限频率、下限频率和带宽

f_c/Hz	1 倍频程滤波器				1/3 倍频程滤波器			
	f_l/Hz	f_h/Hz	Δf/Hz	$10\lg\Delta f$/dB	f_l/Hz	f_h/Hz	Δf/Hz	$10\lg\Delta f$/dB
20	14.2	28.2	14	11.5	17.8	22.4	4.6	6.6
25					22.3	28.0	5.8	7.6
31.5					28.0	35.3	7.3	8.6
40	28.4	56.4	28	14.5	35.6	44.8	9.2	9.6
50					44.5	56.0	11.5	10.6

续表

f_c/Hz	1 倍频程滤波器				1/3 倍频程滤波器			
	f_l/Hz	f_h/Hz	Δf/Hz	$10\lg\Delta f$/dB	f_l/Hz	f_h/Hz	Δf/Hz	$10\lg\Delta f$/dB
63					56.1	70.6	14.5	11.6
80	56.8	112.8	56	17.5	71.2	89.6	18.4	12.6
100					89.0	112.0	23.0	13.6
125					111.3	140.0	28.7	14.6
160	113.6	225.6	112	20.5	142.4	179.2	36.8	15.7
200					178.0	224.0	46.0	16.6
250					222.5	280.0	57.5	17.6
315	223.65	444.15	220.5	23.4	280.4	352.8	72.4	18.6
400					356.0	448.0	92.0	19.6
500					445.0	560.0	115.0	20.6
630	447.3	888.3	441	26.4	560.7	705.6	144.9	21.6
800					712.0	896.0	184.0	22.6
1000					890.0	1120.0	230.0	23.6
1250	887.5	1762.5	875	29.4	1112.5	1400.0	287.5	24.6
1600					1424.0	1792.0	368.0	25.7
2000					1780.0	2240.0	460.0	26.6
2500	1775	3525	1750	32.4	2225.0	2800.0	575.0	27.6
3150					2803.5	3528.0	724.5	28.6
4000					3560.0	4480.0	920.0	29.6
5000	3550	7050	3500	35.4	4450.0	5600.0	1150.0	30.6
6300					5607.0	7056.0	1449.0	31.6
8000					7120.0	8960.0	1840.0	32.6
10000	7100	14100	7000	38.5	8900.0	11200.0	2300.0	33.6
12500					11125.0	14000.0	2875.0	34.6
16000					14240.0	17920.0	3680.0	35.7
20000	14200	28200	14000	41.5	17800.0	22400.0	4600.0	36.6
25000					22250.0	28000.0	5750.0	37.6
31500					28035.0	35280.0	7245.0	38.6
40000	28400	56400	28000	44.5	35600.0	44800.0	9200.0	39.6
50000					44500.0	56000.0	11500.0	40.6

除了倍频程滤波器外,声学中还常使用带宽不随中心频率变化的滤波器,它的带宽是恒定的,如 3.16 Hz、10 Hz……这种滤波器称为恒定带宽滤波器。带宽恒定时,各频带的中心频率为

$$f_c = \frac{f_h + f_1}{2} \tag{2-43}$$

2.2.4　频带声压级

声信号通过特定频带的滤波器后,针对输出信号可给出声压级,此即频带声压级。针对不同频带的滤波器的输出信号分别给出各自频带的声压级,就可描述声信号的频域分布规律。

例如,对声信号,按照 1/3 倍频程频带可给出中心频率为 $f_c^i(i=1,2,\cdots,n)$ 的频带分量的声压信号平均功率 $P_{1/3}(f_c^i)$,那么与该中心频率相对应的 1/3 倍频程频带声压级为

$$L_p(f_c^i) = 10\lg \frac{P_{1/3}(f_c^i)}{p_0^2} \tag{2-44}$$

2.2.5　声压谱级

功率谱密度的"级"表示就是声压谱级。在工程中,常使声信号通过 1 Hz 恒定带宽理想滤波器,利用输出信号的平均功率直接给出功率谱密度。

例如,已知声信号通过中心频率为 f_c^i 的 1/3 倍频程频带滤波器后,输出信号的频带声压级为 $L_p(f_c^i)$,则输出信号的平均功率为

$$P_{1/3}(f_c^i) = 10^{0.1L_p(f_c^i)} p_0^2 \tag{2-45}$$

该频带的宽度为

$$\Delta f = f_h - f_1 = \left(\sqrt{2^{1/3}} - \frac{1}{\sqrt{2^{1/3}}} \right) f_c^i \tag{2-46}$$

那么将输出信号在该频带上平均,得到功率谱密度为

$$P_{1Hz}(f_c^i) = \frac{P_{1/3}(f_c^i)}{\Delta f} \tag{2-47}$$

那么声压谱级计算式为

$$L_{ps}(f_c^i) = 10\lg \frac{P_{1Hz}(f_c^i)}{p_0^2} \tag{2-48}$$

使用最原始的已知参数作为输入,得:

$$L_{ps}(f_c^i) = 10\lg \frac{P_{1Hz}(f_c^i)}{p_0^2} = L_p(f_c^i) - 10\lg \left(\sqrt{2^{1/3}} - \frac{1}{\sqrt{2^{1/3}}} \right) - 10\lg f_c^i \tag{2-49}$$

2.2.6　总声级

如果已知声信号在多个窄频带上的平均功率,则将这些窄频带的平均功率相加,可以获得更宽频带上的平均功率,将更宽频带上的平均功率相对基准值取对数,就得到宽带声压级。

如果宽频带覆盖了所需分析的频带,则该宽频带声压级就称为总声级。

总声级是采集时声信号的平均功率相对基准值的对数表示。

如果已知各中心频率 $f_c^i(i=1,2,\cdots,n)$ 的 1/3 倍频程频带声压级 $L_p(f_c^i)$,那么指定频率范围的宽带声压级计算式为

$$L_p = 10\lg\Big[\sum_{i=1}^{n}10^{0.1L_p(f_c^i)}\Big] \tag{2-50}$$

再例如,表 2-3 给出了利用声压谱级计算 1/3 倍频程频带声压级的过程:连续谱噪声信号在 $20\sim100$ Hz 频带 1/3 倍频程中心频率及该频率处的声压谱级分别由表中的第一、二列给出,据此可以计算 1/3 倍频程带宽(第三列)和频带声压级(第四列),其中,频带声压级(第四列)可使用式(2-49)导出,即

$$L_p(f_c^i)=L_{ps}(f_c^i)+10\lg\Delta f \tag{2-51}$$

利用各中心频率的 1/3 倍频程频带声压级就可获得 $20\sim100$ Hz 的总声级:

$$L_{pT}=10\lg(10^{0.1\times129.5}+10^{0.1\times126.4}+10^{0.1\times130.3}+10^{0.1\times130.0}+10^{0.1\times129.7}+10^{0.1\times127.2}$$
$$+10^{0.1\times125.2}+10^{0.1\times123.8})=137.3 \text{ dB} \tag{2-52}$$

表 2-3　利用声压谱级计算 1/3 倍频程频带声压级的过程

1/3 倍频程中心频率 /Hz	声压谱级 $L_{ps}(f_c)$/dB	1/3 倍频程带宽 $10\lg\Delta f=10\lg\Big(\sqrt{2^{1/3}}-\dfrac{1}{\sqrt{2^{1/3}}}\Big)+10\lg f_c$/dB	1/3 倍频程频带声压级 $L_p(f_c)$/dB
20	122.9	6.6	129.5
25	118.8	7.6	126.4
31.5	121.7	8.6	130.3
40	120.4	9.6	130.0
50	119.1	10.6	129.7
63	115.6	11.6	127.2
80	112.6	12.6	125.2
100	110.2	13.6	123.8

思考题

1. 说明有效声压、频带声压级、声压谱级和总声级的概念。

2. 说明分贝、倍频程的含义。

3. 采用振动加速度计生成一个振动加速度信号,给出 1/3 倍频程振动级、振动谱级和振动总级。参考加速度取为 $a_0=10^{-6}$ m/s^2,分析频段覆盖范围为 $20\sim20000$ Hz,中心频率见表 2-3。

4. 已知针对某航行器测得的 1/3 倍频程声压谱级如表 2-4 所示。

(1) 根据声压谱级,计算总声级。

（2）根据声压谱级频率分布，确定如何针对特定频带有针对性地控制声压谱级，从而有效降低总声级。

表 2-4　某航行器 1/3 倍频程声压谱级

中心频率/Hz	声压谱级/dB
20	108.2
25	115.5
31.5	112.9
40	120.8
50	116.9
63	114.9
80	112.8
100	108.5
125	104.1
160	108.6
200	101.9

（提示：采取两个方案计算总声级，然后对这两个方案的结果进行对比。

A 方案：针对谱峰频率频带，将该频带的声压谱级减去 3 dB，计算总声级。

B 方案：针对谱谷频率频带，将该频带的声压谱级减去 3 dB，计算总声级。）

第3章　振动理论初步与结构声学控制

声波是振动在介质中传播而形成的机械波,产生声音的声源都在做机械振动,因此声学现象都和机械振动有关系。结构振动控制是声学控制的重要方面。为此,本章首先重点介绍单自由度振动的相关理论,然后揭示多自由度振动与单自由度振动之间的关系,给出多自由度振动的相关结论,最后给出若干结构声学控制的技术原理。

3.1　简谐信号的复数表示

借助欧拉公式,简谐信号可用复数形式表示:

$$g(t) = A\cos(\omega t + \phi) = \mathrm{Re}(B\mathrm{e}^{\mathrm{j}\omega t}) \tag{3-1}$$

式中:Re( )代表取实数,$B = A\mathrm{e}^{\mathrm{j}\phi} = a + \mathrm{j}b$,且满足

$$\begin{cases} A = a^2 + b^2 = |B| \\ a = A\cos\phi \\ b = A\sin\phi \\ \phi = \arctan\left(\dfrac{b}{a}\right) \end{cases} \tag{3-2}$$

采用复数表达的简谐信号可用图 3-1 来形象地理解:复数 B 在复平面内以角速度 ω 绕原点旋转,图中 $B\mathrm{e}^{\mathrm{j}\omega t}$ 在实数轴上的投影就是函数 $g(t)$,当 $t = 0$ 时,$B = A\mathrm{e}^{\mathrm{j}\phi}$,在实数轴上的投影就是 $g(0) = A\cos\phi$。

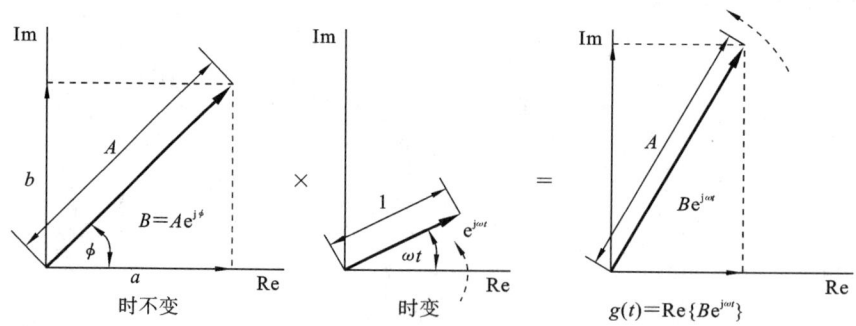

图 3-1　简谐信号的复数表示

若将简谐信号的函数表达式(3-1)对时间求导,则有

$$\frac{\mathrm{d}}{\mathrm{d}t}g(t) = \mathrm{Re}(\mathrm{j}\omega B\mathrm{e}^{\mathrm{j}\omega t}) \tag{3-3}$$

利用欧拉公式,简谐信号还可用复数表示为

$$g(t) = A\cos(\omega t + \phi) = \frac{Be^{j\omega t} + (Be^{j\omega t})^*}{2} \tag{3-4}$$

式中:上标"*"代表对复数取共轭。

在后文中这两种简谐信号的复数表达形式都将用到。其中,式(3-1)的形式多用于两个简谐信号的加、减运算,为方便起见,在运算过程中通常省略"Re( )"不写,直接对复数进行加减,最后再对结果取实部。式(3-4)的形式通常便于两个简谐信号的乘积运算。

3.2　单自由度的无阻尼自由振动

单自由度的无阻尼自由振动是简谐振动,振动频率为固有频率,与质量和刚度相关,振幅和相位由初始条件确定。振动过程中,机械能守恒,与时间无关。

3.2.1　单自由度无阻尼自由振动下的振动方程

如图 3-2 所示,单振子振动系统中质量块的质量为 M,弹簧刚度为 K,在考虑质量块沿水平方向的运动规律时,可将其看作质点,因此,单振子振动系统的振动问题属于单自由度振动问题。在没有外力作用时,振子处于静止状态。取此时的位置作为初始平衡位置。在外力作用下,振子偏离平衡位置,去掉外力后,该振子将在平衡位置附近做往复运动,即发生振动。

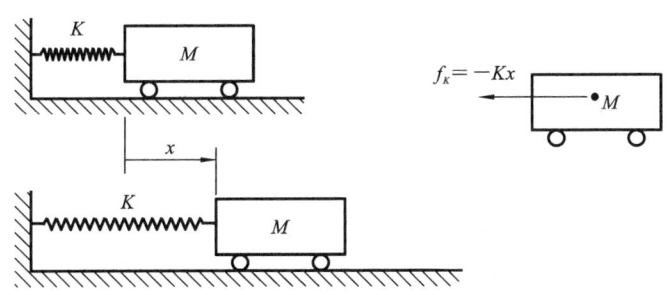

图 3-2　无阻尼质量-弹簧振子系统

当振子处于某个位置时对其进行受力分析,可知弹簧给振子的弹性力满足胡克定律,即

$$f_K = -Kx \tag{3-5}$$

负号表示力和质点位移方向相反。

那么根据牛顿第二定律,有

$$M\ddot{x} = -Kx \tag{3-6}$$

式中:$\ddot{x}$ 为振子的加速度,有

$$\ddot{x} = \frac{\mathrm{d}^2 x}{\mathrm{d}t^2} \tag{3-7}$$

由式(3-6)可以得出振动方程:

$$M\ddot{x} + Kx = 0 \tag{3-8a}$$

或

$$\ddot{x} + \omega_0^2 x = 0 \tag{3-8b}$$

式中:

$$\omega_0^2 = \frac{K}{M} \tag{3-9}$$

3.2.2　单自由度无阻尼自由振动的一般规律

单自由度无阻尼自由振动是简谐振动,振动频率为固有频率。下面将对此论断予以解释。

由于方程(3-8b)是齐次二阶常微分方程,它的通解为简谐形式,用复数可以表示为

$$x = \mathrm{Re}(X\mathrm{e}^{\mathrm{j}\omega t}) \tag{3-10a}$$

后续推导过程中,由于涉及的都是加减运算,因此可以省去"Re( )"不写,待得出最终结果后,再将"Re( )"添上,即可以令

$$x = X\mathrm{e}^{\mathrm{j}\omega t} \tag{3-10b}$$

将方程(3-10b)代入振动方程(3-8b),可得到:

$$-\omega^2 + \omega_0^2 = 0 \tag{3-11}$$

由此可知,满足振动方程的频率为

$$\omega = \omega_0 \tag{3-12}$$

因此,振子的运动位置应表示为

$$x = X\mathrm{e}^{\mathrm{j}\omega_0 t} \tag{3-13}$$

最终解为

$$x = \mathrm{Re}(X\mathrm{e}^{\mathrm{j}\omega_0 t}) \tag{3-14}$$

可见,振子只能以简谐形式振动,振动频率为固有频率:

$$\omega_0 = \sqrt{\frac{K}{M}} \tag{3-15}$$

在式(3-10b)中,复数 X 由初始条件确定,它决定了振动的幅值和相位。

振子的速度为

$$\dot{x} = \mathrm{Re}(\mathrm{j}\omega_0 X\mathrm{e}^{\mathrm{j}\omega_0 t}) \tag{3-16}$$

如给定初始位置 $x(0)$ 和初始速度 $\dot{x}(0)$,那么由方程:

$$\begin{cases} x(0) = \mathrm{Re}(X\mathrm{e}^{\mathrm{j}\omega_0 \times 0}) \\ \dot{x}(0) = \mathrm{Re}(\mathrm{j}\omega_0 X\mathrm{e}^{\mathrm{j}\omega_0 \times 0}) \end{cases} \tag{3-17}$$

给出复数 X,进而给出振动的幅值和相位。也就是说,单自由度无阻尼自由振动的振幅和相位由初始条件确定。

3.2.3　单自由度无阻尼自由振动的能量关系

振子的无阻尼自由振动是机械运动,机械能量包括动能和势能两部分。动能为

$$E_k = \frac{1}{2}M\dot{x}^2 \tag{3-18}$$

将振子处于平衡位置处的势能取为零,弹簧在外力作用下变形,外力做的功等于弹簧变形后的势能,为

$$E_p = \int_0^x K x \, \mathrm{d}x = \frac{1}{2} K x^2 \tag{3-19}$$

总机械能通过对动能和势能求和给出。分别将式(3-16)和式(3-14)代入式(3-18)和式(3-19),可得

$$E = E_k + E_p = \frac{1}{2} M \dot{x}^2 + \frac{1}{2} K x^2 = \frac{1}{2} M |X|^2 \omega_0^2 + \frac{1}{2} K |X|^2 \tag{3-20}$$

可见,总机械能与时间无关。

3.3　单自由度有阻尼自由振动

单自由度有阻尼自由振动是衰减振动,振动频率近似为固有频率,衰减规律由衰减因子给出。上述即是单自由度有阻尼自由振动的规律。下面将从介绍单自由度有阻尼自由振动下的振动方程入手,讨论上述单自由度有阻尼自由振动规律,并探讨该振动的衰减因子。

3.3.1　单自由度有阻尼自由振动下的振动方程

在单振子振动系统中,若质量块除受到弹簧弹性作用力外,还受到阻尼力的作用,如图 3-3 所示,则振子将做有阻尼振动。由于图 3-3 所示模型为简单模型,假定阻尼力同质量速度成正比,即

$$f_R = -R\dot{x} = -R\frac{\mathrm{d}x}{\mathrm{d}t} \tag{3-21}$$

则根据牛顿第二定律,可给出振动方程:

$$M\ddot{x} + R\dot{x} + Kx = 0 \tag{3-22a}$$

或

$$\ddot{x} + 2\gamma\dot{x} + \omega_0^2 x = 0 \tag{3-22b}$$

式中:

$$\gamma = \frac{R}{2M} \tag{3-23}$$

称为衰减因子。通常 γ 值很小,后续将针对 γ 值很小的情况进行讨论。

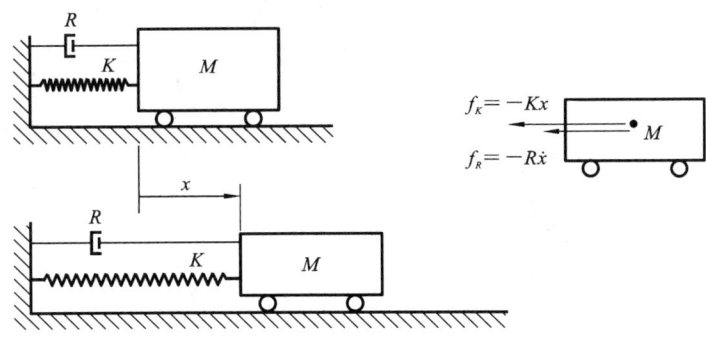

图 3-3　有阻尼质量-弹簧振子系统

3.3.2　单自由度有阻尼自由振动的一般规律

通过解算微分方程(3-22b),可以得出单自由度有阻尼自由振动的运动规律。

首先,将有阻尼系统的运动采用复数形式表示为

$$x = X\mathrm{e}^{\mathrm{j}\omega t} \tag{3-24}$$

代入式(3-22b),得到:

$$-\omega^2 + 2\mathrm{j}\gamma\omega + \omega_0^2 = 0 \tag{3-25}$$

可以解得:

$$\omega = \omega_0' + \mathrm{j}\gamma, \quad \omega_0' = \sqrt{\omega_0^2 - \gamma^2}, \quad \omega_0' > 0 \tag{3-26}$$

因此,可以将有阻尼自由振动用复数形式表示为

$$x = X\mathrm{e}^{-\gamma t}\,\mathrm{e}^{\mathrm{j}\omega_0' t} \tag{3-27}$$

对式(3-27)取实部,得到用实函数表示的做有阻尼自由振动的振子的运动方程:

$$x = \mathrm{Re}(X\mathrm{e}^{-\gamma t}\,\mathrm{e}^{\mathrm{j}\omega_0' t}) = A\mathrm{e}^{-\gamma t}\cos(\omega_0' t + \phi) \tag{3-28}$$

式中:A 和 ϕ 为实数,满足 $X = A\mathrm{e}^{\mathrm{j}\phi}$,具体取值由初始位置和初始速度决定。

由式(3-28)可得出单自由度有阻尼自由振动规律:振子的运动是衰减振动,振幅按负指数($\mathrm{e}^{-\gamma t}$)规律衰减,当 t 趋于 ∞ 时,$x(t)$ 最终趋于零。需要特别说明的是:经过时间 $\tau = 1/\gamma$ 后,振动幅度衰减到原始振幅的 $37/100(\mathrm{e}^{-1} = 0.37)$,$\tau$ 称为衰减模量。

有阻尼自由振动的振荡圆频率 ω_0' 略小于无阻尼自由振动的振荡圆频率 ω_0。不过,由于实际结构阻尼很小,因而衰减因子 γ 也很小,有阻尼自由振动圆频率 ω_0' 与无阻尼自由振动圆频率 ω_0 十分接近。

图 3-4 是有阻尼自由振动时域曲线,可见,有阻尼自由振动的幅值呈现指数衰减特征,其大小由衰减因子决定。

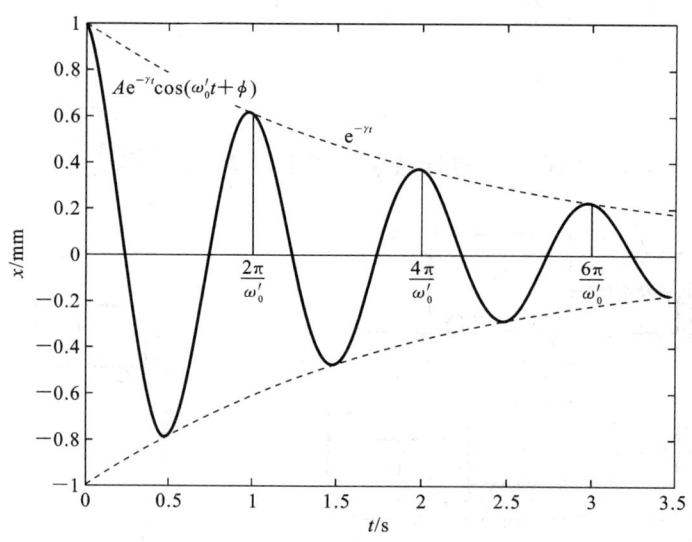

图 3-4　有阻尼自由振动时域曲线

利用图 3-4 所示的有阻尼自由振动时域曲线可得出衰减因子。衰减因子即每周期的峰值衰减率。具体分析如下。

考虑曲线相邻的两个峰值 x_n 和 x_{n+1}，相应的时刻记为 t_n 和 t_{n+1}，满足 $\Delta t = t_{n+1} - t_n = 2\pi/\omega'_0$。根据式(3-28)可知：

$$\frac{x_n}{x_{n+1}} = e^{\gamma \cdot \Delta t} = e^{2\pi\gamma/\omega'_0} \tag{3-29}$$

或

$$\ln\frac{x_n}{x_{n+1}} = \gamma\frac{2\pi}{\omega'_0} = \frac{2\pi\gamma}{\sqrt{\omega_0^2 - \gamma^2}} \tag{3-30}$$

当衰减因子 $\gamma \ll \omega_0$ 时，式(3-30)简化为

$$\ln\frac{x_n}{x_{n+1}} \approx \frac{2\pi\gamma}{\omega_0} \tag{3-31}$$

由此得

$$\frac{x_n}{x_{n+1}} = e^{2\pi\gamma/\omega_0} = 1 + \frac{2\pi\gamma}{\omega_0} + \frac{(2\pi\gamma/\omega_0)^2}{2!} + \cdots \tag{3-32}$$

式(3-32)中用到了指数函数的泰勒展开式。将泰勒展开式取到第二项，计算结果即具有足够的精度。

由此，可以得到衰减因子的估算式：

$$\gamma \approx \frac{\omega_0(x_n - x_{n+1})}{2\pi x_{n+1}} \tag{3-33}$$

为了提高等效衰减因子的计算精度，有时需要采用更大的衰减信号时间间隔，从而能更为精确地获取衰减因子，如：计算衰减振荡曲线中时间间隔为 $\Delta t = t_{n+m} - t_n = 2m\pi/\omega'_0$ 的两个峰值响应之比 x_n/x_{n+m}，有

$$\gamma \approx \frac{\omega_0(x_n - x_{n+m})}{2\pi m x_{n+m}} \tag{3-34}$$

3.3.3　单自由度有阻尼自由振动的能量关系

类似于式(3-20)，可给出振子做有阻尼自由振动时的机械能：

$$E = E_k + E_p = \frac{1}{2}M\dot{x}^2 + \frac{1}{2}Kx^2$$

$$= \frac{1}{2}MA^2[-\omega'_0\sin(\omega'_0 t + \phi) - \gamma\cos(\omega'_0 t + \phi)]^2 + \frac{1}{2}KA^2 e^{-2\gamma t}\cos^2(\omega_0 t + \phi) \tag{3-35}$$

可见，振子机械能随时间起伏变化，其贡献反映在 $\gamma\cos(\omega'_0 t + \phi)$ 项中。但由于 γ 通常很小，因而起伏不大，忽略该起伏项后，总机械能表达式更为简洁：

$$E = E_k + E_p = \frac{1}{2}M\dot{x}^2 + \frac{1}{2}Kx^2$$

$$\approx \frac{1}{2}KA^2 e^{-2\gamma t} + \frac{1}{2}MA^2\omega_0^2 e^{-2\gamma t} \tag{3-36}$$

即振子机械能随时间以负指数（$e^{-2\gamma t}$）规律衰减。

3.4　单自由度简谐受迫振动

实际的振动系统都是有阻尼的,振动中伴随着能量的损耗,最终趋于静止。如果要维持振动,必须对系统加上作用力,形成受迫振动。本节重点考察激振力具有简谐规律时,振子进入稳定运动状态后的振动特征,即简谐受迫时的稳态振动特征。研究表明:

① 在简谐激振力作用下,单自由度振子的稳态振动是简谐振动,频率与激振力频率相同;

② 振子受相同幅值的简谐激振力作用时,稳态振动幅值随激振力频率变化,在固有频率处最大,从而发生共振。

3.4.1　简谐受迫振动下的振动方程与时域特征

图 3-5 所示的系统是典型的单自由度受迫振动系统,振子 M 除受弹簧和阻尼力外,还受外力 $f(t)$ 作用,因此振动方程为

$$M\ddot{x} + R\dot{x} + Kx = f(t) \tag{3-37}$$

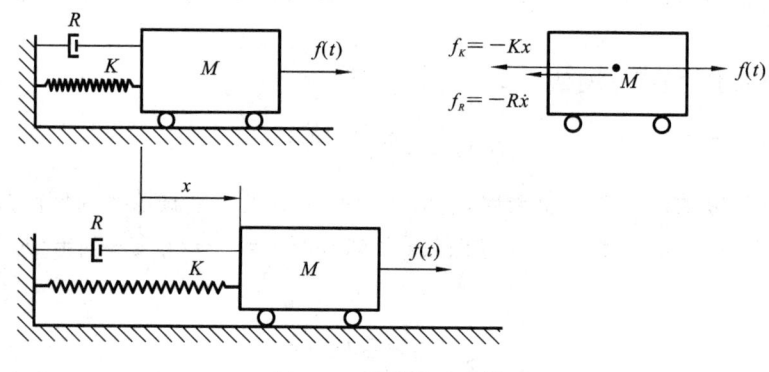

图 3-5　受迫振动系统

若简谐激振力表达式为

$$f(t) = B\cos(\omega t + \psi) \tag{3-38}$$

将简谐力用复数表示为

$$f(t) = Fe^{j\omega t} \tag{3-39}$$

式中:

$$F = Be^{j\psi} \tag{3-40}$$

将振子的位移用复数表示为

$$x = Xe^{j\omega t} \tag{3-41}$$

这样,式(3-37)可化为代数方程:

$$(-M\omega^2 + jR\omega + K)X = F \tag{3-42}$$

求解(3-42)可得出以复数形式表示的振子运动位移幅值为

$$X = \frac{F}{-M\omega^2 + jR\omega + K} \tag{3-43}$$

记

$$H(\omega) = \frac{1}{-M\omega^2 + jR\omega + K} \tag{3-44}$$

则振子运动位移的幅值为

$$X = H(\omega)F \tag{3-45}$$

可见,振子受迫振动可表示为

$$x = \mathrm{Re}[H(\omega)Fe^{j\omega t}] = A\cos(\omega t + \phi) \tag{3-46}$$

式中:

$$A = |H(\omega)|$$
$$\tan\phi = \frac{\mathrm{Im}[H(\omega)F]}{\mathrm{Re}[H(\omega)F]} \tag{3-47}$$

该结果说明:若外力随时间以简谐规律变化,即振子做简谐受迫振动时,振子的振动规律也是简谐的,频率与激振力频率相同。

式(3-46)称为稳态解,稳态解与初始条件没有关系,表征了振子的稳态振动规律。

实际上,线性二阶微分方程的理论表明,非齐次二阶微分方程(3-37)的通解由满足非齐次方程(3-37)的特解和满足齐次方程(3-22a)的通解叠加得到。方程(3-22a)的通解由式(3-27)给出。因此,方程(3-37)的通解可表示为

$$x = \mathrm{Re}[Ce^{-\gamma t}e^{j\omega_0' t} + H(\omega)Fe^{j\omega t}] \tag{3-48}$$

其中,复数 C 的实部和虚部取值由初始位置和初始速度确定。

可见,实际的响应由具有固有频率 ω_0' 的振动项和具有激振频率 ω 的振动项合成,其中:前者称为瞬态项,因为它的幅值随时间的增加是衰减的;后者称为稳态项,经过足够长时间后,由于瞬态项接近于零,最终简谐受迫振动的规律仅由稳态项贡献。

3.4.2　简谐受迫振动的频率响应

简谐受迫振动中的稳态项是在经过足够长时间后系统的响应,它是声隐身技术研究的重点。

式(3-45)表明,将简谐激振力幅值 F 放大 $H(\omega)$ 倍,就得到振子的稳态响应复数幅值 X。其中,$H(\omega)$ 仅与系统参数和激振频率相关,是单位激振力作用下的振子运动位移响应,称为振子系统的频响函数,简称频响。本节重点研究频响函数的频率特性——当系统参数(质量、阻尼和刚度参数)给定时,频响函数的幅值和相位随频率的变化特征。

频响函数 $H(\omega)$ 的幅值 $|H(\omega)|$ 反映了振子的位移响应幅度对外力幅度的放大特性:

$$|H(\omega)| = \left|\frac{X}{F}\right| = \left|\frac{Ae^{j\phi}}{Be^{j\psi}}\right| = \left|\frac{A}{B}\right| \tag{3-49}$$

函数 $|H(\omega)|$ 称为幅度谱。

频响函数 $H(\omega)$ 的相位 $\arg[H(\omega)]$ 反映了振子系统对外力的相位变更特性:

$$\arg[H(\omega)] = \arg\left(\frac{X}{F}\right) = \phi - \psi = \arctan\left\{\frac{\mathrm{Im}[H(\omega)]}{\mathrm{Re}[H(\omega)]}\right\} \tag{3-50}$$

函数 $\arg[H(\omega)]$ 称为相位谱。

为使幅值谱和相位谱的结果具有普遍性，对频响函数采取无因次形式表示，取：

$$t = \frac{\tau}{\omega_0} = \tau \sqrt{\frac{M}{K}}$$

$$x = \frac{y}{K}$$

(3-51)

那么有

$$\dot{x} = \sqrt{\frac{1}{KM}} \frac{\mathrm{d}y}{\mathrm{d}\tau}$$

$$\ddot{x} = \frac{1}{M} \frac{\mathrm{d}^2 y}{\mathrm{d}\tau^2}$$

(3-52)

$$\omega = \omega_0 \Omega$$

式中：Ω 为无因次频率。

将该结果代入式(3-37)，得到：

$$\frac{\mathrm{d}^2 y}{\mathrm{d}\tau^2} + \frac{1}{Q} \frac{\mathrm{d}y}{\mathrm{d}\tau} + y = B\cos(\Omega\tau + \phi)$$

(3-53)

Q 被称为品质因数，有

$$Q = \frac{\sqrt{KM}}{R} = \frac{\omega_0 M}{R}$$

(3-54)

这样，以无因次时间尺度和位移尺度给出的频响函数为

$$H(\Omega) = \frac{1}{(1 - \Omega^2) + \mathrm{j}\frac{\Omega}{Q}}$$

(3-55)

图 3-6 绘制了无因次位移频响函数的幅值谱和相位谱曲线。

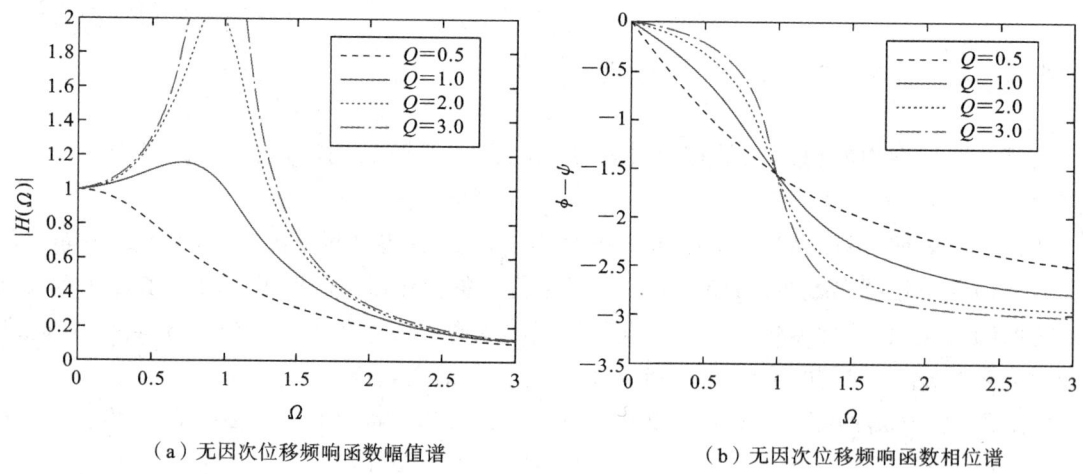

（a）无因次位移频响函数幅值谱　　　　　（b）无因次位移频响函数相位谱

图 3-6　无因次位移频响函数

从无因次位移频响函数幅值谱曲线（见图 3-6(a)）可知：

① 当 $\Omega = 0$ 时，$|H(\Omega)| = 1$。

② 当 $\Omega < 1$ 时，即激振力频率小于共振频率时，$|H(\Omega)|$ 随 Ω 的增长而增长；

③ 当 Ω 处于 1 附近时，$|H(\Omega)|$ 有峰值，约为 Q，此时系统在该频率上产生共振；

④ 当 $\Omega > 1$ 时，$|H(\Omega)|$ 随 Ω 的增长而下降，并趋于零。

从无因次相位谱曲线（见图 3-6(b)）可知：

① 相位随 Ω 的增长而滞后；

② 当 $\Omega = 0$ 时，$\phi - \psi = 0$，即振子运动与简谐激振力动作的相位相同；

③ 当 $\Omega \approx 1$ 时，$\phi - \psi = -\pi/2$，即振子运动比简谐激振力动作的相位滞后 $\pi/2$；

④ 当 $\Omega \gg 1$ 时，$\phi - \psi = \pi$，即振子运动与简谐激振力动作的相位相反。

3.5　质点的一般受迫振动

在图 3-5 中，如果外力 $f(t)$ 不具备简谐时变特征，则相应的振动问题属于一般外激励问题。下面分三种情况讨论一般激励作用下的振子振动特征。

1. 激振力是周期时变信号

周期时变的激振力可以表示为简谐激振力的叠加：

$$f(t) = \sum_{n=1}^{\infty} \mathrm{Re}(F_n \mathrm{e}^{jn\omega_0 t}) \tag{3-56}$$

由于单自由度振子所满足的运动方程(3-37)是线性的，因此根据线性微分方程的叠加原理，可给出周期时变激振力作用下的运动响应：

$$x(t) = \sum_{n=1}^{\infty} x_n = \sum_{n=1}^{\infty} \mathrm{Re}\left(\frac{F_n \mathrm{e}^{jn\omega_0 t}}{-M(n\omega_0)^2 + jR(n\omega_0) + K} \right) \tag{3-57}$$

由于运动响应是频率比为有理数的多个简谐振动的叠加，因此振子振动也是周期性的。振子运动的谐波分量由激振力谐波分别作用于振子系统给出。

利用周期信号的知识，我们可以给出周期时变激振力作用下的振子运动响应谱特征。

运动响应信号的功率谱是离散的谱线，与各激振力谐波分量相对应的频谱值为

$$\bar{P}_x(n\omega_0) = \frac{1}{2} \times \left| \frac{F_n}{-M(n\omega_0)^2 + jR(n\omega_0) + K} \right|^2 = |H(n\omega_0)|^2 \frac{|F_n|^2}{2} \tag{3-58a}$$

进一步，还可以由此给出具有周期特征的运动响应信号的功率谱密度和能量谱密度，它们的图形化表示形式是直方图。

2. 激振力是非周期能量信号

若激振力是非周期能量信号，则结合线性微分方程的叠加性原理，可将激振力周期信号的周期取为无限大，类比于信号分析，给出如下结论：

若激振力是非周期能量信号，则激振力将由能量密度谱 $S_f(\omega)$ 表征，运动响应也将是非周期能量信号，能量密度为

$$S_x(\omega) = |H(\omega)|^2 S_f(\omega) \tag{3-58b}$$

3. 激振力是非周期功率信号

若激振力是非周期功率信号，则激振力将由功率密度谱 $G_f(\omega)$ 表征，运动响应也将是非周期功率信号，功率密度为

$$G_x(\omega) = |H(\omega)|^2 G_f(\omega) \tag{3-58c}$$

图 3-7 给出了激振力是非周期功率信号时，单自由度振子的响应谱分析过程。激振力信

号的功率密度谱和能量密度谱具有三个谱峰频率特征,频响函数仅在固有频率处具有谱峰,当激振力谱谱峰与频响函数谱峰具有相同的频率时,容易产生更大的响应,使振子发生共振。为避免共振的发生,应避免激振力功率密度谱在固有频率处具有谱峰。

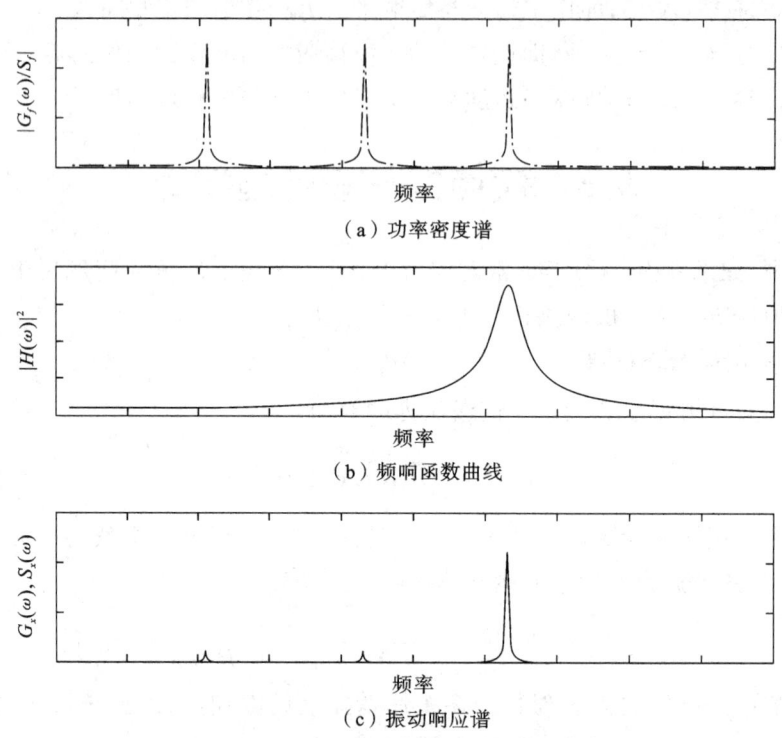

（a）功率密度谱

（b）频响函数曲线

（c）振动响应谱

图 3-7　非周期激振力功率密度谱、频响函数曲线及引起的振动响应谱

3.6　两自由度与多自由度振动系统

　　对于单自由度振动,只需要一个物理量就可以表征振动系统的振动状态。当某个振动系统的振动状态需要采用两个或两个以上的物理量才能表征时,该系统就是多自由度系统。本节以两自由度振动系统为例,给出有限多自由度系统的振动分析方法。

　　通过对两自由度振动系统的动力学分析,可给出如下结论:

　　① 两自由度振动系统的自由振动可以具有两种振动模态,每种振动模态都与特定的固有频率对应。

　　② 实际的自由振动可以是单模态的简谐振动,也可以是两种模态的叠加振动。

　　③ 两自由度振动受简谐激振力作用时,稳态运动是与激振力频率相同的简谐振动。

　　④ 两自由度振动系统在激励频率接近其固有频率时容易发生共振。

3.6.1　振动方程

考虑图 3-8 所示的由两个质量块构成的两自由度振动系统——双振子振动系统,它们的

质量分别为 M_1 和 M_2，三个弹簧的刚度分别为 K_1、K_2 和 K_c，整个系统两端被固定。两个质量块只能沿 x 方向运动。K_c 使两个质量块振动产生耦合，因此它被称为耦合刚度。

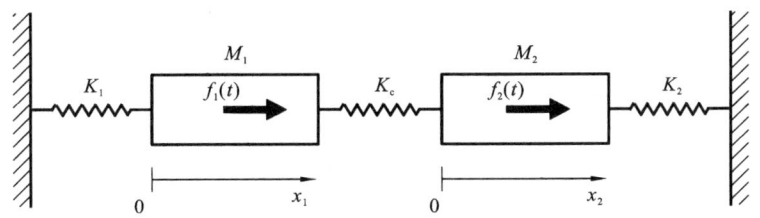

图 3-8　由两个质量块构成的双振子振动系统

记两个质量块离开平衡位置的位移分别是 $x_1(t)$ 和 $x_2(t)$。如果忽略阻尼，两个质量块受到弹簧的作用力分别是 $-K_1x_1+K_c(x_2-x_1)$ 和 $-K_2x_2+K_c(x_1-x_2)$，因此，分别针对各质量块使用牛顿第二定律建立振动方程：

$$\begin{cases} M_1\ddot{x}_1+K_1x_1+K_c(x_1-x_2)=f_1(t) \\ M_1\ddot{x}_2+K_2x_2+K_c(x_1-x_2)=f_2(t) \end{cases} \tag{3-59}$$

式中：$f_1(t)$ 和 $f_2(t)$ 分别是两个质量块受到的外力。

将两个质量块的位移和受到的外力用列向量表示：

$$\boldsymbol{x}(t)=\begin{bmatrix} x_1(t) \\ x_2(t) \end{bmatrix}, \quad \boldsymbol{f}(t)=\begin{bmatrix} f_1(t) \\ f_2(t) \end{bmatrix} \tag{3-60}$$

则方程组（3-60）可写成：

$$\boldsymbol{M}\ddot{\boldsymbol{x}}+\boldsymbol{K}\boldsymbol{x}=\boldsymbol{f} \tag{3-61}$$

式中：$\boldsymbol{M}$ 为质量矩阵，它是对角正定矩阵，

$$\boldsymbol{M}=\begin{bmatrix} M_1 & 0 \\ 0 & M_2 \end{bmatrix} \tag{3-62}$$

$\boldsymbol{K}$ 为刚度矩阵，它是对称正定矩阵，

$$\boldsymbol{K}=\begin{bmatrix} K_1+K_c & -K_c \\ -K_c & K_2+K_c \end{bmatrix} \tag{3-63}$$

可见，两自由度系统的振动方程是方程组的形式。采用矩阵表示方程组更简洁，便于后续推导。使用矩阵表示后：位移列向量表示了两个质量块的位移，反映了质量块间的相对振动形态，简称振形；外力列向量表示了力的空间分布，简称力形。

3.6.2　固有频率

固有频率是 $f(t)=0$ 时振子做自由简谐振动的频率。为了求双振子振动系统的固有频率，设

$$\boldsymbol{x}(t)=\begin{bmatrix} X_1 \\ X_2 \end{bmatrix}\mathrm{e}^{\mathrm{j}\omega t}=\boldsymbol{X}\mathrm{e}^{\mathrm{j}\omega t} \tag{3-64}$$

为书写和运算方便，这里省去了"Re( )"。

将式（3-64）代入式（3-61）得：

$$\begin{cases} (-M_1\omega^2 + K_1 + K_c)X_1 - K_c X_2 = 0 \\ -K_c X_1 + (-M_2\omega^2 + K_2 + K_c)X_2 = 0 \end{cases} \tag{3-65a}$$

或

$$(-\omega^2 \boldsymbol{M} + \boldsymbol{K})\boldsymbol{X} = 0 \tag{3-65b}$$

该矩阵方程要有非零解,需要满足:

$$\left| -\omega^2 \boldsymbol{M} + \boldsymbol{K} \right| = 0 \tag{3-66}$$

或

$$\begin{vmatrix} -M_1\omega^2 + K_1 + K_c & -K_c \\ -K_c & -M_2\omega^2 + K_2 + K_c \end{vmatrix} = 0 \tag{3-67a}$$

即

$$M_1 M_2 \left[\omega^4 - (\Omega_1^2 + \Omega_2^2)\omega^2 + \Omega_1^2\Omega_2^2 - \kappa^4 \right] = 0 \tag{3-67b}$$

式中:

$$\Omega_1 = \sqrt{\frac{K_1 + K_c}{M_1}}, \quad \Omega_2 = \sqrt{\frac{K_2 + K_c}{M_2}} \tag{3-68}$$

$$\kappa^2 = \frac{K_c}{\sqrt{M_1 M_2}} \tag{3-69}$$

求解方程(3-66)可得:

$$\omega^2 = \frac{1}{2}\left[\Omega_1^2 + \Omega_2^2 \mp \sqrt{(\Omega_1^2 - \Omega_2^2)^2 + 4\kappa^4} \right] \tag{3-70}$$

这两个根都是正实数。因此 ω 的值是:

$$\begin{cases} \omega_1 = \sqrt{\dfrac{1}{2}\left[\Omega_1^2 + \Omega_2^2 - \sqrt{(\Omega_1^2 - \Omega_2^2)^2 + 4\kappa^4} \right]} \\ \omega_2 = \sqrt{\dfrac{1}{2}\left[\Omega_1^2 + \Omega_2^2 + \sqrt{(\Omega_1^2 - \Omega_2^2)^2 + 4\kappa^4} \right]} \end{cases} \tag{3-71}$$

这说明,双振子振动系统的固有频率有两个,分别为 ω_1 和 ω_2。

3.6.3　振动模态

如果把固有频率 ω_1 代入式(3-65),可以得到:

$$\frac{X_1}{X_2} = \frac{K_c}{M_1(\Omega_1^2 - \omega_1^2)} = \frac{M_2(\Omega_2^2 - \omega_1^2)}{K_c} \tag{3-72}$$

可见,只要两个振子的振动复数幅值之比满足式(3-72),就能以频率 ω_1 自由振动。具体的 X_1、X_2 的量值大小并不确定。

类似地,把固有频率 ω_2 代入(3-65),可以得到:

$$\frac{X_1}{X_2} = \frac{K_c}{M_1(\Omega_1^2 - \omega_2^2)} = \frac{M_2(\Omega_2^2 - \omega_2^2)}{K_c} \tag{3-73}$$

即,只要两个振子的振动复数幅值之比满足式(3-73),就能以频率 ω_2 自由振动。具体的 X_1、X_2 的量值大小并不确定。

反映两个振子振动复数幅值比例关系的列向量称为模态。例如,满足式(3-72)的列向量

$\boldsymbol{X}^{(1)} = (X_1^{(1)}, X_2^{(1)})^{\mathrm{T}}$ 就是模态,同理,满足式(3-73)的列向量 $\boldsymbol{X}^{(2)} = (X_1^{(2)}, X_2^{(2)})^{\mathrm{T}}$ 也是模态。$\boldsymbol{X}^{(1)}$ 和 $\boldsymbol{X}^{(2)}$ 是两种不同的模态。式(3-72)的推导过程表明,当振动频率等于固有频率 ω_1 时,振动系统将以模态 $\boldsymbol{X}^{(1)}$ 做自由振动。有:

$$\boldsymbol{x}(t) = A_1 \boldsymbol{X}^{(1)} \mathrm{e}^{\mathrm{j}\omega_1 t} \tag{3-74}$$

同理,当振动频率等于固有频率 ω_2 时,振动系统将以模态 $\boldsymbol{X}^{(2)}$ 做自由振动。有:

$$\boldsymbol{x}(t) = A_2 \boldsymbol{X}^{(2)} \mathrm{e}^{\mathrm{j}\omega_2 t} \tag{3-75}$$

系数 A 的具体取值由初始条件确定。

模态具体表示了两个振子做自由振动时的振幅比例或同步步调;如果对模态进行编号,则每一编号称为模态的阶数。

由于双振子振动系统的振动方程是线性的,因此两个模态的线性叠加也是该振动方程的解,即

$$\boldsymbol{x}(t) = A_1 \boldsymbol{X}^{(1)} \mathrm{e}^{\mathrm{j}\omega_1 t} + A_2 \boldsymbol{X}^{(2)} \mathrm{e}^{\mathrm{j}\omega_2 t} \tag{3-76}$$

A_1 和 A_2 的值由初始条件确定。类似于式(3-17),得:

$$\begin{cases} \boldsymbol{x}(0) = \mathrm{Re}(A_1 \boldsymbol{X}^{(1)} + A_2 \boldsymbol{X}^{(2)}) \\ \dot{\boldsymbol{x}}(0) = -\mathrm{Im}(\omega_1 A_1 \boldsymbol{X}^{(1)} + \omega_2 A_2 \boldsymbol{X}^{(2)}) \\ \boldsymbol{x}(0) = \begin{bmatrix} x_1(0) \\ x_2(0) \end{bmatrix} \\ \dot{\boldsymbol{x}}(0) = \begin{bmatrix} \dot{x}_1(0) \\ \dot{x}_2(0) \end{bmatrix} \end{cases} \tag{3-77}$$

式(3-77)说明,如果给系统一个扰动,让它具有特定的初始状态,那么振子的振动将是两阶模态振动的叠加,各阶模态振动的频率为与之对应的固有频率。

3.6.4　质量归一化模态与模态的正交性

1. 质量归一化模态

从前面的讨论中可知,在某个固有频率下,振子振动呈现为模态,即两个振子的振幅成比例,而具体振动幅值的大小并不确定。不过,存在某个特定的模态,其满足

$$(\boldsymbol{X}^{(p)})^{\mathrm{T}} \boldsymbol{M} \boldsymbol{X}^{(p)} = 1 \quad (p = 1, 2) \tag{3-78}$$

这样的模态称为质量归一化模态。

2. 模态的正交性

不同阶的两种模态具有广义正交性,即满足:

$$(\boldsymbol{X}^{(p)})^{\mathrm{T}} \boldsymbol{M} \boldsymbol{X}^{(q)} = 0 \quad (p \neq q) \tag{3-79}$$

证明如下:

由于两个固有频率都是方程(3-66)的解,因此它们一定满足

$$\omega_1^2 + \omega_2^2 = \Omega_1^2 + \Omega_2^2 \tag{3-80}$$

即

$$-(\Omega_1^2 - \omega_1^2) = (\Omega_2^2 - \omega_2^2) \tag{3-81}$$

这意味着

$$\frac{M_2}{M_1}\frac{1}{M_2}\frac{K_c}{\Omega_2^2-\omega_2^2}=-\frac{1}{M_1}\frac{K_c}{\Omega_1^2-\omega_1^2} \tag{3-82}$$

即
$$\frac{M_2}{M_1}\frac{X_2^{(2)}}{X_1^{(2)}}=-\frac{X_1^{(1)}}{X_2^{(1)}} \tag{3-83a}$$

或
$$M_1 X_1^{(1)} X_1^{(2)}+M_2 X_2^{(1)} X_2^{(2)}=0 \tag{3-83b}$$

将式(3-83)写成矢量形式即(3-79),它是广义正交性条件。

3. 归一化模态具有正交性的意义

归一化模态具有广义正交性,意味着利用归一化模态可实现质量矩阵的单位化。记质量归一化模态矩阵为

$$\boldsymbol{T}=(\boldsymbol{X}^{(1)},\boldsymbol{X}^{(2)}) \tag{3-84}$$

其分量满足

$$\begin{cases} (\boldsymbol{X}^{(p)})^{\mathrm{T}}\boldsymbol{M}\boldsymbol{X}^{(p)}=1 & (p=1,2) \\ (\boldsymbol{X}^{(p)})^{\mathrm{T}}\boldsymbol{M}\boldsymbol{X}^{(q)}=0 & (p\neq q) \end{cases} \tag{3-85}$$

那么有

$$\boldsymbol{T}^{\mathrm{T}}\boldsymbol{M}\boldsymbol{T}=\begin{bmatrix} 1 & 0 \\ 0 & 1 \end{bmatrix}=\boldsymbol{I} \tag{3-86}$$

此外,利用质量归一化模态矩阵还能实现刚度矩阵的对角化:

$$\boldsymbol{T}^{\mathrm{T}}\boldsymbol{K}\boldsymbol{T}=\begin{bmatrix} \omega_1^2 & 0 \\ 0 & \omega_2^2 \end{bmatrix} \tag{3-87}$$

证明如下:

ω_1^2 和 $\boldsymbol{X}^{(1)}$ 满足方程(3-65),即

$$-\omega_1^2\boldsymbol{M}\boldsymbol{X}^{(1)}+\boldsymbol{K}\boldsymbol{X}^{(1)}=0 \tag{3-88a}$$

或
$$\boldsymbol{K}\boldsymbol{X}^{(1)}=\omega_1^2\boldsymbol{M}\boldsymbol{X}^{(1)} \tag{3-88b}$$

ω_2^2 和 $\boldsymbol{X}^{(2)}$ 也满足方程(3-65),即

$$-\omega_2^2\boldsymbol{M}\boldsymbol{X}^{(2)}+\boldsymbol{K}\boldsymbol{X}^{(2)}=0 \tag{3-89a}$$

或
$$\boldsymbol{K}\boldsymbol{X}^{(2)}=\omega_2^2\boldsymbol{M}\boldsymbol{X}^{(2)} \tag{3-89b}$$

将式(3-88b)和式(3-89b)用矩阵表示为

$$\boldsymbol{K}(\boldsymbol{X}^{(1)},\boldsymbol{X}^{(2)})=\boldsymbol{M}(\boldsymbol{X}^{(1)},\boldsymbol{X}^{(2)})\begin{bmatrix} \omega_1^2 & 0 \\ 0 & \omega_2^2 \end{bmatrix} \tag{3-90a}$$

或
$$\boldsymbol{K}\boldsymbol{T}=\boldsymbol{M}\boldsymbol{T}\begin{bmatrix} \omega_1^2 & 0 \\ 0 & \omega_2^2 \end{bmatrix} \tag{3-90b}$$

等号两边同时左乘 $\boldsymbol{T}^{\mathrm{T}}$,可得:

$$\boldsymbol{T}^{\mathrm{T}}\boldsymbol{K}\boldsymbol{T}=\boldsymbol{T}^{\mathrm{T}}\boldsymbol{M}\boldsymbol{T}\begin{bmatrix} \omega_1^2 & 0 \\ 0 & \omega_2^2 \end{bmatrix}=\boldsymbol{I}\begin{bmatrix} \omega_1^2 & 0 \\ 0 & \omega_2^2 \end{bmatrix}=\begin{bmatrix} \omega_1^2 & 0 \\ 0 & \omega_2^2 \end{bmatrix} \tag{3-91}$$

即,质量归一化模态矩阵还能实现刚度矩阵的对角化:

$$T^{\mathrm{T}}KT = \begin{bmatrix} \omega_1^2 & 0 \\ 0 & \omega_2^2 \end{bmatrix} = \boldsymbol{\Omega}^2 \tag{3-92}$$

其中：

$$\boldsymbol{\Omega} = \begin{bmatrix} \omega_1 & 0 \\ 0 & \omega_2 \end{bmatrix} \tag{3-93}$$

3.6.5　受简谐力作用的受迫振动

和简单振子一样,受简谐力作用的系统的受迫振动是稳态振动和瞬态振动两部分的叠加,这里只分析稳态振动。

考虑如图 3-8 所示的例子:两个质量块分别受到圆频率 ω 相同的简谐力 $F_1 \mathrm{e}^{\mathrm{j}\omega t}$ 和 $F_2 \mathrm{e}^{\mathrm{j}\omega t}$ 的作用,即

$$\boldsymbol{f}(t) = \begin{bmatrix} F_1 \\ F_2 \end{bmatrix} \mathrm{e}^{\mathrm{j}\omega t} = \boldsymbol{F} \mathrm{e}^{\mathrm{j}\omega t} \tag{3-94}$$

式中: $\boldsymbol{F}$ 是外力矢量的复振幅。

系统的两个振子应该以与激振力圆频率相同的圆频率振动,有

$$\begin{cases} x_1 = X_1 \mathrm{e}^{\mathrm{j}\omega t} \\ x_2 = X_2 \mathrm{e}^{\mathrm{j}\omega t} \end{cases} \tag{3-95a}$$

即

$$\boldsymbol{x}(t) = \begin{bmatrix} X_1 \\ X_2 \end{bmatrix} \mathrm{e}^{\mathrm{j}\omega t} = \boldsymbol{X} \mathrm{e}^{\mathrm{j}\omega t} \tag{3-95b}$$

将式(3-94)和式(3-95)代入式(3-61),得到受迫振动满足的振动方程为

$$(-\omega^2 \boldsymbol{M} + \boldsymbol{K}) \boldsymbol{X} = \boldsymbol{F} \tag{3-96a}$$

也就是：

$$\begin{cases} M_1 (\omega^2 - \Omega_1^2) X_1 + K_{\mathrm{c}} X_2 = -F_1 \\ K_{\mathrm{c}} X_1 + M_2 (\omega^2 - \Omega_2^2) X_2 = -F_2 \end{cases} \tag{3-96b}$$

通常采取两种方法求解式(3-96)。

1. 直接法

通过直接求解线性代数方程组(3-96),容易得到:

$$\begin{cases} X_1 = \dfrac{-M_2 (\omega^2 - \Omega_2^2) F_1 + K_{\mathrm{c}} F_2}{M_1 M_2 (\omega^4 - (\Omega_1^2 + \Omega_2^2) \omega^2 + \Omega_1^2 \Omega_2^2 - \kappa^4)} \\[3mm] X_2 = \dfrac{-M_1 (\omega^2 - \Omega_1^2) F_2 + K_{\mathrm{c}} F_1}{M_1 M_2 [\omega^4 - (\Omega_1^2 + \Omega_2^2) \omega^2 + \Omega_1^2 \Omega_2^2 - \kappa^4]} \end{cases} \tag{3-97a}$$

将式(3-97a)写成矩阵的形式:

$$\boldsymbol{X}(\omega) = (-\omega^2 \boldsymbol{M} + \boldsymbol{K})^{-1} \boldsymbol{F} = \boldsymbol{H}_0(\omega) \boldsymbol{F} \tag{3-97b}$$

式中：

$$\boldsymbol{H}_0(\omega) = (-\omega^2 \boldsymbol{M} + \boldsymbol{K})^{-1} = \dfrac{\begin{bmatrix} -M_2 (\omega^2 - \Omega_2^2) & K_{\mathrm{c}} \\ K_{\mathrm{c}} & -M_1 (\omega^2 - \Omega_1^2) \end{bmatrix}}{M_1 M_2 [\omega^4 - (\Omega_1^2 + \Omega_2^2) \omega^2 + \Omega_1^2 \Omega_2^2 - \kappa^4]} \tag{3-97c}$$

式(3-97c)是前面式(3-44)的推广,矩阵 $\boldsymbol{H}_0$ 称为传递函数矩阵。$\boldsymbol{H}_0$ 的分母就是式(3-67b)中等号左边的部分,当外力频率等于固有频率 ω_1 或 ω_2 时(见式(3-71)),$\boldsymbol{H}_0$ 的分母为零,即产生了共振,此时矩阵 $\boldsymbol{H}_0$ 的各元素值为无穷大,这是没有考虑阻尼所导致的。

根据(3-97a)可给出受迫振动时两个振子的位移之比:

$$\frac{X_1}{X_2} = \frac{-M_2(\omega^2 - \Omega_2^2)F_1 + K_cF_2}{-M_1(\omega^2 - \Omega_1^2)F_2 + K_cF_1} \tag{3-98}$$

可以验证,当 $\omega = \omega_1$ 时,式(3-98)退化为式(3-72);当 $\omega = \omega_2$ 时,式(3-98)退化为式(3-73)。因此,如果外力的频率接近某一个固有频率,则系统的受迫振动就很接近对应的模态,而与两个振子的受力大小分配关系无关。

2. 模态叠加法

利用归一化模态,还可将双振子振动系统的受迫振动表示为模态叠加的形式。记双振子振动系统的振形为

$$\boldsymbol{x}(t) = (A_1\boldsymbol{X}^{(1)} + A_2\boldsymbol{X}^{(2)})\mathrm{e}^{\mathrm{j}\omega t} = \boldsymbol{TA}\mathrm{e}^{\mathrm{j}\omega t} \tag{3-99}$$

式中:

$$\boldsymbol{A} = \begin{bmatrix} A_1 \\ A_2 \end{bmatrix}, \quad \boldsymbol{T} = (\boldsymbol{X}^{(1)}, \boldsymbol{X}^{(2)}) \tag{3-100}$$

那么,受迫振动下的振动方程将表示为

$$(-\omega^2\boldsymbol{M} + \boldsymbol{K})\boldsymbol{TA} = \boldsymbol{F} \tag{3-101}$$

若已知归一化模态矩阵 $\boldsymbol{T}$,则通过解该方程可得出列向量 $\boldsymbol{A}$,进而得到双振子振动系统的受迫振动解。具体求解方法如下。

将方程(3-101)两边同时左乘 $\boldsymbol{T}^{\mathrm{T}}$,可得:

$$\boldsymbol{T}^{\mathrm{T}}(-\omega^2\boldsymbol{M} + \boldsymbol{K})\boldsymbol{TA} = \boldsymbol{T}^{\mathrm{T}}\boldsymbol{F} \tag{3-102}$$

利用模态矩阵可实现质量矩阵归一化。由刚度矩阵对角化的性质可得:

$$(-\omega^2\boldsymbol{I} + \boldsymbol{\Omega}^2)\boldsymbol{A} = \boldsymbol{T}^{\mathrm{T}}\boldsymbol{F} \tag{3-103a}$$

或

$$\begin{cases} (-\omega^2 + \omega_1^2)A_1 = X_1^{(1)}F_1 + X_1^{(2)}F_2 \\ (-\omega^2 + \omega_2^2)A_2 = X_2^{(1)}F_1 + X_2^{(2)}F_2 \end{cases} \tag{3-103b}$$

可见,该方程组是解耦的代数方程组,直接可得到:

$$\boldsymbol{A} = (-\omega^2\boldsymbol{I} + \boldsymbol{\Omega}^2)^{-1}\boldsymbol{T}^{\mathrm{T}}\boldsymbol{F} = \begin{bmatrix} \dfrac{1}{\omega_1^2 - \omega^2} & 0 \\ 0 & \dfrac{1}{\omega_2^2 - \omega^2} \end{bmatrix}\boldsymbol{T}^{\mathrm{T}}\boldsymbol{F} \tag{3-104a}$$

$$\begin{cases} A_1 = \dfrac{X_1^{(1)}F_1 + X_1^{(2)}F_2}{\omega_1^2 - \omega^2} \\ A_2 = \dfrac{X_2^{(1)}F_1 + X_2^{(2)}F_2}{\omega_2^2 - \omega^2} \end{cases} \tag{3-104b}$$

将该结果代入式(3-99)即可得到每个振子的振动:

$$\boldsymbol{x}(t) = \left(\frac{X_1^{(1)}F_1 + X_1^{(2)}F_2}{\omega_1^2 - \omega^2}\boldsymbol{X}^{(1)} + \frac{X_2^{(1)}F_1 + X_2^{(2)}F_2}{\omega_2^2 - \omega^2}\boldsymbol{X}^{(2)}\right)\mathrm{e}^{\mathrm{j}\omega t} \tag{3-105}$$

该结果表明,当振子模型确定时,两振子的振形可以看作两个模态的叠加,模态对振形的贡献由激振频率 ω、激振力的分配(F_1 和 F_2 的权重比例)决定。需要特别指出的是,当激振频率与某阶模态固有频率接近时,如 $\omega \to \omega_p (p=1,2)$,则由式(3-104)可知,$A_p \to \infty (p=1,2)$,这时,双振子振动系统的振形将以第 p 阶模态为主要特征,与两个振子受力的分配关系无关。

3.6.6 有限多自由度振动系统

虽然上面的分析过程是针对特定的两自由度振子振动系统给出的,但对有限多自由度振动系统的分析过程与之是类似的,这里只总结性地给出相关结论。

如果系统具有 n 个自由度,则运动状态需要由 n 个随时间变化的变量表征,将它们排成列矢量为

$$\boldsymbol{x}(t) = \begin{pmatrix} x_1(t) \\ x_2(t) \\ \vdots \\ x_n(t) \end{pmatrix} \quad (3\text{-}106)$$

对应的速度是 $\dot{\boldsymbol{x}}(t)$,加速度为 $\ddot{\boldsymbol{x}}(t)$。系统的耦合运动方程为

$$\boldsymbol{M}\ddot{\boldsymbol{x}} + \boldsymbol{K}\boldsymbol{x} = \boldsymbol{f}(t) \quad (3\text{-}107)$$

式中:$\boldsymbol{M}$ 为质量矩阵;$\boldsymbol{K}$ 为刚度矩阵;$\boldsymbol{f}(t) = (f_1(t), f_2(t), \cdots, f_n(t))^{\mathrm{T}}$ 是作用于各自由度的激振力所形成的列矢量。

可见,有限多自由度振动系统的振动方程的矩阵形式和两自由度振动系统是完全相同的,只是由于矩阵或列向量的维数发生变化,固有频率数量和模态数量也有所变化,而有关模态正交性的结论,以及模态归一化处理方法、受简谐力作用的受迫振动分析方法都是与多自由度振动系统完全相同的,这里不再赘述。

对不同自由度的多自由度振动系统的自由振动的研究表明,随着自由度的增加,振形更为"光顺",如图 3-9 所示。

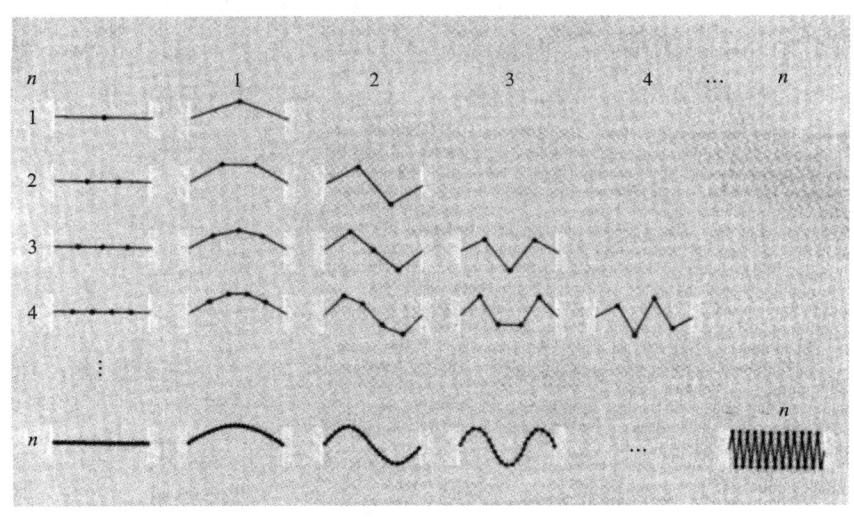

图 3-9 不同自由度下多自由度振动系统的模态

3.7　舰艇结构声学设计中的振动控制技术

为控制舰艇因振动而产生的噪声,在舰艇设计阶段需进行结构声学设计,通过结构声学设计,达到避免共振、降低激振力输入,以及控制激振力或振动传递的目的。控制激振力或振动传递最常使用的技术包括隔振技术和阻尼减振技术。

3.7.1　避免共振

为避免共振,通常会对舰艇采取合理的结构设计或结构措施。对于这些往往在舰艇设计初期阶段就要考虑,因为在舰艇设计完成后再来纠正不正确的声学方案十分困难。结构设计或结构措施通常包括:考虑或选择声学上合理的舰艇结构;选择合适的推进方式;合理布置振动设备;设计低噪声螺旋桨并选择与之相匹配的艉部结构;合理布置通风空调系统和其他船用系统;选择可以控制噪声传递的结构形式;等等。

结构设计或结构措施用于使安装设备的结构固有频率和设备激励频率错开,以避免共振的发生。通常认为,设备激励频率与结构固有频率的差值达到两者之一的 20%～30% 就能满足共振规避的调控需求。然而,实际结构的固有频率和设备的激励频率往往不是唯一的,而是在频域上分散分布,要求设备所有的激励频率分量与结构固有频率分量全部错开往往是不可能的,也是不必要的,因此这种错开的要求通常仅针对一定频率范围提出。

3.7.2　降低激振力输入

为降低激振力的输入,最直接有效的途径是选择低噪声装舰机械设备。为评价低噪声装舰机械设备性能,通常使用振动级和振动烈度这两个性能参数,它们是表征机械设备低噪声性能的重要参数。

设备的振动级是指设备在实船安装环境下机脚的平均振动加速度级或振动速度级。由于加速度传感器易于安装布置,且对中高频率,加速度信号具有较大的值,因而能够保证较高的测量精度和足够的信噪比。振动加速度级常被用于评价机械设备的振动级。

在选择低噪声装舰机械设备时,需要针对机械设备绘制振动加速度级限制曲线。只有装舰机械设备的加速度级符合限制曲线,才能予以验收。

设备的振动烈度由设备上多个测点振动速度有效值的合成值来表征:

$$V_s = \sqrt{\left(\frac{\sum V_x}{N_x}\right)^2 + \left(\frac{\sum V_y}{N_y}\right)^2 + \left(\frac{\sum V_z}{N_z}\right)^2} \tag{3-108}$$

式中:V_s 是振动烈度;V_x、V_y、V_z 分别是三个互相垂直方向上的振动速度的有效值;N_x、N_y、N_z 分别是三个互相垂直方向上的速度测点数。

振动烈度测点布置原则为:选择刚性较强的部位,这些部位能够代表机器的整体运动,如机器表面、前后端顶部、轴承盖和基座等,不得选择刚性较差、局部振动大的部位;小型设备一般选择 3～5 个测点,中大型设备选择 6～8 个测点。

3.7.3　隔振技术

隔振技术是通过插入隔振设备来阻止振动或激振力的传递的技术。

1. 单层隔振技术

舰船平台在振动时会将振动传递给安装于船上的设备,使之也发生振动。为了保证某个设备能平稳正常工作,需要将该设备与平台基础隔绝,这就是隔振。

图 3-10 所示是使用单层隔振技术实现隔振的简化模型:图中基础上下振动,其振动可表示为 $x_0=\mathrm{Re}(X_0\mathrm{e}^{\mathrm{j}\omega t})$;基础带动质量块上下振动,质量块的振动可表示为 $x=\mathrm{Re}(X\mathrm{e}^{\mathrm{j}\omega t})$。为了减小质量块的振动,需要在质量块下插入弹性材料,即隔振器,用以阻隔基础振动向质量块的传递。

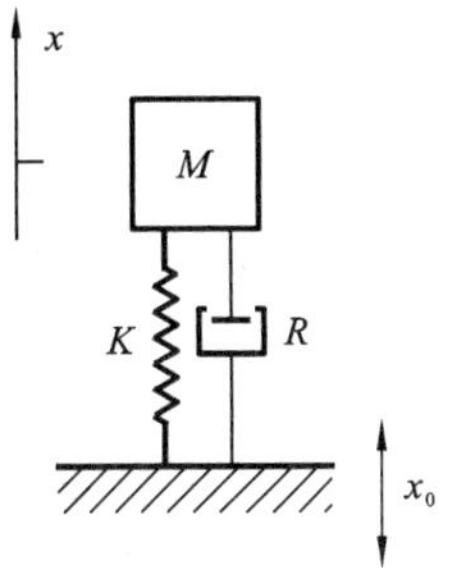

假定弹性材料的弹性系数是 K,阻尼系数是 R,质量块受到的弹力与 $x-x_0$ 成正比,阻尼力与 $\dot{x}-\dot{x}_0$ 成正比,则振动方程表示为

$$M\ddot{x}+R(\dot{x}-\dot{x}_0)+K(x-x_0)=0 \qquad (3\text{-}109)$$

图 3-10　隔振模型

即

$$M\ddot{x}+R\dot{x}+Kx=R\dot{x}_0+Kx_0=\mathrm{Re}\big[(K+\mathrm{j}\omega R)X_0\mathrm{e}^{\mathrm{j}\omega t}\big] \qquad (3\text{-}110)$$

式(3-110)就是我们前面讨论的简谐受迫振动下的振动方程。可以给出:

$$X=\frac{(K+\mathrm{j}\omega R)X_0}{-M\omega^2+\mathrm{j}R\omega+K} \qquad (3\text{-}111)$$

因此,隔振效果可以表示为

$$\left|\frac{X}{X_0}\right|=\left|\frac{K+\mathrm{j}\omega R}{-M\omega^2+\mathrm{j}R\omega+K}\right| \qquad (3\text{-}112)$$

即

$$\left|\frac{X}{X_0}\right|=\left|\frac{\Omega-\mathrm{j}Q}{\Omega-\mathrm{j}Q(1-\Omega^2)}\right| \qquad (3\text{-}113)$$

式(3-113)是对式(3-112)进行无因次化处理的结果。式(3-113)中:

$$\Omega=\frac{\omega}{\omega_0}$$

$$Q=\frac{\sqrt{KM}}{R}=\frac{\omega_0 M}{R}$$

图 3-11 是按式(3-113)绘制得到的隔振效果随无因次频率变化的曲线。可见,当 $\Omega>\sqrt{2}$ 时,质量块的振动幅值比基础振动幅值小,具有隔振效果;在质量块的振动频率低于共振频率时,质量块的振动比基础振动还要大,特别在共振频率处,质量块的振动尤为剧烈,在系统的阻尼比较小时这一现象更加明显。

还有一类问题属于隔力问题,例如:为了隔离振动部件对基础产生的不平衡力,需要在部件下插入弹性材料。该问题可简化为图 3-12 所示的模型。

振动方程为

$$M\ddot{x}+R\dot{x}+Kx=\mathrm{Re}(F\mathrm{e}^{\mathrm{j}\omega t}) \qquad (3\text{-}114)$$

振子的振动位移复数幅值为

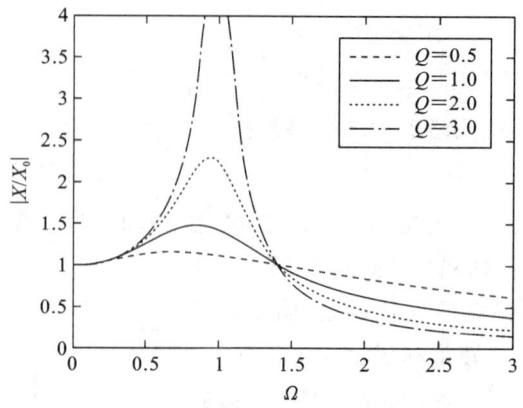

图 3-11　隔振效果随无因次频率的变化规律

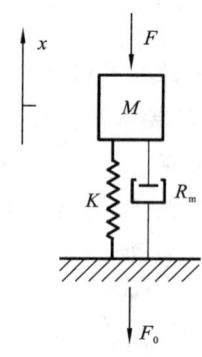

图 3-12　隔力模型

$$X = \frac{F}{-M\omega^2 + jR\omega + K} \tag{3-115}$$

作用在基础上的作用力为

$$F_0 = Kx + R\dot{x} = \frac{(K + j\omega R)F}{-M\omega^2 + jR\omega + K} \tag{3-116}$$

则隔力效果表示为

$$\left|\frac{F_0}{F}\right| = \left|\frac{K + j\omega R}{-M\omega^2 + jR\omega + K}\right| = \left|\frac{\Omega - jQ}{\Omega - jQ(1 - \Omega^2)}\right| \tag{3-117}$$

该表达式和前述隔振问题的隔振效果表达式完全相同。因此,只有在 $\Omega > \sqrt{2}$ 时隔力措施才有效。

可见,无论是隔力问题还是隔振问题,关键是通过隔振设备的设计,使无因次频率 Ω 足够大。在隔振设备的初步设计中:首先要明确系统的基本参数,包括被隔振设备的质量,主要的激振力频率等;然后通过选择合适的隔振器,明确隔振器的刚度和阻尼系数,这些参数可用来估计无因次频率 Ω。在达到 $\Omega > \sqrt{2}$ 的条件时,才转入技术设计。具体的船用隔振器通常包括橡胶型隔振器、钢制弹性体隔振器、空气弹簧隔振器或上述隔振器的组合。

2. 双层隔振技术

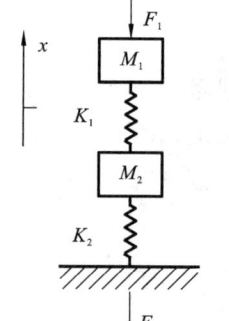

图 3-13　双层隔振系统
　　　　　的力学模型

试验研究表明,当振动频率在一定值以上时,单层隔振系统的隔力效果就不再继续增加了。这是因为,当频率很高时,隔振器的质量效应就不能忽略了,不能再简单地将其视作无质量弹簧,因而按原来理想化参数得出的隔力效果实际上无法达到。为了能获得更好的隔力效果,需要采取双层隔振系统。

双层隔振采用两层隔振器,并在两层隔振器之间插入一个中间质量块。双层隔振系统的力学模型如图 3-13 所示,该系统是两自由度振动系统。激振力 $f_1(t) = \mathrm{Re}(F_1 e^{j\omega t})$ 作用于质量为 M_1 的被隔振设备上,在隔振设备和基础之间有两个刚度分别为 K_1、K_2 的弹簧隔振器,以及一个质量为 M_2 的质量块。针对该两自由度振动系统,给出微分方程:

$$\begin{cases} M_1 \ddot{x}_1 + K_1(x_1 - x_2) = \mathrm{Re}(F_1 \mathrm{e}^{\mathrm{j}\omega t}) \\ M_2 \ddot{x}_2 + K_1(x_2 - x_1) + K_2 x_2 = 0 \end{cases} \tag{3-118}$$

记

$$\begin{cases} \omega_1 = \sqrt{\dfrac{K_1}{M_1}} \\ \omega_2 = \sqrt{\dfrac{K_2}{M_2}} \\ \mu = \dfrac{M_1}{M_2} \end{cases} \tag{3-119}$$

可以给出隔力效果为

$$\left| \frac{F_0}{F_1} \right| = \left| \frac{1}{\dfrac{\omega^4}{\omega_1^2 \omega_2^2} - \left(\dfrac{1}{\omega_1^2} + \dfrac{1}{\omega_2^2} + \mu \dfrac{1}{\omega_2^2} \right) \omega^2 + 1} \right| \tag{3-120}$$

式中：F_0 是下层隔振器传递给基础的作用力幅值。

图 3-14 是典型双层隔振系统隔力效果随频率变化的曲线，从该曲线并结合（3-120）可知，当激励频率足够高时，力的传递率符合 $T \propto 1/\omega^4$ 的规律；图中同时给出了单层隔振系统的力的传递率曲线，结合（3-117）可知，对于单层隔振系统，力的传递率符合 $T \propto 1/\omega^2$ 的规律。这说明，随着频率的增加双层隔振系统的力的传递率降低幅度更大，从而具有更好的隔力能力。

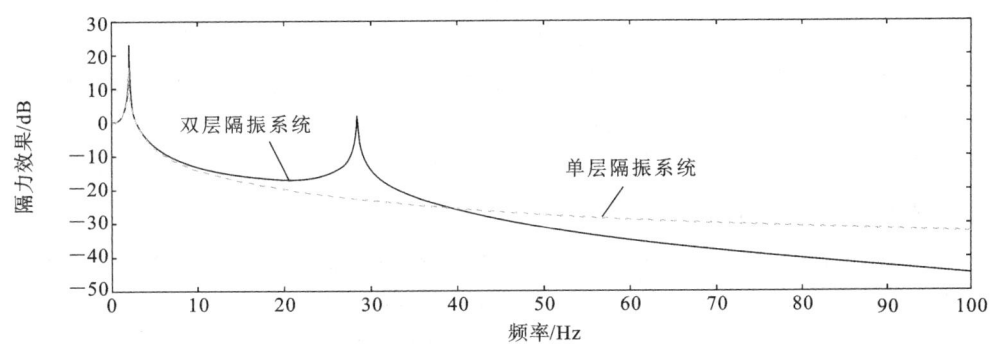

图 3-14　典型双层隔振系统隔力效果随频率变化的曲线

3. 浮筏隔振装置

浮筏隔振是舰船机械设备实现振动隔离的重要技术手段。图 3-15 所示为常见的浮筏装置模型，其通常包括筏上设备、筏架、隔振器等。浮筏隔振装置中的筏架是多种类型设备的安装平台，用于实现公共隔振。筏架通常被视作弹性结构，设计时，需通过筏架设计、隔振器设计、设备质量配置设计来满足设备安装刚度要求和振动隔离要求。由于浮筏上安装的设备较多，因此浮筏隔振装置设计比双层隔振装置更为复杂，需要考虑浮筏上设备的多扰动源复杂特性、重量重心配置要求、静态变形和动态变形限位要求等。因此，浮筏隔振装置设计比双层隔振装置设计难度更大。

浮筏隔振已在国内外舰船上得到应用，如法国"拉斐特"级护卫舰中的全柴联合动力装置包含齿轮箱、液力联轴器和两台柴油机，它们均通过浮筏来支撑，浮筏总重为 104 t。

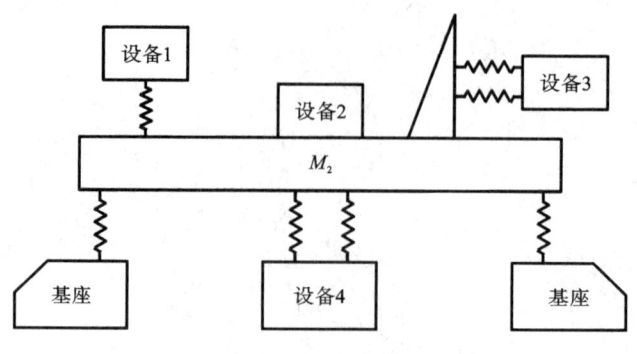

图 3-15　浮筏装置模型

为了实现设备的合理布置并达到振动控制的要求,将舱段内设备尽可能组合布置在筏架上,实现公共隔振,这样的技术称为整舱浮筏隔振技术。整舱浮筏隔振技术也在潜艇减振设计中得到了成功应用。

3.7.4　阻尼减振技术

舰船结构在振动时往往会出现一系列共振峰,增大系统的阻尼系数,能够降低共振峰值,因此,增大系统的阻尼系数是实现振动控制的重要手段。从机理上看,阻尼技术通过材料技术将振动能量转换成可耗散的能量,从而增大材料或结构的阻尼系数。

从材料上看,舰船使用的阻尼材料包括以下五类。

(1)黏弹性阻尼材料:目前应用最广的阻尼材料分为橡胶类和塑料类,一般以板状形式生产,使用时可用专用黏结剂贴在需要减振的结构上。

(2)沥青型阻尼材料:以沥青为基材,混合无机填料,根据需要添加塑料、树脂和橡胶,通常制成板材贴敷在壳体表面。

(3)复合吸振材料:这种材料包括两类——层压材料和黏合剂浸渍纤维材料。层压材料是多层吸振材料,是在弹性材料层之间夹一层黏弹性吸振材料而构成的复合金属板材,其在弯曲振动时,高分子材料发生剪切变形,从而发挥阻尼特性。黏合剂浸渍纤维材料是浸渍过黏合剂的基体材料。基体通常为玻璃基体、有机纤维,黏合剂为各种树脂,通过有针对性探索黏合剂成分,合理选择短纤维,能够显著提高阻尼。

(3)阻尼涂料:在高分子树脂材料中加入填料及辅材配置而成的涂料,使用时涂覆在金属板材表面。

(4)阻尼合金:一种具有均质结构的吸振材料,具有较高的强度,以及较好的韧性和阻尼性能。如铜锰合金,其本身就具有较大的内损耗,可使用该类材料作为阻尼合金来制造具有低振动要求的设备或部件。

思考题

1. 已知振动位移表达式为:

$$g(t) = \mathrm{Re}(Be^{j\omega t}) \tag{3-121}$$

试根据该式,解释式中各符号的含义。

2. 定性绘制无因次频响函数的幅值谱和相位谱曲线。

3. 有一质量为 2 kg 的重物挂在刚度为 150 N/m 的弹簧上,求:

(1) 系统固有频率是多少?

(2) 如果阻尼系数为 0.1 kg/s,现将弹簧拉长 0.5 m,试定性绘制释放弹簧后的位移振荡时域曲线。

(3) 试求在幅值为 1 N、频率为 5 Hz 的激振力作用下振子的稳态响应幅值。

(4) 要使稳态响应位移幅值小于 0.1 m,激振频率应满足什么条件?

4. 归纳总结舰艇结构声学设计中的振动控制技术。

第4章 声波的能量传递

为研究弹性介质中的能量传递,需要研究其中的运动分布及力分布特性,从而给出能量传递特性。运动或力在空间中的分布特性就是场特性。根据运动分布的特征,运动场包括两类:一类称为驻波场,在驻波场中介质内各个点的运动变量具有同步性(可类比于前面所给出的单自由度振动和多自由度振动),即不同点的运动变量同步变化;另一类则完全不同,其中的各点运动不同步,如行波场,不同点运动具有相位差,故运动不同步。由于后者伴随着能量的传递,因此它是水声学中关注的重点。

4.1 一维波动分析

4.1.1 一维简谐行波

一维简谐行波是最简单的行波形式,用函数表示为

$$g(x,t)=A\cos(\omega t-kx) \tag{4-1}$$

式中:A 称为波幅;ω 为圆频率;k 为波数。

简谐行波中的各点以相同的圆频率 ω 做简谐振动;在每一时刻,各点在空间上的排列具有简谐波形。

一维简谐行波的空间特征可类比于简谐信号的时域特征,如:k 可类比于时域简谐信号的圆频率;如果定义 $\lambda=2\pi/k$,则 λ 可类比于时域简谐信号的周期,在空间上称为波长。图 4-1 给出了两者的类比关系。可见,波数与波长具有关系:

$$k=\frac{2\pi}{\lambda} \tag{4-2}$$

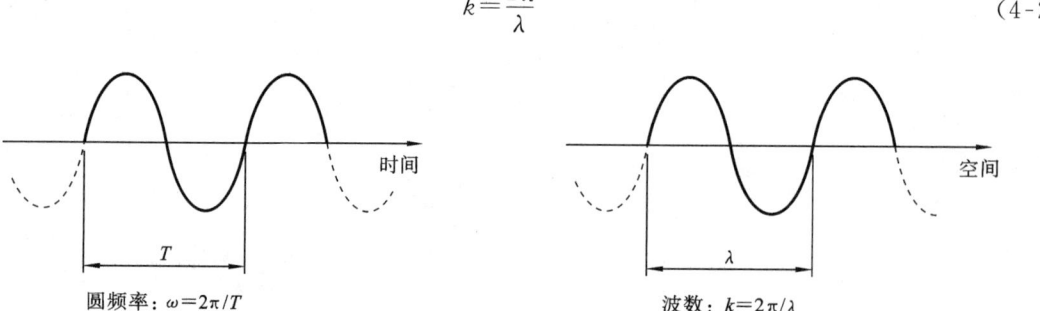

图 4-1 简谐信号时域特征与简谐行波空间特征的类比

　　简谐行波中的不同点的相位各不相同,两个点的相位差随距离线性变化。波数代表了单位长度的相变,当长度为一个波长时,相变量为 2π。

　　现考虑两个点 x_1 和 x_2,假定 $x_2 > x_1$。若这两个点具有相同的相位,那么它们必然分别处于不同的时刻,用数学描述就是:

$$\omega t_1 - k x_1 = \omega t_2 - k x_2 \tag{4-3}$$

　　若 $t_2 > t_1$,式(4-3)可以理解为:x_1 处的相位是经历了时长 $t_2 - t_1$ 传递至位置 x_2 处的,传递的距离为 $x_2 - x_1$。因此,由式(4-3)可给出相位由点 x_1 传播到点 x_2 的速度(相速度)c_{ph}:

$$c_{ph} = \frac{x_2 - x_1}{t_2 - t_1} = \frac{\omega}{k} \tag{4-4}$$

　　可见,相速度描述了相位传播的快慢。在刚才的分析中,由于 $x_2 > x_1$,$t_2 > t_1$,因此 $c_{ph} > 0$,即相位是沿 x 轴正向传播的。

　　在刚才的分析中,位于坐标原点的点在 $t = 0$ 时刻的相位为 0。若选择不同的位置作为坐标原点,位于坐标原点的点在 $t = 0$ 时刻的相位值(此时的相位值不具有数值上的特殊性,可以是任意的实数)记为 ϕ,则一维简谐行波可表示为更为一般的形式:

$$g(x,t) = A\cos(\omega t - k x + \phi) \tag{4-5}$$

　　简谐行波可用复数表示为

$$g(x,t) = \mathrm{Re}(B\mathrm{e}^{-\mathrm{j}kx}\,\mathrm{e}^{\mathrm{j}\omega t}) \tag{4-6}$$

式中:B 是复数,包含坐标原点的初始相位信息,其表达式为

$$B = A\mathrm{e}^{-\mathrm{j}\phi} = A\cos\phi + \mathrm{j}A\sin\phi$$

　　图 4-2 以矢量旋转图的形式更为直观地表示了当 $k > 0$ 时简谐行波的时空变化特征,即波形随时间和空间位置的变化。该图说明了 c_{ph} 被称为相速度的原因:每经过 $T/8$ 时间,如果观察者沿空间轴方向行进 $\lambda/8$,那么观察者所在位置处的相位是不变的。图中某一条虚线同空间横轴的交点就是观察点,观察点上的箭头代表复矢量,在同一条虚线上,不同交点上的复矢量没有变化,即相位不变。由于相邻交点代表在时间上经历 $T/8$,在空间上行进 $\lambda/8$ 后观察者

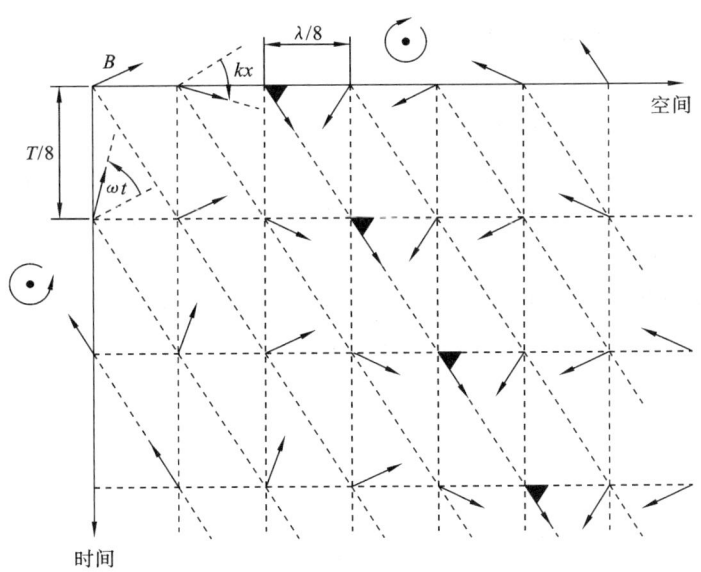

图 4-2　用矢量旋转图表示的简谐行波的时空变化特征

的位置,因此观察者行进速度为 $c_{ph}=(\lambda/8)/(T/8)$。也就是说,当某个观察者以相速度沿声传播方向运动时,他将观察不到行波中的相变化。

一维简谐行波具有两个不同的传播方向。若已知 $k>0$,则:

沿 x 轴正向传播的一维简谐行波表示为 $Be^{-jkx}e^{j\omega t}$;

沿 x 轴负向传播的一维简谐行波表示为 $Be^{jkx}e^{j\omega t}$。

图 4-3 分别给出了沿 x 轴两个方向传播的简谐行波。

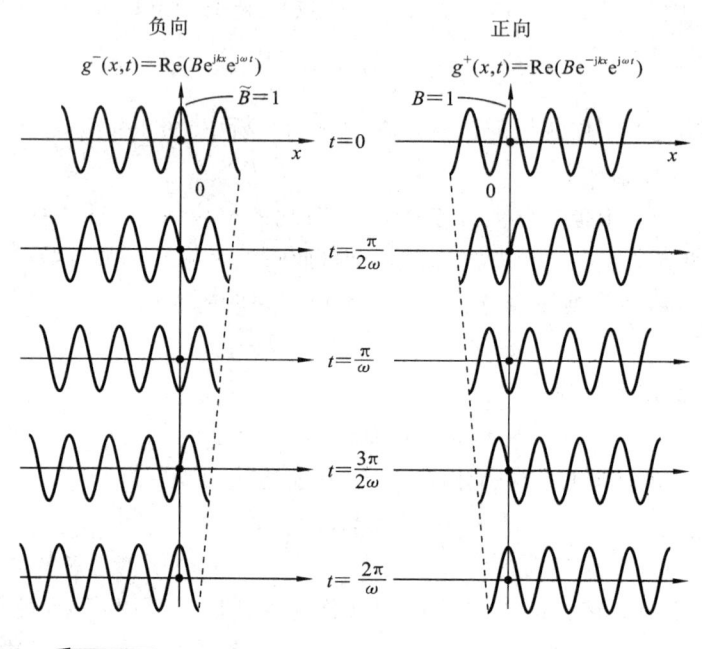

图 4-3　正向和负向传播的行波

4.1.2　一维简谐行波的叠加

两列波叠加在数学上表示为表征波动场的时-空函数相加。

若两列波具有相同的频率,则在叠加运算中使用简化表示方法:在运算过程中省去 Re( ) 和 $e^{j\omega t}$ 不写,仅书写与空间位置相关的复数幅值部分,在完成运算后,再将结果乘以 $e^{j\omega t}$,最后再取实部,得到最终的叠加波动场表达式。

例如,波长和频率相同、传播方向相反的一维简谐行波叠加,具体书写分析过程如下:

$$g(x,t)=g_1(x,t)+g_2(x,t)=A\cos(\omega t-kx)+A\cos(\omega t+kx+\phi)$$

$$\sim Ae^{-jkx}+Ae^{j\phi}e^{jkx}=2Ae^{j\frac{\phi}{2}}\cos\left(kx+\frac{\phi}{2}\right)$$

$$\sim \mathrm{Re}\left[2Ae^{j\frac{\phi}{2}}\cos\left(kx+\frac{\phi}{2}\right)e^{j\omega t}\right]=2A\cos\left(kx+\frac{\phi}{2}\right)\cos\left(\omega t+\frac{\phi}{2}\right) \tag{4-7}$$

结果表明,最终得到的叠加波动场为简谐驻波场。在驻波场中,各点的振动始终具有相同的相位——各点同步运动到峰值或运动到平衡位置。在本例中,由于各点在任意时刻的位置在空间上还具有简谐分布特征,因而该驻波场称为简谐驻波场。需要特别指出的是,某些点的振动幅值始终为零,称之为节点。

简谐驻波场本质上是频率相同、不同方向行波发生干涉的结果。波的干涉是频率相同的两列波叠加时所出现的现象:叠加波在某些区域振动加强,在某些区域振动减弱,而且振动加强的区域和振动减弱的区域相互隔开。

通常,将不同频率、不同波长的一维简谐行波叠加,将得到极为复杂的波动场。不过,若各子波的相速度大小和传播方向相同,那么叠加得出的波动场是行波场,表示为

$$y = g\left(t - \frac{x}{c_{\mathrm{ph}}}\right) \tag{4-8}$$

行波场的特征是波形以相速度 c_{ph} 传播。当 $c_{\mathrm{ph}} > 0$ 时,波形沿 x 轴正向行进;当 $c_{\mathrm{ph}} < 0$ 时,波形沿 x 轴负向行进。

4.2　流体中的简谐行波

4.2.1　一维可压缩流体中的基本关系

可压缩流体[①]具有这样的性质:如果流体局部被扰动,导致局部压缩,那么局部流体密度将增加,压力将变大,增加的压力对相邻流体具有推动作用,迫使邻近流体压力和密度增加;反之,如果局部流体密度减小,则压力将减小,邻近流体将对稀疏部分的流体产生推动作用,导致该处的压力和密度增加。

对理想可压缩流体的研究表明,流体中的压力脉动(即声压)、速度脉动和密度脉动具有关联。在一维直角坐标系中,声压场 $p(x,t)$、速度脉动场 $v(x,t)$ 和密度脉动场 $\rho(x,t)$ 满足基本关系:

$$\begin{cases} \rho_0 \dfrac{\partial v}{\partial t} = -\dfrac{\partial p}{\partial x} \\[2mm] \rho_0 \dfrac{\partial v}{\partial x} = -\dfrac{\partial \rho}{\partial t} \\[2mm] p = c^2 \rho \end{cases} \tag{4-9}$$

式中:ρ_0 是平均密度;t 是时间;c 是决定流体密度变化和压力变化关联关系的常数因子,由流体的性质决定。

三个变量方程给出的基本关系还可等价地表示为某一个变量需要满足的基本关系——声波动方程。例如,由于在流体中,声压的测量比流体速度变化和密度变化的测量更容易,因此在实际工程中人们更愿意使用声压作为声音的度量。为此,将包含三个变量的方程组(4-9)进行消元,获得仅关于 p 的方程,此即声波动方程:

$$\frac{\partial^2 p}{\partial x^2} = \frac{1}{c^2} \frac{\partial^2 p}{\partial t^2} \tag{4-10}$$

在通过声波动方程给出声压场后,再由式(4-9)给出速度脉动场和密度脉动场。例如,已知声压场具有以下形式:

---

① 后续讨论中,流体均被视为理想流体(即不考虑黏性),考虑流体的可压缩性。

$$p(x,t) = \mathrm{Re}\left[\left(Ae^{-jkx} + Be^{jkx}\right)e^{j\omega t}\right] \tag{4-11}$$

$p(x,t)$ 能满足声波动方程,则由式(4-9)可以给出速度脉动场 $v(x,t)$ 和密度脉动场 $\rho(x,t)$:

$$v(x,t) = \mathrm{Re}\left[\frac{1}{\rho_0 c}\left(Ae^{-jkx} - Be^{jkx}\right)e^{j\omega t}\right] \tag{4-12}$$

$$\rho(x,t) = \mathrm{Re}\left[\frac{1}{c^2}\left(Ae^{-jkx} + Be^{jkx}\right)e^{j\omega t}\right] \tag{4-13}$$

4.2.2　一维可压缩流体中的色散关系

色散关系是波数(波长)和频率的关系。下面将推导一维可压缩流体中的简谐行波所必须满足的色散关系式。

若一维可压缩流体中,声压场具有简谐行波形式:

$$p(x,t) = \mathrm{Re}(Ae^{-jkx}e^{j\omega t}) \tag{4-14}$$

那么将它代入声波动方程(4-10)可得:

$$c^2 k^2 = \omega^2 \quad \text{或} \quad k = \pm\frac{\omega}{c} \tag{4-15}$$

即,对于任意频率 ω,波数 k 由式(4-15)给出。由于 k 的取值可以为正值或负值,因而简谐行波可以沿 x 轴正向或负向传播。式(4-15)就是一维可压缩流体中的色散关系式。

上述推导还说明,波幅 A 可以为任意值,它通常由初始条件决定。

由于声波动方程是线性方程,因而满足声波动方程的多个声压场,经线性叠加后也满足声波动方程。因此,一维可压缩流体中可以存在正、负向传播波的叠加波,有

$$p(x,t) = \mathrm{Re}\left[\left(Ae^{-jkx} + Be^{jkx}\right)e^{j\omega t}\right]$$

其中,波数 k 与频率 ω 必须满足色散关系式(4-15)。

在上述推导中,色散关系式可看作将式(4-11)代入声波动方程(4-10)所得出的结果,因此,色散关系式和式(4-11)也可视作声波动方程的等价形式。

4.2.3　一维可压缩流体中的能量关系

1. 声能量密度与声强

声能量密度是流体中单位体积的声能量,其表达式为

$$e(x,t) = \frac{1}{2}\rho_0\left\{\left[v(x,t)\right]^2 + \frac{\left[p(x,t)\right]^2}{\rho_0^2 c^2}\right\} \tag{4-16}$$

从声能量密度的表达式可以看到它包括两项:与速度脉动相关的项,代表单位体积流体的动能;与声压相关的项,代表单位体积流体的势能。声能量密度用于表征某点、某时刻的声能量状态。在实际工程中,通常更关心某个时长的平均值,即声能量密度有效值:

$$\bar{e}(x) = \frac{1}{T}\int_0^T e(x,t)\,\mathrm{d}t \tag{4-17}$$

若声场脉动是周期性的,时长 T 取为一个周期。

声强是流体中声压通过垂直于声传播方向的单位面积时做功的功率。在一维流体中,声强的表达式为

$$I(x,t) = p(x,t) \times v(x,t) \tag{4-18}$$

声强有效值为

$$\bar{I}(x) = \frac{1}{T} \int_0^T I(x,t) \, dt \tag{4-19}$$

2. 一维简谐行波及其叠加声场中的声能量密度与声强

先考虑一般情形。若声压场由式(4-11)给出,即

$$p(x,t) = \text{Re}\left[(A e^{-jkx} + B e^{jkx}) e^{j\omega t} \right]$$

那么速度脉动场和密度脉动场也随之分别由基本关系式(4-12)和式(4-13)给出,进而给出声能量密度和声强的有效值:

$$\bar{e}(x) = \frac{1}{2\rho_0 c^2} (|A|^2 + |B|^2) \tag{4-20}$$

$$\bar{I}(x) = \frac{1}{2\rho_0 c} (|A|^2 - |B|^2) \tag{4-21}$$

再考虑两种特殊情形。

当 $A \neq 0, B = 0$ 时,声压场为 $p(x,t) = \text{Re}(A e^{-jkx} e^{j\omega t})$,有

$$\bar{e}(x) = \frac{|A|^2}{2\rho_0 c^2} \tag{4-22}$$

$$\bar{I}(x) = \frac{|A|^2}{2\rho_0 c} \tag{4-23}$$

该式说明:当声压场是简谐行波场时,$\bar{e}(x) \propto |A|^2$,$\bar{I}(x) \propto |A|^2$,即波幅反映声能量密度和声强。

当 $A \neq 0, B = A e^{j\phi}$ 时,声压场可表示为

$$p(x,t) = \text{Re}\left[(A e^{-jkx} + A e^{j\phi} e^{jkx}) e^{j\omega t} \right]$$

有:

$$\bar{e}(x) = \frac{1}{2\rho_0 c^2} |A|^2 \times 2 \tag{4-24}$$

$$\bar{I}(x) = 0 \tag{4-25}$$

式(4-24)和式(4-25)说明:当声压场是简谐驻波场时,$\bar{e}(x) \propto |A|^2$,$\bar{I}(x) = 0$,即波幅仅反映声能量密度的大小,声强为零,在平均意义上驻波场在一个周期内不传递能量。

而当 $A \neq 0, B \neq 0$ 时属于一般情形,声能量密度和声强的取值为以上两种特殊情形下取值的中间值。

有工程意义的是简谐行波,其声压场是非相干场,简谐波幅值能够反映声强大小,此时才能通过布置水听器来测量声压脉动幅值,从而评判声能量的传递能力。若将水听器布置于相干场,则使用水听器测量的结果无法完全反映声强,要在相干场中获得声强只能使用声强计(声压传感器和速度传感器的组合)。

4.3　一维简谐行波在边界的反射与透射

边界是阻抗介质中阻抗发生变化的位置。行波遇到边界时会产生反射和透射,本节将针对这两类现象进行分析,给出有关规律。

由于本节是针对特定频率进行研究的,因此在波动分析中,省略了 Re( )和 $e^{j\omega t}$ 不写,仅书写与空间位置相关的复数幅值部分,在完成运算后,再将结果乘以 $e^{j\omega t}$,最后再取复数实部,得到最终的叠加波动场表达式。

4.3.1　阻抗与边界条件

在一维可压缩流体中的某个位置取横截面,给该截面施加频率为 ω 的脉动压强,其复数幅值为 $P(\omega)$。若该截面同时具有速度脉动,其复数幅值为 $V(\omega)$,则该截面的阻抗为

$$Z(\omega) = \frac{P(\omega)}{V(\omega)} \tag{4-26}$$

这说明,阻抗是频率 ω 的函数。

例如,对一维可压缩流体取位置在 x 处的截面,则该处的脉动压强(即声压)复数幅值为 Ae^{-jkx}。该处的速度脉动复数幅值容易由式(4-18)得出,为 $Ae^{-jkx}/\rho_0 c$,因而可由式(4-26)求出该截面的阻抗,即 $\rho_0 c$。

一维简谐行波中某个截面所具有的阻抗称为声阻抗,反映了一维简谐行波中某个截面处的声压与速度脉动的复数幅值的比例关系。

在一维简谐行波中声阻抗为 $\rho_0 c$,这是一维简谐行波所应满足的基本关系式(或波动方程)对声压和速度脉动所提出的要求。若某个截面处的阻抗不同于声阻抗,则称为阻抗失配,在阻抗失配时,介质中的波动场形式就应不同于一维简谐行波场的形式,从而能同时满足基本关系(或波动方程)和特定截面的阻抗关系,这也是反射、透射现象产生的原因。由于特定截面通常处于被分析的可压缩流体的边界,因而这个针对特定截面所提出的关于阻抗关系的条件称为边界条件。

4.3.2　波在边界的反射

考虑如图 4-4 所示的声管,在声管端部设置活塞,活塞经弹簧、阻尼与基础连接,通过调整弹簧刚度、阻尼系数和活塞质量,可让作用于该截面的压强脉动和速度脉动的复数幅值比值(即阻抗)发生变化。

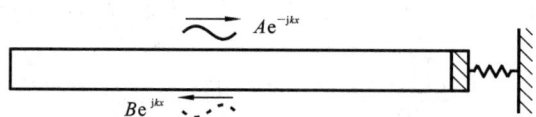

图 4-4　声管端部具有可调整的阻抗

在声管中,为满足基本关系式(或声波动方程),取声压场和速度脉动场一般形式为

$$\begin{cases} P(x) = Ae^{-jkx} + Be^{jkx} \\ V(x) = \dfrac{1}{\rho_0 c}(Ae^{-jkx} - Be^{jkx}) \end{cases} \tag{4-27}$$

式中:系数包含 A 的项代表沿 x 轴正向传播的简谐行波分量,称之为入射波;系数包含 B 的项代表沿 x 轴负向传播的简谐行波分量,称之为反射波。此外,在给定介质中,k 和 ω 还要满足

色散关系式。

在声管端部,活塞是流体的边界,因而声管中的流体具有与活塞相同的压强脉动和速度脉动。若已知端部的阻抗为 Z,则:

$$Z = \frac{P(x=0)}{V(x=0)} = \rho_0 c \left(\frac{A e^{-jkx} + B e^{jkx}}{A e^{-jkx} - B e^{jkx}} \right)_{x=0} \tag{4-28}$$

可以解得:

$$\frac{B}{A} = \frac{Z - \rho_0 c}{Z + \rho_0 c} \tag{4-29}$$

这说明,为满足边界条件,入射波和反射波分量的系数之比必须满足式(4-29)。

现在讨论式(4-29):

仅当 $Z = \rho_0 c$ 时,才有 $B/A = 0$,即,声管中才会仅具有沿 x 轴正向传播的简谐行波。

当 $Z \neq \rho_0 c$ 时,$B/A \neq 0$,此时介质中会出现反射波。

特别值得注意的是:

当截面是固定壁面时,$Z = \infty$,有 $B/A = 1$,这说明反射波幅等于入射波幅,在 $x < 0$ 的介质中会形成驻波场。这样的边界条件称为绝对硬边界条件。

当 $Z = 0$ 时,$B/A = -1$,反射波幅依然等于入射波幅,在 $x < 0$ 的介质中会形成驻波场。这样的边界条件称为绝对软边界条件。

4.3.3　在相邻的两种不同介质中传播的行波

边界可以由两种不同介质相接而产生。由于两种介质中的声阻抗不同,两种介质交界处存在阻抗失配,从而使入射波在介质中产生反射。同时,由于界面的脉动推动作用,在入射波传播方向上的另一介质中会出现继续前进的行波——透射波。具体分析如下:

考虑如图 4-5 所示的情形:介质 I 和介质 II 在 $x=0$ 处交界,它们的密度分别为 ρ_I、ρ_{II},在这两种介质中声速分别为 c_I、c_{II}。现考虑声波垂直于界面入射时两种介质中的波动场。

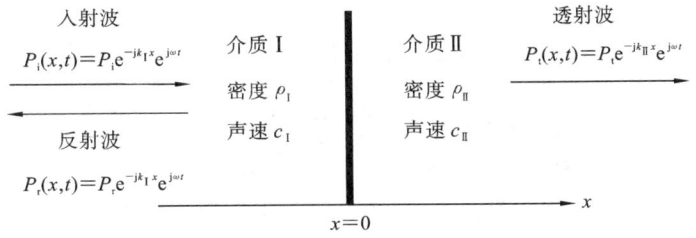

图 4-5　在相邻的两种不同介质中传播的行波

在介质 I 中,如果存在声波,则声压场表示为 $P_i e^{-jk_I x} + P_r e^{jk_I x}$,其中第一项代表沿 x 轴正向传播的入射声波,第二项代表沿 x 轴负向传播的反射声波。

由基本关系知,速度脉动场可表示为

$$\frac{1}{\rho_I c_I} (P_i e^{-jk_I x} - P_r e^{jk_I x})$$

对于介质 II,考虑其中的声波是在两种介质交界面的扰动作用下产生的,因而只会存在沿

x 轴正向传播的透射波,简化表示为 $P_t \mathrm{e}^{-\mathrm{j}k_{\mathrm{II}}x}$。

在交界面 $x=0$ 处,两种介质应具有相同的声压和速度脉动,因此有:

$$\begin{cases} P_i + P_r = P_t \\ \dfrac{P_i}{\rho_{\mathrm{I}} c_{\mathrm{I}}} - \dfrac{P_r}{\rho_{\mathrm{I}} c_{\mathrm{I}}} = \dfrac{P_t}{\rho_{\mathrm{II}} c_{\mathrm{II}}} \end{cases}$$

由此可以给出:

$$\begin{cases} P_r = \dfrac{\rho_{\mathrm{II}} c_{\mathrm{II}} - \rho_{\mathrm{I}} c_{\mathrm{I}}}{\rho_{\mathrm{II}} c_{\mathrm{II}} + \rho_{\mathrm{I}} c_{\mathrm{I}}} P_i \\ P_t = \dfrac{2\rho_{\mathrm{II}} c_{\mathrm{II}}}{\rho_{\mathrm{II}} c_{\mathrm{II}} + \rho_{\mathrm{I}} c_{\mathrm{I}}} P_i \end{cases} \tag{4-30}$$

这说明,如果给定入射波幅 P_i,那么反射波幅 P_r 和透射波幅 P_t 就可以确定了。

类似地,还可给出反射波速度幅值 V_r 和透射波速度幅值 V_t 同入射波速度幅值 V_i 之间的关系:

$$\begin{cases} V_r = \dfrac{-\rho_{\mathrm{II}} c_{\mathrm{II}} + \rho_{\mathrm{I}} c_{\mathrm{I}}}{\rho_{\mathrm{II}} c_{\mathrm{II}} + \rho_{\mathrm{I}} c_{\mathrm{I}}} V_i \\ V_t = \dfrac{2\rho_{\mathrm{I}} c_{\mathrm{I}}}{\rho_{\mathrm{II}} c_{\mathrm{II}} + \rho_{\mathrm{I}} c_{\mathrm{I}}} V_i \end{cases} \tag{4-31}$$

工程中更有意义的是声强有效值。利用式(4-30)和式(4-31)可以给出入射波声强有效值 $\bar{I}_i$ 分别同反射波声强有效值 $\bar{I}_r$ 和透射波声强有效值 $\bar{I}_t$ 之间的关系:

$$\begin{cases} \bar{I}_r = \dfrac{(\rho_{\mathrm{II}} c_{\mathrm{II}} - \rho_{\mathrm{I}} c_{\mathrm{I}})^2}{(\rho_{\mathrm{II}} c_{\mathrm{II}} + \rho_{\mathrm{I}} c_{\mathrm{I}})^2} \bar{I}_i \\ \bar{I}_t = \dfrac{4\rho_{\mathrm{I}} c_{\mathrm{I}} \rho_{\mathrm{II}} c_{\mathrm{II}}}{(\rho_{\mathrm{II}} c_{\mathrm{II}} + \rho_{\mathrm{I}} c_{\mathrm{I}})^2} \bar{I}_i \end{cases} \tag{4-32}$$

定义反射系数为

$$r_{\bar{I}} = \frac{\bar{I}_r}{\bar{I}_i} = \frac{(\rho_{\mathrm{II}} c_{\mathrm{II}} - \rho_{\mathrm{I}} c_{\mathrm{I}})^2}{(\rho_{\mathrm{II}} c_{\mathrm{II}} + \rho_{\mathrm{I}} c_{\mathrm{I}})^2} \tag{4-33}$$

定义透射系数为

$$t_{\bar{I}} = \frac{\bar{I}_t}{\bar{I}_i} = \frac{4\rho_{\mathrm{I}} c_{\mathrm{I}} \rho_{\mathrm{II}} c_{\mathrm{II}}}{(\rho_{\mathrm{II}} c_{\mathrm{II}} + \rho_{\mathrm{I}} c_{\mathrm{I}})^2} \tag{4-34}$$

可见,反射系数和透射系数均与两种介质的声阻抗匹配状态相关。现分几种情况讨论:

(1)当 $\rho_{\mathrm{I}} c_{\mathrm{I}} = \rho_{\mathrm{II}} c_{\mathrm{II}}$ 时,有 $r_{\bar{I}} = 0, t_{\bar{I}} = 1$,这表明入射波没有在界面上发生反射,而是由介质 I 全部透射到介质 II 中去了。这说明,如果两种介质具有相同的声阻抗,那么对声的传播而言,两种介质的分界面就好像不存在一样。

(2)当 $\rho_{\mathrm{II}} c_{\mathrm{II}} \gg \rho_{\mathrm{I}} c_{\mathrm{I}}$ 时,有 $r_{\bar{I}} \approx 1, t_{\bar{I}} \approx 0$,这表明入射波遭遇界面时将发生反射,以入射波形式传播的能量全部变为以反射波形式传播,而不会以透射波的形式传播。

(3)当 $\rho_{\mathrm{II}} c_{\mathrm{II}} \ll \rho_{\mathrm{I}} c_{\mathrm{I}}$ 时,此时同样有 $r_{\bar{I}} \approx 1, t_{\bar{I}} \approx 0$,与 $\rho_{\mathrm{II}} c_{\mathrm{II}} \gg \rho_{\mathrm{I}} c_{\mathrm{I}}$ 时的情形类似,即如果声波由声阻抗很大的介质向声阻抗很小的介质入射($\rho_{\mathrm{II}} c_{\mathrm{II}} \ll \rho_{\mathrm{I}} c_{\mathrm{I}}$),在界面上也将发生全反射,反射分量的声强等于入射分量的声强,同时能量不会以透射波的形式传播。

对更为一般的情形,可以得到这样的关系:

$$r_{\bar{I}} + t_{\bar{I}} = 1$$

该式是能量守恒原理的反映。

4.3.4　阻抗匹配关系与舰艇声隐身技术

有诸多舰艇声隐身技术利用了界面阻抗的匹配关系。界面阻抗匹配关系最为典型的应用场合是结构的隔振设计。

艇体结构也是声传播的介质，当艇体结构中的波在某界面发生阻抗失配时，将产生反射波，反射波和入射波叠加时发生干涉，形成驻波场。当阻抗失配程度较大时，透射波幅几乎为0，这意味着振动无法传递到阻抗失配界面的另一侧，从而限制了振动传递。因此，阻抗失配设计被广泛用于振动隔离。

常见的用于实现阻抗失配设计的手段包括：改变介质材料和横截面面积、采用直角弯和分支连接、设置弹性中间层、采用阻振质量块等。

图 4-6 所示是通过改变介质材料和横截面面积来实现振动隔离的设计案例。图示结构由材料不同的两根杆组成，由较细杆传播到粗杆中的纵波的透射系数为

$$t_I = \frac{4}{\left(\sqrt{\dfrac{Z_1}{Z_2}}+\sqrt{\dfrac{Z_2}{Z_1}}\right)^2}$$

而

$$Z_1 = \rho_1 c_{L1} S_1, \quad Z_2 = \rho_2 c_{L2} S_2$$

式中：$\rho_1 c_{L1}$、$\rho_2 c_{L2}$ 是两种杆件材料的纵波声阻抗；Z_1 和 Z_2 是声阻抗与杆横截面面积的乘积。通过改变介质横截面面积，使 $Z_1/Z_2 \ll 1$，使透射波分量的能量减小，从而控制振动通过杆件的传输，进而实现振动隔离。

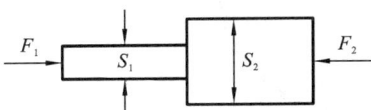

图 4-6　通过杆的材料及横截面面积变化实现纵波传输控制

阻抗失配设计还通过波型变换来实现。例如，在结构中，波的类型不仅包括与流体中类似的纵波，还包括弯曲波，因为振动在结构中不仅可以通过拉压方式传递，也可通过剪切、转动等方式传递。在同种介质中，不同类型的波具有不同的声阻抗。如果波型在某个截面处发生改变，实质上也就形成了阻抗失配。在直角弯和分支连接中容易发生波型的变化，进而造成阻抗失配，如图 4-7 所示。这种结构构型通常出现在舱壁、顶板或甲板、铺板与支撑臂，以及桁架中的梁上。在这种构型中，入射弯曲波经过拐角后，会在拐角分支中激发纵波。

设置弹性中间层是一种最普遍采用的阻抗失配设计方法：在两个声学上很"硬"的结构之间，插入声学上的"软"材料，从而造成阻抗失配。如图 4-8 所示，舰艇螺旋桨激振力激起轴系振动，传至艇体从而引发噪声。为实现振动隔离，使用了具有隔振功能的推力轴承。推力轴承内部具有橡胶隔振层，它与连接推力轴承的轴系和推力基座相比更柔软。轴系传来的波在推力轴承内的"软"界面上发生反射，而无法透射并传递至推力轴承基座。

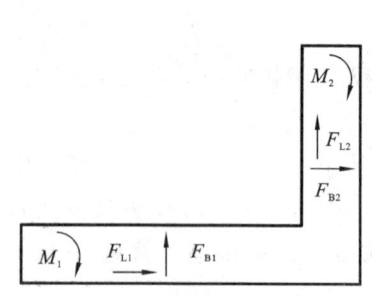

图 4-7　直角弯和分支连接中的传输波
类型发生改变形成阻抗失配

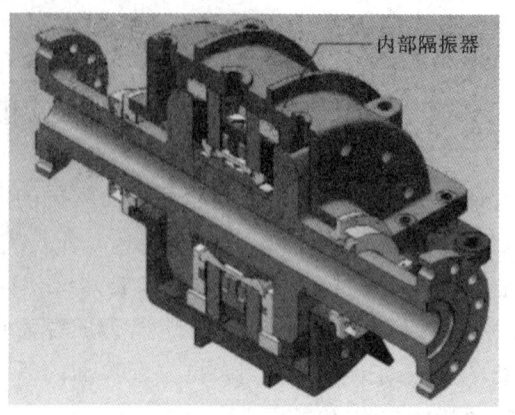

图 4-8　在推力轴承内部插入橡胶隔振层实现隔振

　　弹性层虽然能有效阻隔声波传播,但由于它的材质比主结构柔软得多,因此在实现声波阻隔的同时,也会因不能承载而带来结构稳定性的降低。采用阻振质量是实现阻抗失配设计的另一思路:利用质量块的惯性作用增加界面阻抗。为减小艇体结构传播的弹性振动波,通常将阻振质量块环绕设备安装结构布置,或沿舱壁、铺板边界布置,如图 4-9 所示。

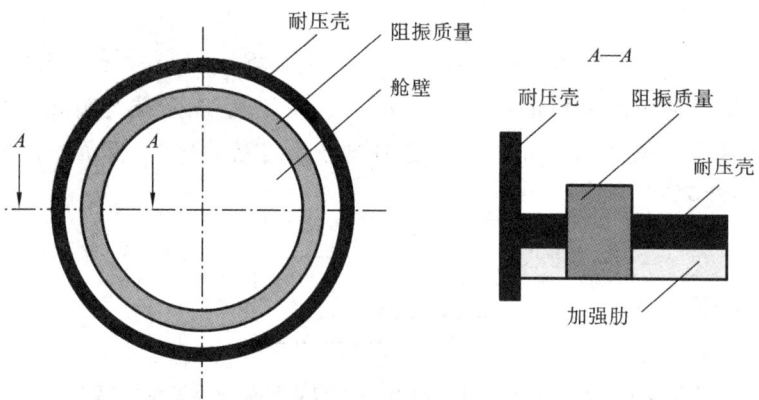

图 4-9　在舱壁上布置阻振质量来减小艇体结构传播的弹性振动波

4.4　声波的辐射

4.4.1　辐射的基本概念

　　物体在弹性介质中振动时会激发声波,该过程称为辐射,振动的物体称为声源。物体振动时会推动邻近流体跟随其脉动,形成扰动,扰动能量在介质中向远处不断传播,形成声波。

　　图 4-10 给出了几个声波辐射的例子:管路中因活塞的周期运动而产生的流体脉动沿管路传播,周期运动的活塞是声源,如图 4-10(a)所示;无限大障碍板中的圆板做周期运动,推动临近的流体运动并产生声波,运动的圆板是声源,如图 4-10(b)所示;水下潜航体因机械运转不

平衡产生振动,进而推动海水产生声音,振动的潜航体是声源,如图 4-10(c)所示。

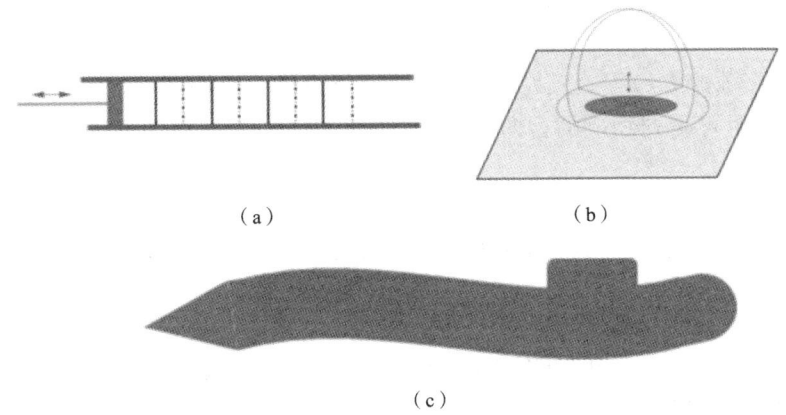

（a）　　　　　　　　　　　　　（b）

（c）

图 4-10　几个声波辐射的例子

声波辐射问题研究关注波动场特征及声能量传播规律。

4.4.2　三维空间脉动点声源的声辐射

脉动点声源是脉动球源的极限形式,因此研究脉动点声源需先给出脉动球源的辐射声场。

一个均匀涨缩振动的球面将激发球面声波。由于球面波具有各向同性的声辐射特性,因此,采取球坐标系来描述声波更为方便。图 4-11 给出了球坐标系,其中 r 是极径,θ 是纬度角,φ 是经度角。

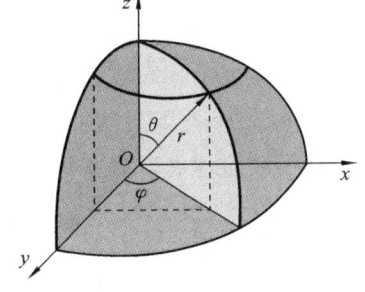

图 4-11　球坐标系

在球坐标系中,声波动方程可由直角坐标系下的结果经坐标转换给出,不过过程较为复杂,这里就不赘述,仅给出一些结论。

在脉动球源问题中,声场是球对称的,其声压场复数幅值可表示为

$$P(r,\theta,\varphi)=\frac{1}{1+\mathrm{j}ka}\frac{\mathrm{j}\rho_0\omega Q_a}{4\pi r}\mathrm{e}^{\mathrm{j}ka}\,\mathrm{e}^{-\mathrm{j}kr} \qquad (4\text{-}35)$$

式中:a 为球半径;Q_a 是与球壳脉动强度相关的量,称为体积流量。

在脉动球源问题中,速度场中仅具有径向速度,其可表示为

$$V_r(r,\theta,\varphi)=\frac{1+\mathrm{j}kr}{1+\mathrm{j}ka}\frac{Q_a}{4\pi r^2}\mathrm{e}^{\mathrm{j}ka}\,\mathrm{e}^{-\mathrm{j}kr} \qquad (4\text{-}36)$$

若保持体积流量不变,当 $ka\to0$ 时,脉动球源就变为脉动点声源。

脉动点声源的声压场表达式为

$$P(r,\theta,\varphi)=\lim_{ka\to0}\frac{1}{1+\mathrm{j}ka}\frac{\mathrm{j}\rho_0\omega Q_a}{4\pi r}\mathrm{e}^{\mathrm{j}ka}\,\mathrm{e}^{-\mathrm{j}kr}=\frac{\mathrm{j}\rho_0\omega Q_a}{4\pi r}\mathrm{e}^{-\mathrm{j}kr} \qquad (4\text{-}37)$$

从脉动点声源的声压场表达式看,脉动点声源的声压场具有无指向性、波动性和几何扩展特性。

（1）脉动点声源的声压场与方位角无关，这种与方位角无关的声场特性称为无指向性。

（2）脉动点声源的声压场表达式中具有 e^{-jkr} 项，代表相位沿径向传播，即脉动点声源的声压场具有波动性。

（3）脉动点声源的声压幅值随距离以 r^{-1} 的规律衰减，这种特性称为几何扩展特性。

当 $ka \rightarrow 0$ 时，也可得到相应的径向速度场：

$$V_r(r,\theta,\varphi) = \frac{Q_a(1+jkr)}{4\pi r^2}e^{-jkr} \tag{4-38}$$

利用声压场和径向速度场表达式，还可得出脉动点声源的声强场（有效值）表达式：

$$\bar{I}(r,\theta,\varphi) = \frac{\rho_0^2 \omega^2 |Q_a|^2}{(4\pi r)^2}\frac{1}{2\rho_0 c} \tag{4-39}$$

对比式（4-39）和式（4-37）可以看到，脉动点声源的声强（有效值）与声压（复数幅值）具有与一维简谐行波中类似的关系：

$$\bar{I} = \frac{|P|^2}{2\rho_0 c}$$

这意味着：在点声源辐射的声场中，通过布置水听器测量声压脉动幅值可以得出声强。

声强是矢量，表征在单位面积上声压沿速度方向做功的功率。对于点声源，声音的速度是径向速度，因此给出的声强是径向声强。

如果在以点声源为球心的球面上对径向声强进行积分，则可得出点声源辐射的声功率，即

$$W_{rad} = \int_S \bar{I}dS = \frac{\rho_0^2 \omega^2 |Q_a|^2}{(4\pi r)^2}\frac{1}{2\rho_0 c}r^2\sin\theta d\theta d\varphi = \frac{\rho_0 \omega k |Q_a|^2}{8\pi} \tag{4-40}$$

可见，点声源辐射的声功率与用于积分的球面半径无关，这正是能量守恒原理的体现，因为声能仅来源于点声源脉动做功。由此，还可给出推论：包围点声源的任意封闭面上的声功率是确定值，该值与封闭面的大小和形状无关。

利用该原理可以理解脉动点声源的声场所具有的几何扩展规律：脉动点声源辐射的声功率是常数值，将该值在半径为 r 的球面上平均则得到声强有效值 $\bar{I}$，即 $\bar{I} \propto r^{-2}$，而声强有效值又同声压幅值具有比例关系，即 $\bar{I} \propto |P|^2$，因此不难得出 $|P| \propto r^{-1}$。

4.4.3　脉动点声源叠加的声辐射

水下结构的振动可用多个脉动点声源的叠加等效，瑞利公式基于该观点表达了平板振动所辐射的声压场。

首先，考虑沿平面法向做简谐运动的小活塞所辐射的声压场（见图 4-12）。当活塞很小时可近似用球面取代；这种微小的活塞称为基本面源。基本面源所辐射的声压场可表示为

$$P = j\omega\rho_0 \frac{2V_n\delta S}{4\pi r}e^{-jkr} \tag{4-41}$$

式中：V_n 是活塞的法向速度；δS 是活塞表面积；$2V_n \cdot \delta S$ 为经过活塞的流体的体积流量。

接着，考虑处于平面中的平板振动问题。如图 4-13 所示，平板振动可视作系列活塞同时振动。平板振动所辐射的声场就是系列基本面源所辐射声场的叠加，因而声压场表示为

$$P(\boldsymbol{r}) = \frac{j\omega\rho_0}{2\pi}\int_S \frac{V_n(\boldsymbol{r}_s)e^{-jkR}}{R}dS \tag{4-42}$$

式中：$\boldsymbol{r}$ 是观察点的位置矢量；$\boldsymbol{r}_s$ 是基本面源的位置矢量；$V_n(\boldsymbol{r})$ 为各基本面源具有的法向速度幅值；R 是矢量 $\boldsymbol{r}-\boldsymbol{r}_s$ 的幅值，$R=|\boldsymbol{r}-\boldsymbol{r}_s|$。

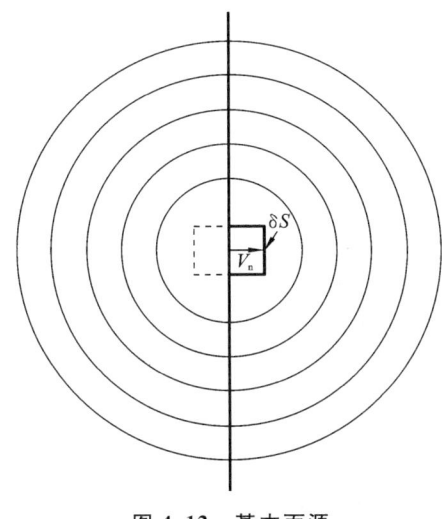

图 4-12　基本面源

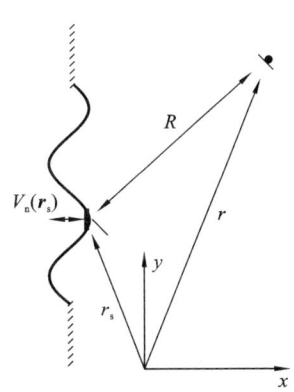

图 4-13　平板振动问题

　　将瑞利公式的推导过程进一步推广，能给出一般水下结构振动辐射声场预报公式。由于表达较为复杂，这里不赘述。类比于瑞利公式，水下一般结构振动及其辐射声场问题都可等效为系列点声源的叠加声场问题。

　　一般而言，多个点声源的叠加声场极为复杂。但当这些点声源之间的距离有限时，在距离这些点声源较远的位置看，其辐射声场具有较为简单的规律。从远距离看，这些点声源如同在一处，可视作一个点，因而被称为组合点声源。

　　组合点声源的声场特性体现的是系列点声源的远场特性。组合点声源的声场具有指向性、波动性和几何扩展特性。指向性是组合点声源声场不同于点声源声场的最显著特征。

　　下面以由两个点声源构成的叠加声场为例，研究组合点声源的远场特性。

　　在直角坐标系下，两个点声源分别位于 A 点 $(d_x/2,d_y/2,d_z/2)$（d_x、d_y、d_z 分别为两个点声源在 x、y、z 方向上的距离）和 B 点 $(-d_x/2,-d_y/2,-d_z/2)$，如图 4-14 所示。

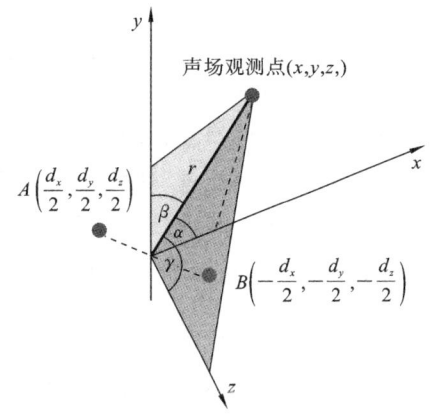

图 4-14　直角坐标系中的两个点声源

　　叠加声压场表示为

$$P=P_A+P_B=\frac{\mathrm{j}\rho_0\omega Q_A}{4\pi r_A}\mathrm{e}^{-\mathrm{j}kr_A}+\frac{\mathrm{j}\rho_0\omega Q_B}{4\pi r_B}\mathrm{e}^{-\mathrm{j}kr_B} \tag{4-43}$$

式中：

$$\begin{cases} r_A=\sqrt{\left(x-\dfrac{d_x}{2}\right)^2+\left(y-\dfrac{d_y}{2}\right)^2+\left(z-\dfrac{d_z}{2}\right)^2} \\[4mm] r_B=\sqrt{\left(x+\dfrac{d_x}{2}\right)^2+\left(y+\dfrac{d_y}{2}\right)^2+\left(z+\dfrac{d_z}{2}\right)^2} \end{cases} \tag{4-44}$$

现在考虑远场特性,即观测点距离坐标原点很远处的声场特性。在远场,有

$$r = \sqrt{x^2 + y^2 + z^2} \gg d_x, d_y, d_z \tag{4-45}$$

这样,可以将式(4-44)以 d_x、d_y、d_z 为小参数进行泰勒展开,有

$$\begin{cases} r_A = r - \dfrac{xd_x}{2r} - \dfrac{yd_y}{2r} - \dfrac{zd_z}{2r} + o(d_x, d_y, d_z) \\[2mm] r_B = r + \dfrac{xd_x}{2r} + \dfrac{yd_y}{2r} + \dfrac{zd_z}{2r} + o(d_x, d_y, d_z) \end{cases} \tag{4-46}$$

将式(4-46)代入式(4-43),其中指数部分取至 1 阶,分母部分取至 0 阶,则有

$$\begin{aligned} P &\approx \frac{\mathrm{j}\rho_0\omega}{4\pi r}\left[Q_A \mathrm{e}^{\mathrm{j}k\frac{d_x}{2}\frac{x}{r}} \mathrm{e}^{\mathrm{j}k\frac{d_y}{2}\frac{y}{r}} \mathrm{e}^{\mathrm{j}k\frac{d_z}{2}\frac{z}{r}} + Q_B \mathrm{e}^{-\mathrm{j}k\frac{d_x}{2}\frac{x}{r}} \mathrm{e}^{-\mathrm{j}k\frac{d_y}{2}\frac{y}{r}} \mathrm{e}^{-\mathrm{j}k\frac{d_z}{2}\frac{z}{r}} \right]\mathrm{e}^{-\mathrm{j}kr} \\ &= \frac{\mathrm{j}\rho_0\omega}{4\pi r}\left[Q_A \mathrm{e}^{\mathrm{j}k\frac{d_x}{2}\cos\alpha} \mathrm{e}^{\mathrm{j}k\frac{d_y}{2}\cos\beta} \mathrm{e}^{\mathrm{j}k\frac{d_z}{2}\cos\gamma} + Q_B \mathrm{e}^{-\mathrm{j}k\frac{d_x}{2}\cos\alpha} \mathrm{e}^{-\mathrm{j}k\frac{d_y}{2}\cos\beta} \mathrm{e}^{-\mathrm{j}k\frac{d_z}{2}\cos\gamma} \right]\mathrm{e}^{-\mathrm{j}kr} \end{aligned} \tag{4-47}$$

式中:　　　　　　　　　$\cos\alpha = x/r, \quad \cos\beta = y/r, \quad \cos\gamma = z/r$

从式(4-47)可以看到,在特定的方向 (α, β, γ) 上,声压随距离以 $\mathrm{e}^{-\mathrm{j}kr}/r$ 的规律向远处传播,这类似于点声源的径向传播规律,说明两个点声源的叠加声场远场具有波动性和几何扩展特性。

令

$$B(\alpha, \beta, \gamma) = \frac{\mathrm{j}\rho_0\omega}{4\pi}\left[Q_A \mathrm{e}^{\mathrm{j}k\frac{d_x}{2}\cos\alpha} \mathrm{e}^{\mathrm{j}k\frac{d_y}{2}\cos\beta} \mathrm{e}^{\mathrm{j}k\frac{d_z}{2}\cos\gamma} + Q_B \mathrm{e}^{-\mathrm{j}k\frac{d_x}{2}\cos\alpha} \mathrm{e}^{-\mathrm{j}k\frac{d_y}{2}\cos\beta} \mathrm{e}^{-\mathrm{j}k\frac{d_z}{2}\cos\gamma} \right] \tag{4-48}$$

则

$$P \approx \frac{B(\alpha, \beta, \gamma)}{r} \mathrm{e}^{-\mathrm{j}kr} \tag{4-49}$$

这说明,两个点声源的叠加声场远场具有指向性,声压幅值随方向而改变。

从两个点声源的叠加声场表达式(4-49)看,该声场如同由一个位于坐标原点的点声源产生的向外传播的球面场,只不过该点声源具有指向性。因此,从远距离看两个点声源,它们如同处在相同的空间位置,这两个点声源构成了组合点声源。

组合点声源的波动性和几何扩展特性意味着其声能的传递也具有类似于点声源的特征。例如,根据声压场表达式还可进一步得出组合点声源的径向速度:

$$V_r \approx \frac{B(\alpha, \beta, \gamma)}{r\rho_0 c}\left(1 + \frac{1}{\mathrm{j}kr}\right)\mathrm{e}^{-\mathrm{j}kr} \tag{4-50}$$

进而得出声强场(有效值)表达式为

$$\bar{I} \approx \frac{\dfrac{|B(\alpha, \beta, \gamma)|^2}{r^2}}{2\rho_0 c} = \frac{|P|^2}{2\rho_0 c} \tag{4-51}$$

可以看到,组合点声源的声强随距离的衰减规律、同声压幅值的关系都与点声源类似,不过,由于声压幅值具有指向性,因此声强也具有指向性。指向性最大的方向称为组合点声源的声轴方向。

将声强在以组合点声源为球心的球面上积分,还可得出组合点声源的平均辐射声功率:

$$W_{\mathrm{rad}} = \int_S \bar{I}_r \mathrm{d}S \tag{4-52}$$

式中:S 是以组合点声源为球心的球面。

　　显然,辐射声功率主要由沿声轴方向的声强贡献,因此通常用给定距离处沿声轴方向的声强度量组合点声源的辐射能力。

　　针对水下振动结构的噪声测量正是运用了上述原理:通过测量声轴方向的声压信号,并对之进行频谱分析,给出声强谱,评估水下振动结构的噪声辐射能力。但需要说明的是,只有在远场才能将多个点声源视作组合点声源,因而相关结论也只能在远场成立。因此,在水下振动结构的噪声测量中,水听器需要在远场布置。

4.4.4　多个脉动点声源的辐射声功率

　　如前所述,水下振动结构可用多个脉动点声源的叠加等效,因此研究多个脉动点声源对辐射声功率的贡献对控制水下振动结构的辐射噪声具有重要意义。

1. 一对点声源的声辐射

　　多个脉动点声源会产生干涉作用,从而导致它们共同存在时,所辐射的声功率并不等于其各自独立存在时所辐射声功率的和。

　　考察一对脉动强度相同、相位不同的点声源的声辐射情况。两个点声源的体积流量相同,但脉动相位不同。点声源 B 的体积流量为 Q_B,点声源 A 的体积流量为 $Q_A = Q_B e^{j\phi}$。现将这两个声源分别沿 x 轴放置于点 $(d_x/2,0,0)$ 处和点 $(-d_x/2,0,0)$ 处,利用式(4-47)可得出点声源的声压场表达式:

$$
\begin{aligned}
P &\approx \frac{j\rho_0 \omega Q_A}{4\pi} \left(e^{jk\frac{d_x}{2}\cos\alpha} + e^{j\phi} e^{-jk\frac{d_x}{2}\cos\alpha} \right) \frac{e^{-jkr}}{r} \\
&= \frac{j\rho_0 \omega Q_A e^{j\frac{\phi}{2}}}{2\pi} \cos\left(k\frac{d_x}{2}\cos\alpha - \frac{\phi}{2} \right) \frac{e^{-jkr}}{r}
\end{aligned}
\tag{4-53}
$$

进而得出声强场(有效值)表达式

$$
\bar{I}_r \approx \frac{|P|^2}{2\rho_0 c} = \frac{\rho_0 \omega k |Q_A|^2}{16\pi^2 r^2} \left[1 + \cos(kd_x\cos\alpha - \phi) \right]
\tag{4-54}
$$

则辐射声功率表达式为

$$
W_{rad} \approx \int_S \bar{I}_r dS = \frac{\rho_0 \omega k |Q_A|^2}{4\pi} \left[1 + \cos\phi \frac{\sin(kd_x)}{kd_x} \right]
\tag{4-55}
$$

在式(4-55)中,因子 $\rho_0 \omega k |Q_A|^2/(4\pi)$ 是单个点声源辐射声功率的 2 倍,因子 $1 + \cos\phi \dfrac{\sin(kd_x)}{kd}$ 反映了两个点声源的相对相位和距离对辐射声功率的影响。

　　图 4-15 特别针对 $\phi = 0$ 和 $\phi = \pi$ 两种情况给出了辐射声功率的因子 $1 + \cos\phi \dfrac{\sin(kd_x)}{kd}$ 随 kd_x 的变化曲线,并对这两种情况进行了对比。从图 4-15 中可以看到:

　　对于给定的 ϕ,辐射声功率随 kd_x 的增加而波动变化;当 $kd_x \to \infty$ 时,结果趋近于 1。这说明,两个点声源间存在相互影响,导致组合点声源声功率不是两个点声源辐射声功率的简单相加。只有当两个点声源的距离非常远或者频率非常高时,两个点声源相互的干涉作用才能忽略不计,此时组合点声源辐射声功率值才能通过对两个点声源辐射声功率进行简单的求和得到,即是单个点声源辐射声功率值的 2 倍。当两个点声源距离为零时,二者之间的干涉作用最强:

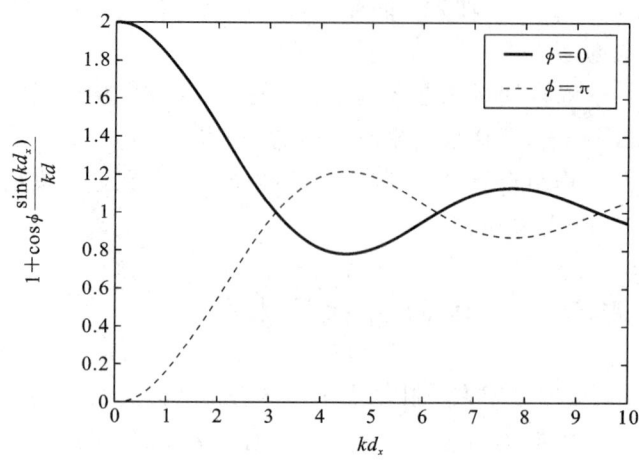

图 4-15　一对体积流量、幅值绝对值相等的点声源所辐射的声功率随相位和距离的变化关系

当 $\phi=0$ 时,两个点声源同相位脉动,辐射声功率是单个点声源辐射声功率的 4 倍,这就如同两个相位相同的点声源相互加强了辐射作用;

当 $\phi=\pi$ 时,两个点声源相位相反,辐射声功率为 0,这就如同两个相位相反的点声源相互削弱了辐射作用。

总而言之,对一般情形而言,两个点声源辐射的声功率不能看作各自独立存在的点声源所辐射的声功率之和,即辐射声功率不满足叠加原理。

2. 平板振动的波长对辐射声功率的影响

考察平板振动所引起的声辐射问题。

平板振动为驻波振动,可表示为

$$V(x,z)=V_n\sin\left(\frac{p\pi x}{a}\right)\sin\left(\frac{q\pi z}{b}\right) \quad (0\leqslant x\leqslant a,0\leqslant z\leqslant b) \tag{4-56}$$

式中:a 和 b 分别是平板沿 x 轴和 z 轴方向的边长;V_n 是振动幅值,ω 是圆频率。

平板振动表现为 x 方向 p 个半波、z 方向 q 个半波的驻波,沿平板纵、横向的半波使平板呈现出"格子"振动的形态,如图 4-16 所示。根据 p、q 的取值为奇数或偶数,平板振动模式分类为:奇-奇模式、偶-偶模式、奇-偶模式(或偶-奇模式)。如 $p=1,q=1$ 时振动模式属于奇-奇模式,$p=2,q=2$ 时振动模式属于偶-偶模式,$p=1,q=2$ 时振动模式属于奇-偶模式,等等。

平板振动所辐射的噪声可利用瑞利公式给出,例如在声压观测点的声压场表达式为

$$P(x',y',z')=\frac{j\omega\rho_0 V_n}{2\pi}\int_0^a\int_0^b\frac{\sin\left(\dfrac{p\pi x}{a}\right)\sin\left(\dfrac{q\pi z}{b}\right)e^{-jkR}}{R}dxdz \tag{4-57}$$

式中:ρ_0 为流体密度;$R=[(x'-x)^2+(y'-y)^2+(z'-z)^2]^{1/2}$。

以此为基础,可进一步分析声压场、声强场及辐射声功率。不过,相应的分析过程非常烦琐,而且给出的表达式也极为复杂,这里仅针对低频情形,给出一些结论:

当 V_n 相同时,同类型的振动模式中,p、q 取值大的振动所辐射的声功率更小,即长波振动辐射噪声更大。

当 V_n 相同时,若 p、q 取值相当,偶-偶模式下的辐射声功率普遍小于奇-奇模式下的辐射

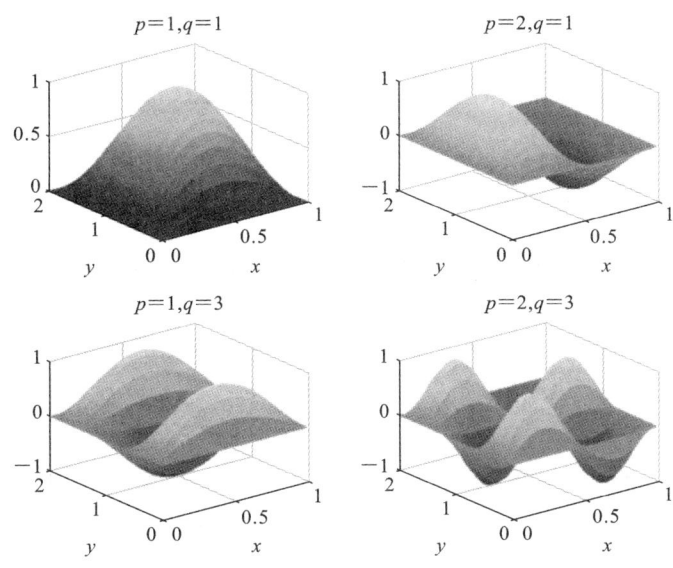

图 4-16　平板在不同 p、q 取值下的振动模式

声功率,即奇-奇模式下振动辐射噪声更大。

特别值得指出的是,当 $p=1$、$q=1$ 时,辐射声功率最大。

以上结论可借助一对点声源的声辐射问题中的有关结论解释,如图 4-17 所示。

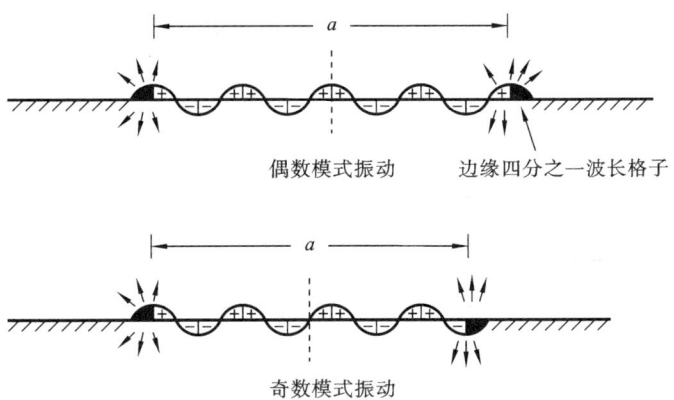

图 4-17　将平板振动等效为组合点声源

当频率很低时,振动平板中每四分之一波长的振动格子都可以视作一个点声源。两个相邻格子的振动具有反相位特征,这两个格子如同两个极为接近的反相位脉动点声源,它们彼此干涉,导致二者的辐射声功率相互削弱而接近于零,最终,只有在平板最边缘处的 1/4 波长格子因相互距离较远,其各自所辐射的声功率无法相互抵消。

当振动驻波具有偶数个半波长时,最边缘的 1/4 波长格子所辐射的噪声仍然会部分地相互抵消;当振动驻波具有奇数个半波长时,最边缘的 1/4 波长格子所辐射的噪声仍然会部分地相互加强。拓展到二维情形也是类似的:对声功率具有抵消作用或无抵消作用的格子板由 $(p/2a) \times (q/2b)$ 面积的格子所贡献。当 p、q 为偶数时,在平板最边缘的四个 1/4 格子所辐射的噪声部分地相互抵消,辐射噪声更小;当 p、q 为奇数时,在平板最边缘的四个

1/4 格子所辐射的噪声相互加强,辐射噪声更大。这就解释了奇-奇模式下振动辐射噪声更大的原因。

从 p、q 的取值看,更小的 p、q 对应于波长更长的驻波振动,最边缘的 1/4 波长格子面积更大,因而辐射噪声较大,这也就解释了为何长波振动辐射噪声更大。而当 $p=1,q=1$ 时,驻波振动波长在两个方向上都取最大值,因而辐射声功率最大。

4.5　水声工程对水中能量关系的描述

水声工程使用声呐方程表征水中信号在产生、传输、反射、干扰和判断过程中的能量关系。本节重点给出声呐方程的基本知识。

4.5.1　基本概念

凡是利用水下声信息进行探测、识别、定位、导航和通信的系统,都广义地称为声呐系统。

声呐按工作方式通常分为两种:主动声呐和被动声呐。

图 4-18 是主动声呐的信息获取和传播流程示意图:主动声呐向海水发射带有特定信息的声信号——发射信号,发射信号在海水中传播时遇到障碍物,如潜艇、水雷、鱼雷、冰山、暗礁等目标时,就会产生回声信号。回声信号按照一定的传播规律在海水中传播,其中在某一特定方向上的回声信号传播到水听器。水听器将声信号转换为相应的电信号,此电信号经处理器处理后被传送到判别器。判别器依据预先确定的原则做出有无目标的判断,并在确认有目标后,得出目标的距离、方位、运动参数及某些物理属性,最后由显示器显示出来。

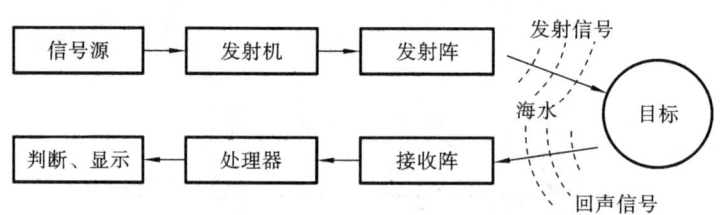

图 4-18　主动声呐的信息获取和传播流程示意图

图 4-19 给出了被动式声呐的信息获取和传播流程:声源(鱼雷、潜艇等)作为被探测目标产生辐射噪声信号,噪声信号经海水传播至被动声呐,被动声呐通过接收目标的这种辐射噪声来实现对水下目标的探测,确定目标的状态和性质。

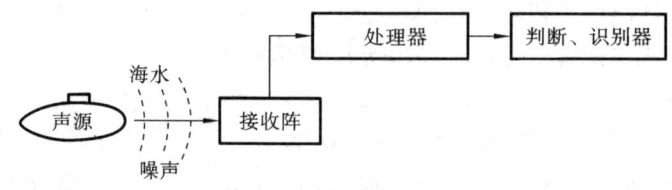

图 4-19　被动式声呐的信息获取和传播流程

由此可见,主动和被动是根据是否利用回波来区分的。

无论是主动式还是被动式,声呐系统一般都包括声源(声信号发射系统或被探测目标)、海水信道,以及接收设备。声源产生水声信号;海水信道对信号具有传输、反射和干扰作用;接收设备接收信号,并根据有用信号和干扰信号的能量大小做出相应判断。在声呐系统中,信号总是以声音的形式存在,表征声能的参数称为声呐参数。声呐方程就是依据声能所建立的表示各声呐参数之间的关系的公式。

4.5.2　声呐方程的基本考虑

声呐方程给出了能为接收设备所感知的信号应达到的信噪比关系。声呐方程的基本形式为

$$信号级-背景干扰级=检测阈 \tag{4-58}$$

信号级是有用声信号能量大小的"级"表示,是通过对实际声信号能量与基准能量的比值取对数而得到的。式(4-58)中的信号级是指接收设备处的信号级。

背景干扰级是无用噪声信号能量大小的"级"表示。式(4-58)中的背景干扰级是接收设备处的无用噪声信号级。

"信号级-背景干扰级"本质上表征的是信噪比的对数。如果在该值下,设备刚好能识别信号,则该比值就是检测阈,不过在声呐方程中,需要对信噪比取对数来确定检测阈。

在声呐方程中,若检测阈是提前给定的,就提出了对"信号级-背景干扰级"的要求,也就是对信噪比提出了要求。反之,若"信号级-背景干扰级"是提前给定的,声呐方程实际上就是给出了对设备能识别信号的检测阈要求。

以上只是给出了声呐方程最基本的形式,还需要对其进行完善,形成一个能综合描述信号在信息流中的产生、衰减、接收规律的方程。

4.5.3　主动声呐方程

以收发合置声呐为例,主动声呐方程写为

$$(SL-2TL+TS)-(NL-DI)=DT \tag{4-59}$$

式中:SL 为声源级;TL 为传播损失;TS 为目标强度;NL 为海洋环境噪声级;DI 为指向性指数;DT 为检测阈。

1. 声源级

声源级 SL 用来描述主动声呐所发出声信号的强弱,其表达式为

$$SL=10\lg \frac{I_{1m}}{I_0} \tag{4-60}$$

式中:I_0 是基准声强,约等于 0.67×10^{-18} W/m²(后续若无特别说明,基准声强都取该值);I_{1m} 是发射器声轴方向离声源等效中心 1 m 处的声强。

发射器可以视作系列点声源。在均匀海水中,从距离发射器很远的地方看,等效于系列点声源的发射器就可以视作处于同一个点上的组合点声源,该点声源所在的位置就是声源等效

中心。在距离发射器很远的位置,与之等效的点声源所产生的声压以 $e^{-j\beta r}/r$ 的规律衰减,因此声音就如同由发射器上的某点发出来一样。

虽然从远距离看,任意形式的声源的声音都如同从某一个点发出,但不同方位角的等效声源强度不同。为了能描述声源的固有性质,规定以发射器指向性最大的方向,即声轴方向作为度量声源强度的标准方向。

综上所述,将发射器作为声源等效成为一个点,该点即声源等效中心,距离该点 1 m 处的声强级就是声源级。

2. 传播损失

传播损失 TL 用来描述声信号在传播过程中的衰减变化,其表达式为

$$TL = 10\lg \frac{I_{1m}}{I_r} \tag{4-61}$$

式中:I_{1m} 是距离声源等效中心 1 m 处的声强;I_r 是距离声源 r 处的声强。

传播损失用来表征声波传播一定距离后声强的衰减倍率。声波在传播中声强会减弱,这是因为:海水介质对声波具有能量吸收作用;在声传播过程中波阵面发生扩散而导致声能在更大的面积上分摊;海水中存在各种对声波的不均匀性散射效应。

例如,对于处于均匀无界介质中的组合点声源,式(4-51)给出了其声强分布,则:

在距离声源等效中心 1 m 时,声强为

$$I_{1m} = \frac{|B(\alpha,\beta,\gamma)|^2}{2\rho_0 c} \tag{4-62a}$$

在距离声源等效中心 r 处,声强为

$$I_r = \frac{|B(\alpha,\beta,\gamma)|^2/r^2}{2\rho_0 c} \tag{4-62b}$$

因此,可知传播损失为

$$TL = 10\lg \frac{I_{1m}}{I_r} = 20\lg r \tag{4-63}$$

3. 目标强度

目标强度 TS 用来描述目标对声信号的反射特性,其表达式为

$$TS = 10\lg \frac{I_{r,1m}}{I_i} \tag{4-64}$$

式中:I_i 是目标处入射平面波的强度;$I_{r,1m}$ 是入射声波相反方向上距离目标等效中心(目标等效中心是一个假想点,可位于目标的外面,也可位于目标的内部,回声如同由该点发出,故称为目标等效中心)1 m 处的回声强度。

进行声学探测的前提是目标距离声源很远。在距离声源很远处,声源发出的声波在目标区域可近似为平面波。平面波遭遇目标后会产生反射波,反射波可看作由目标所发出的波。目标为次级声源,该次级声波的声强等于入射波声强乘以反射系数。次级声波又可被视为从目标等效中心发出,将距离目标等效中心 1 m 远处的反射波声强同入射波声强之比用"级"表示,就是目标强度。

目标强度是方位的函数。入射波相对于目标的入射方向不同,目标强度也不同;回波方向不同,目标强度也不同。对收发合置声呐,回波是指与入射方向相反的方向上的回声,因此目

标强度应按照回声方向的目标强度取值。

结合信号产生、传播及反射过程可知,声源信号经过传播和目标反射后,等效到距离目标等效中心 1 m 处的反射声源信号级为 SL－TL＋TS。

4. 主动声呐的信号级

主动声呐处的信号是由声源信号经过传播、目标反射、再传播所形成的最终信号。

对于收发合置声呐,经目标反射后的等效声源信号还要经过同样距离的衰减才能被接收到,因此信号级可按下式计算:

$$信号级＝SL－2TL＋TS \tag{4-65}$$

5. 海洋环境噪声

海洋环境噪声来源于海水中客观存在的多种噪声源,它们对声呐设备的工作具有干扰。海洋噪声级表达式为

$$NL＝10\lg\frac{I_N}{I_0} \tag{4-66}$$

式中:I_0 是基准声强;I_N 是噪声声强。

海洋环境噪声通常被认为是各向同性的。

6. 接收指向性指数

水听器通常总是具有一定的指向性,因此水听器实际感知的信号声强与方向相关。为了考虑这种指向性,需要用到指向性指数 DI。DI 的具体表达式为

$$DI＝10\lg\frac{R_N}{R_D} \tag{4-67}$$

假设有两个水听器,一个无指向性,另一个有指向性,且有指向性水听器的轴向灵敏度等于无指向性水听器的灵敏度。

对于无指向性水听器,若等噪声信号从各方向入射,则水听器接收到的噪声功率为

$$R_N＝m\int_{4\pi}I_i\mathrm{d}\Omega＝4\pi mI_i \tag{4-68}$$

式中:m 是与水听器灵敏度相关的比例常数;$\mathrm{d}\Omega$ 是立体角元。

对于有指向性水听器,若等声强的噪声信号从各方向入射,则水听器收到的噪声功率为

$$R_D＝m\int_{4\pi}I_ib(\theta,\varphi)\mathrm{d}\Omega＝mI_i\int_{4\pi}b(\theta,\varphi)\mathrm{d}\Omega \tag{4-69}$$

式中:$b(\theta,\varphi)$ 称为声束图案函数,代表等声强的信号从不同方位角入射时,水听器实际能感知的声强相对于实际声强的比例,它需归一化为最大声强方向的值,即 $b＝1$。

这样,比值

$$\frac{R_N}{R_D}＝\frac{4\pi}{\int_{4\pi}b(\theta,\varphi)\mathrm{d}\Omega} \tag{4-70}$$

就是无指向性和有指向性水听器在各向同性噪声场中收到的噪声信号声功率之比。由于有指向性水听器具有指向性,其在某些方向上感知到的噪声声强更低,因此 R_N/R_D 通常大于 1。R_N/R_D 反映了指向性导致水听器在各向同性噪声场中感知的背景噪声相对于实际背景噪声的倍率,该倍率的"级"表示就是接收指向性指数。

7. 背景干扰级

主动声呐处接收到的背景信号的干扰级表示为 NL−DI。

背景干扰级反映了海洋环境噪声在声呐指向性影响下所形成的最终背景干扰噪声。

8. 检测阈与主动声呐方程

检测阈 DT 给出了从背景中可识别信号的门限。

若主动声呐系统用于探测,则要求信号级比背景干扰级大,即信号级与背景干扰级之差大于检测阈,信号级与背景干扰级之差就是信噪比的"级"表示。主动声呐方程给出了实现探测应满足的信噪比门限要求:

$$(SL-2TL+TS)-(NL-DI)=DT \tag{4-71}$$

以上是针对收发合置声呐给出的声呐方程。如果收信声呐与发信声呐不在一处,则声呐方程中的传播损失项不能简单地写为 2TL,因为声信号往返路径不同会导致传播损失不同。

此外,式(4-71)仅适用于背景噪声具有各向同性的情况。如果背景干扰来源于混响,则需要用等效平面波混响级 RL 取代 NL−DI,即

$$(SL-2TL+TS)-RL=DT \tag{4-72}$$

混响源于海洋中粒子、鱼群、海底山脉等的散射作用,这些散射体散射成分的总和称为混响。混响声是一阵长的、慢慢变弱的、颤动的声响,它在主动声呐系统发射脉冲之后出现,而且具有方向性。它会对信号造成干扰。不同于一般海洋背景噪声,混响不具备各向同性特征。为了表示混响的作用,将它等效为平面波,相应的声强级就是等效平面波混响级。等效平面波混响级的表达式为

$$RL=10\lg\frac{I_{re}}{I_0} \tag{4-73}$$

式中:I_{re} 是等效平面波声强;I_0 是基准声强。

具体等效方法为:将强度为 I_{re} 的平面波轴向入射到水听器上,水听器输出端将输出某个电压值;如果将水听器置于混响场中,使它的声轴指向目标,在混响的作用下,水听器也输出一个电压。如果在这两种情形下水听器的输出电压相等,那么该平面波的声强就是等效平面波声强。

4.5.4 被动声呐方程

被动声呐的信息传播流程略微比主动声呐简单:噪声源由目标发出后,不需要经过往返程传播,而是直接传播至水听器,中间不存在目标反射过程;被动声呐的背景干扰一般为环境噪声,不存在混响的干扰。因此,被动声呐方程为

$$(SL_1-TL)-(NL-DI)=DT \tag{4-74}$$

式中:SL_1 是噪声源辐射噪声的声源级;其余各参数的定义和主动声呐方程中相同。

思考题

1. 已知简谐行波 $g(x,t)=A\cos(\omega t-kx)$ 和简谐驻波 $g(x,t)=A\cos(kx)\cos(\omega t)$,试分别

绘制它们在 $t=0$ 时刻和 $t=T/4$ 时刻的波形。其中，$T=2\pi/\omega$ 是周期。

2. 在 2.2 节中提到，针对声压信号可给出声压谱级。试问：在简谐行波场中，声压谱级和声强谱级具有怎样的关系？

3. 已知水和泥沙的特性阻抗分别为 1.48×10^{6} Pa·s/m 和 3.2×10^{6} Pa·s/m，若声波由水垂直入射到泥沙上，入射声波声压有效值为 120 dB，试求有效反射声压，有效入射声强和有效反射声强，结果采用分贝数表示。基准声压取为 1 μPa，基准声强取为 0.67×10^{-18} W/m²。

4. 3.7.3 节曾介绍过浮筏隔振装置，它将舰船机械设备集中布置于一个平台，平台通过刚度很小的隔振器安装在船体基座上。舰船设计部门为确保隔振效果，通常要求船体基座更为刚硬，同时隔振器足够柔软。试利用声波的反射与透射原理说明这种要求的合理性。

5. 对潜艇辐射噪声规律的研究结果表明，潜艇艇体振动包括具有整体弯曲特征的振动和局部的短波振动。试从声波辐射的角度说明，针对潜艇怎样特征的振动进行控制，才能更有效地控制潜艇的辐射噪声。

6. 试解释主动声呐方程中各参数的含义。

7. 试解释被动声呐方程中各参数的含义。

8. 舰船航行于开阔的海域，若其辐射声功率提高一倍，声源级提高多少？若其余条件不变，此时其可探测距离如何变化？（假定海水对声能的吸收不计，传播损失按照球面扩展规律计）。

第 5 章　舰艇的辐射噪声

舰艇会产生噪声,并不断向水中辐射。被动声呐可将舰艇辐射的噪声从海洋其他噪声中区分出来,从而利用舰艇辐射的噪声特性识别出舰艇。本章将重点讨论舰艇辐射噪声的测量方法、噪声产生机理和噪声谱特性。

5.1　舰艇辐射噪声的测量方法

舰艇的辐射噪声通常这样测量:

在深广的海域开展试验,试验水深不小于 30 m,试验水域海底为泥质或沙质,试验水域远离海岸和航道。

试验在安静的海况下进行,风力不大于三级,海浪不大于二级,水流平缓。

试验时,让舰艇以恒定的速度航行,利用布置在至舰艇一定距离处的固定水听器(阵)测量舰艇通过水听器时的辐射噪声声压,如图 5-1 所示。用来测量辐射噪声的水听器可以是一艘小测量船上吊放的单个水听器,也可以是海底排列成一线的水听器阵,或者深海中垂直挂成一串的水听器阵。海底排列成一条线的水听器阵通常可用来测量水面舰艇的辐射噪声声压,垂直成串的水听器阵被用来测量潜艇或鱼雷的辐射噪声声压。

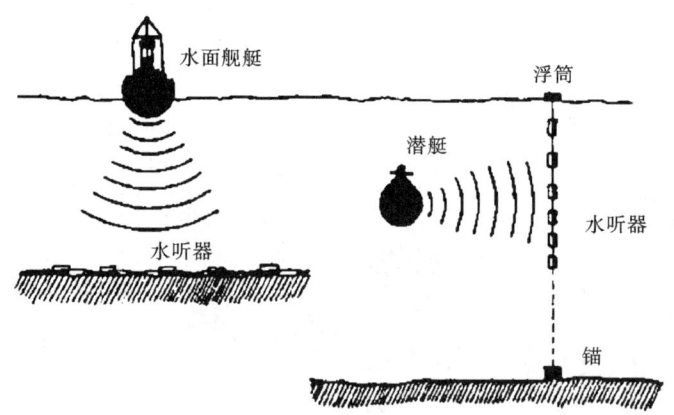

图 5-1　舰艇辐射噪声的测量

测量水听器必须布置在距离舰艇足够远的位置。

在试验测量中,还需获得水听器与被测舰艇的距离,用于后续测量数据的进一步处理,使测量结果能够用于评估舰艇的辐射噪声能力。测距系统可利用跟踪阵来实现——本质上是使主动声呐发出一定频率的声音,利用回波对被测舰艇进行定位,给出舰艇到水听器的距离;测量的所有数据由声学数据处理设备进行处理。

5.2　舰艇辐射噪声的声源级与声源谱级

对采集的舰艇噪声信号进行谱分析就可获得舰艇的辐射噪声谱。图 5-2 是在美国大西洋水下试验与鉴定中心（AUTEC）开展舰艇辐射噪声测量工作的示意图。

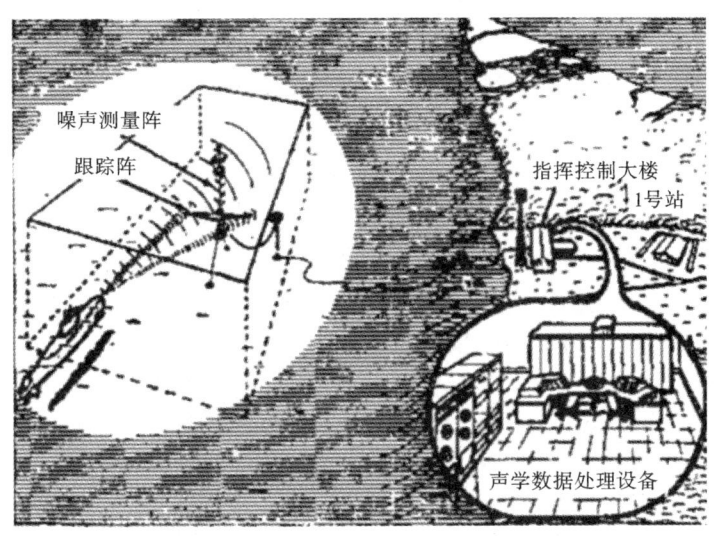

图 5-2　大西洋水下试验与鉴定中心

对舰艇噪声信号的直接频谱分析在第 2 章已做了介绍：利用所采集的噪声信号可先获得频带声压级；在得出频带声压级后，可进一步处理，得出声压谱级；利用声压谱级或频带声压级，可得出总声级。

虽然上述分析都是基于与舰艇有一定距离的水听器采集的声压信号而进行的，但该结果也反映了声强量，如声压谱级也可称为声强谱级。这是因为声压和声强具有特定的比例关系，如式（4-51）所示。如果同时使用合适的声压级和声强级基准值，就能让声压级和声强级相等。相关验证见式（2-31）。

为评价舰艇辐射噪声的能力，需要使用声源级。

声源级是水下声源辐射噪声的强度，是描述舰艇辐射噪声强弱的一个参数。它的定义为：在声源声轴方向距离声源等效中心 1 m 处的声强与基准声强之比的分贝数。

声源等效中心是船内或船外的一个点，如图 5-3 所示。如果在声源声轴方向的远场测量

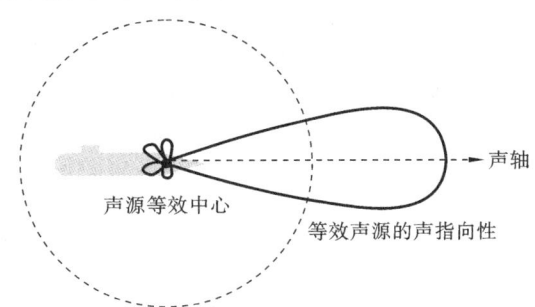

图 5-3　处于声源等效中心的声源所辐射噪声的指向性

了声强,那么按照声波的扩展规律,根据测点与声源等效中心的距离进行修正,就能将测点的声强折算到距离声源等效中心 1 m 处,其中在声轴方向的声强用于给出声源级。如前文所述,声源级的定义式为

$$SL = 10\lg \frac{I_{1m}}{I_0} \tag{5-1}$$

式中:SL 是声源级;I_{1m} 是在距离声源等效中心 1 m 处沿声轴方向的声强;I_0 是基准声强。

因此,为给出声源级,需要对测点的声强级按照距离进行修正,例如,按照球面扩展规律,需要在原基础上增加 $20\lg r$,即得到声源级。声源级具体包括声源总声级、声源频带级、声源谱级,它们分别由测点声压信号给出的总声级、频带声压级和声压谱级增加距离修正量后得出。

5.3　舰艇辐射噪声的来源

舰艇的辐射噪声通常包括三大类:机械噪声、螺旋桨噪声和水动力噪声。机械噪声是由船上运转机械不平衡力激起船体振动所辐射的噪声;水动力噪声是不规则水流流过在海水中航行的舰艇产生的辐射噪声以及水动力过程的变化引起的噪声;螺旋桨噪声则包括螺旋桨自身辐射的噪声、螺旋桨引起船壳振动所辐射的噪声。螺旋桨噪声是一种混合式噪声,它与机械噪声和水动力噪声具有共同的特征和源,因为它很重要,所以通常将螺旋桨噪声单独列出来考虑。以下分别给出这三类噪声的产生机理。

5.3.1　机械噪声

舰艇的机械振动来源于:
(1) 不平衡的旋转部件,如不圆的轴或电机电枢引起的振动;
(2) 重复的不连续性构件,如齿轮、电枢槽、涡轮机叶片引起的不平稳运转;
(3) 往复部件,如往复内燃机气缸中的爆炸;
(4) 泵、管道、阀门中流体的空化和湍流,凝汽器排气;
(5) 轴承和轴颈上的机械摩擦等。

前面三种情形将产生线谱噪声,噪声中主要成分为具有船体振动基频及谐波特征的单频分量;后两种情形将产生连续谱噪声,当激起结构部件共振时,还叠加有线谱噪声。所以,舰艇的机械噪声可以看作强线谱和弱线谱的叠加,而这些强线谱就是上列一种或多种重复性振动的产生过程。

图 5-4 给出了柴油机-电动机推进舰艇上的机械噪声源的示意图。各种机械部件会在它的振动基频及其谐波上产生周期性的激振力。但在海水中,这些激振力能否形成辐射噪声还取决于激振力如何传递到船体、如何辐射到海水中。当螺旋桨轴转动产生的机械振动激起船体大部分共振时,就会大大加强激励谱,形成辐射噪声。机器的安装方式和它带来的船体振动是引起声辐射的决定性因素,各种频率的波在海水中的传播特性不同也会导致声辐射产生变异。因此,舰艇辐射噪声的谐波结构是极其复杂的,即使是同一个噪声源,所产生的线谱也具有不规则性和多样性。同一艘航行的舰艇,当航行状态改变时,由于艇上噪声源发生改变,机械噪声级和频谱也会发生变化。

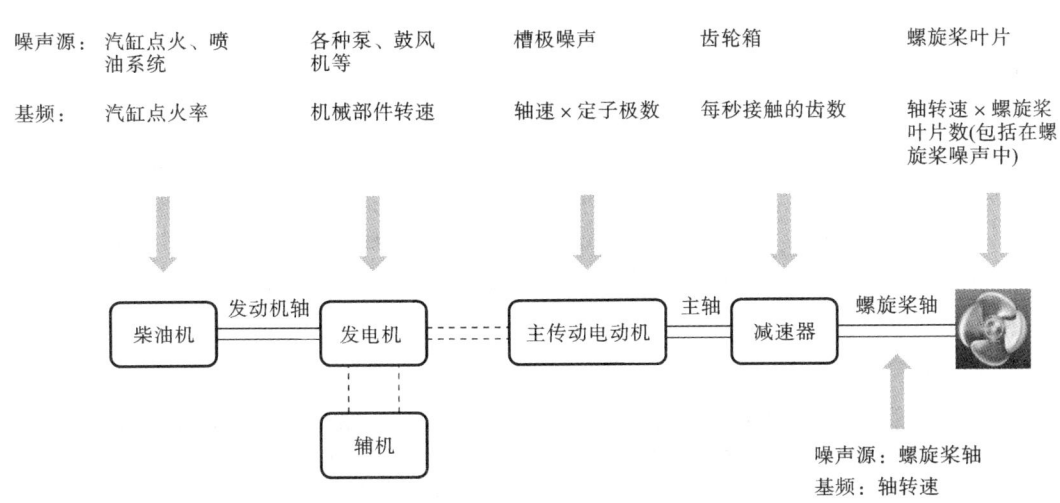

图 5-4　柴油机-电动机推进艇上的机械噪声源

5.3.2　水动力噪声

水动力噪声是不规则起伏的水流(简称不规则流)流过船只时所产生的噪声。不规则流具有起伏的压力,从而将振动能量向远处传播,形成声波,也可以激励船体振动而辐射噪声,这种辐射噪声是水动力噪声的重要组成部分。此外,舰艇的某些结构,如支柱、空腔等,可被横过开口的水流激励而共振发声,就如同在瓶口吹气而使瓶子哨叫一样。这类噪声也是水动力噪声的组成部分。

流噪声是水动力噪声中的一种,它是由湍流边界层产生的噪声,如图 5-5 所示。边界层内具有湍流,湍流可直接发声,也可激发船体壳板振动发声。湍流直接发声具有四偶极子特征,辐射效率很低,对低航速舰船而言,这类发声并不重要。湍流激发船体壳板振动产生的流激噪声则与湍流在边界层中的压力脉动性质、结构本身对这些脉动压力的响应、振动的声辐射性质等因素相关。流噪声在自噪声中的作用要强于辐射噪声的作用。

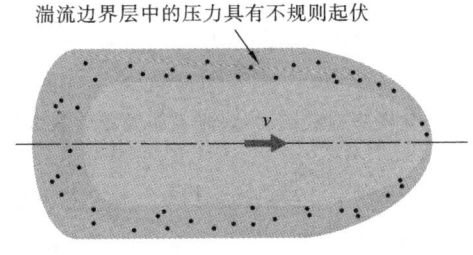

图 5-5　船体表面的湍流边界层

其他水动力噪声还包括航行船只首尾拍浪声、水循环系统的入水口和排水口处的噪声。

在正常情况下,水动力噪声产生的辐射噪声不重要,容易被其他两类噪声所覆盖。但在特殊情况下,如结构部件或空腔被激励而发生共振时,会形成线谱噪声,此时水动力噪声在出现线谱的范围内成为主要的噪声。

5.3.3 螺旋桨噪声

螺旋桨噪声源于螺旋桨转动,其具有与机械噪声不同的频谱。这是因为螺旋桨在船体外部,螺旋桨噪声既包括螺旋桨激振力激振船体而产生的噪声,也包括螺旋桨与流体相互作用而产生的噪声。当舰艇通过水听器阵时,螺旋桨噪声会晚于舰艇的机械噪声到达峰值。

螺旋桨与流体相互作用而产生的噪声包括螺旋桨的空化噪声、唱音和螺旋桨叶片速率谱噪声。

1. 空化噪声

螺旋桨空化噪声是螺旋桨工作时产生的气泡引起的。当螺旋桨转速达到一定值时,叶片尖上和表面会产生负压区,如果负压足够高,就会产生气泡,这种现象称为空化。空化气泡破裂时会发出尖锐的声脉冲。大量气泡破裂时产生的噪声是一种很响的"咝咝"声,即所谓的空化噪声,其往往是舰艇噪声谱中高频部分的主要成分。

由于空化噪声是由大量气泡随机破裂引起的,所以空化噪声具有连续谱特征。图 5-6 给出了空化噪声谱级随航速、频率和螺旋桨深度变化的典型曲线,由图可见:在高频段,空化噪声的谱级随着频率的增加以约 6 dB/OCT 的斜率下降;在低频段,空化噪声的谱级则随着频率的增加而升高。因此,谱线形成一个峰,峰值通常在 100～1000 Hz 范围内,而且随着航速和螺旋桨深度变化:航速增加和螺旋桨深度变浅时,谱峰向低频段移动,这是因为在高航速和浅深度情况下,螺旋桨工作时容易产生大量的空化气泡,因而导致大量低频噪声产生,使谱峰向低频段移动。

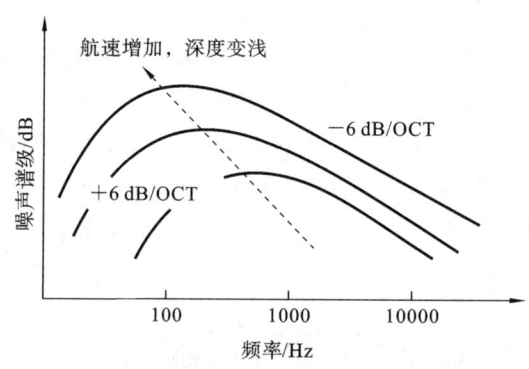

图5-6 空化噪声谱级随航速、频率和螺旋浆深度的变化

显著的空化现象只有在舰艇达到一定航速时才会发生,它将导致高频辐射噪声突然增大。产生空化现象时的舰艇航速称为临界航速。图 5-7 给出了实测的噪声频带谱级与航速之间的关系,亦即螺旋桨空化噪声同航速间的依赖关系,它是第二次世界大战期间针对航行在潜望镜深度的潜艇进行测量而获得的结果。可见,临界航速一般在 3～5 kn(1 kn＝0.5144 m/s)范围内。航速低于临界航速时,不会产生显著的空化现象,因而空化噪声级很低;但是一旦航速超过临界航速,因空化噪声骤然发出,高频噪声级增值将达到 20～50 dB;航速继续增大,由于空化已经很充分,基本达到饱和,所以噪声仅以 1.5～2 dB/kn 的斜率缓慢增长,并且噪声渐趋于平稳。这就是图中曲线呈现为 S 形的原因。

空化现象同螺旋桨深度相关这一点可用海水静压力来解释:海水静压力越大,空化越不容易发生。所以,当潜艇航行深度增加时,临界航速会相应提高。图 5-8 是第二次世界大战时期德国的某型潜艇空化噪声受下潜深度的影响规律。例如当航速为 8 kn 时,潜艇要下潜到大约 80 ft(1 ft＝0.3048 m)的深度时,噪声级才会变低,这个现象在当时被称为深度异常效应,现在该现象可以用空化噪声形成理论解释。

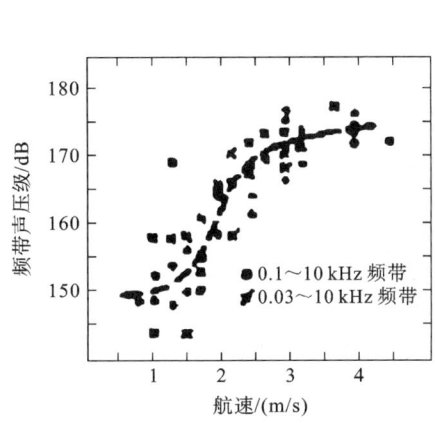

图 5-7　航行在潜望镜深度的潜艇空化噪声随航速的变化

注:基准声压为 1 μPa,r＝1 m。

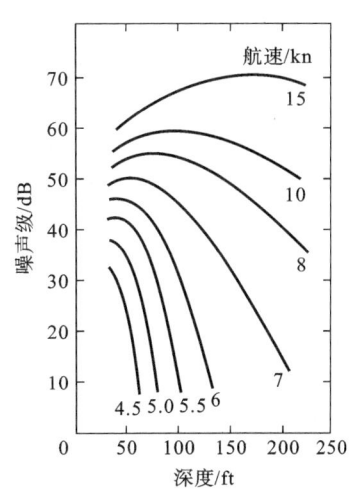

图 5-8　德国潜艇在下潜过程中遇到的深度异常效应

2. 唱音

唱音是涡流扩散激励螺旋桨叶片共振而产生的具有低频强线谱特征的噪声。低频线谱频率在 10～100 Hz 频率范围内。螺旋桨唱音的声强很高,可以在水下数海里远处接收到。在螺旋桨设计中是不允许螺旋桨有产生唱音的可能的。可通过采用高阻尼合金制作螺旋桨,或者设计时改变螺旋桨叶片形状来消除唱音。

3. 叶片速率谱噪声

在紊流环境中,叶片旋转时会周期性地切割流体,从而产生低频系列线谱噪声,称之为叶片速率谱噪声。这种噪声的线谱频率在 1～100 Hz 范围内,满足关系式

$$f_m = mns \tag{5-2}$$

式中:f_m 是噪声线谱频率;m 是谐波次数;n 是螺旋桨叶片数;s 是螺旋桨转速(r/s)。

这种噪声是潜艇噪声的主要成分。

螺旋桨激振力激励船体而产生的噪声也是螺旋桨噪声的重要组成部分。工作在船尾不均匀尾流中的螺旋桨会产生激振力,激振力激起船体振动而辐射噪声。例如,当螺旋桨轴转动产生的线谱和叶片速率线谱重合时,螺旋桨噪声同机械噪声一样,也能激励和强化螺旋桨附近机械结构的共振,引发较强的辐射噪声。

前面更多地是给出了航速和深度对螺旋桨噪声的影响。除了航速和深度会影响螺旋桨噪声外,螺旋桨受损也会导致噪声变大;此外,船只加速或转向时螺旋桨噪声也比正常运转时大,

海流激励也会导致螺旋桨叶片产生受迫共振,形成强烈的噪声。

螺旋桨噪声在水平面内具有指向性,即不同方向的辐射不均匀。测量结果表明,舰船首尾方向比正横方向的辐射噪声小,这可能是船体的遮挡(对船首方向而言)和尾流的影响(对船尾而言)所导致的。通常,在与船首尾方向成±30°角范围内,噪声指向性具有凹进部分,船首方向比船尾方向凹进略多,凹进量大约为数个分贝。图 5-9 为某货船以 8 kn 的航速航行时,在 40 ft 深的海底所产生噪声的等声压线图,等声压线上的数值是 1 Hz 带宽内的声压,单位是 dyn/cm²(1 dyn=10^{-5} N),它是对水听器在 2.5~5 kHz 带宽内测量的结果进行平均而得到的。从该图可以看出,货船作为声源,其所产生的声压具有指向性,该指向性主要源于螺旋桨噪声。

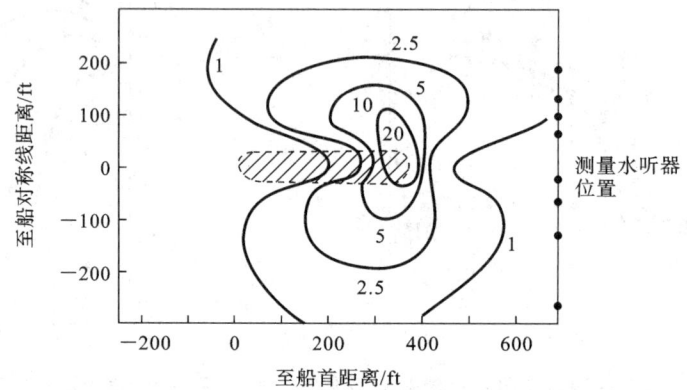

图 5-9　货船航行时在海底产生噪声的等声压线图

5.4　舰艇辐射噪声的频谱特征与空间特征

舰艇辐射噪声谱可以用频谱特征、噪声声源级大小和空间分布特征来表征。以下具体说明。

5.4.1　舰艇辐射噪声的频谱特征

典型的舰艇声源谱级如图 5-10 所示。舰艇辐射噪声通常具有两类:一类是有连续谱的宽带噪声,其噪声级是频率的连续函数;另一类是具有非连续谱的单频噪声,这种噪声的频谱由出现在离散频率上的线谱组成。实际的舰艇辐射噪声频谱表现为连续谱和线谱的叠加,即为混合谱。

具体的舰艇辐射噪声频谱形态则取决于频率、航速和深度。图 5-11 是两种不同航速的潜艇所产生的噪声频谱,其中图 5-11(a)是在不超过临界航速的低航速下的噪声频谱,图 5-11(b)是在超过临界航速的高航速下的噪声频谱。

在图 5-11(a)中,噪声频谱的低频段主要来源于机械噪声和螺旋桨叶片速率谱噪声,其具有若干线谱特征。随着频率增加,谱线幅值不规则性降低,被因螺旋桨空化噪声而形成的连续谱所掩盖。在频率较高处有些较强的谱线,可能是螺旋桨叶片被激励导致的辐射噪声的线谱,

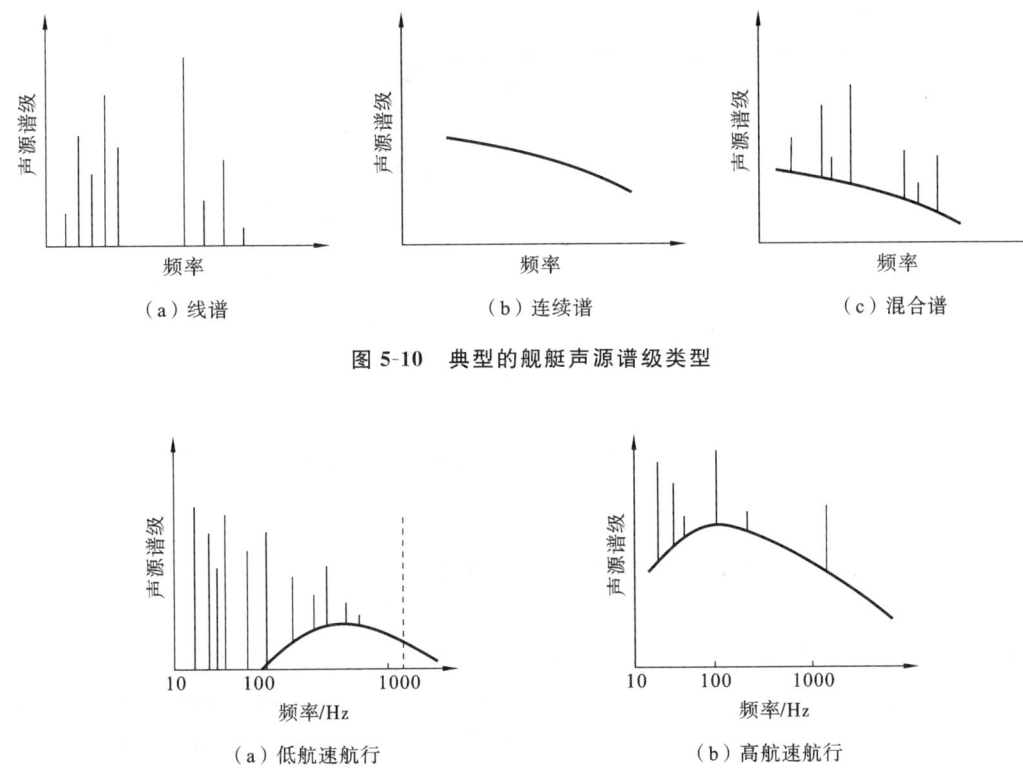

图 5-10　典型的舰艇声源谱级类型

（a）低航速航行　　　（b）高航速航行

图 5-11　两种航速下潜艇的噪声频谱

若船上装有噪声很大的减速器,也可能产生这些强线谱。

在图 5-11（b）中,谱峰向低频移动,同时某些线谱级增大,频率升高,这是由于潜艇航速较高,空化现象更为显著,螺旋桨噪声显著增强。而那些因恒速运转的机械、船体共振等而产生的线谱位置不变,不受航速影响。这说明,在高航速下,螺旋桨空化导致的噪声的连续谱谱值更大,掩盖了很多的线谱。

以上分析表明:在低航速下,特别是不超过临界航速时,辐射噪声主要来源于机械和螺旋桨噪声,噪声频谱表现为线谱;超过临界航速时,螺旋桨空化噪声是辐射噪声的主要成分,噪声频谱表现为连续谱。由于舰船空化噪声连续谱的峰值通常处于 $100 \sim 1000$ Hz 范围内,因此可以从辐射噪声连续谱的谱峰频率上区分噪声来源。该谱峰频率称为跨界频率。跨界频率以上的噪声是螺旋桨空化噪声,跨界频率以下的噪声包括机械噪声和其他类型的螺旋桨噪声。跨界频率同舰船的种类、航速和深度相关。

上述频谱是采用 1 Hz 或更小频段带宽给出的频谱。如果采用倍频程频带作辐射噪声频谱,则可以看到频谱图具有如下特征:在跨界频率以下频段,频谱近似为平直的直线;在跨界频率以上频段,频谱谱级以 6 dB/OCT 的速率下降。这样一来,只需要两个参数就可以唯一地确定倍频程频谱:一个是平直部分的谱值,另一个是斜线部分某频率（见 1 kHz）下的谱值。为了考核舰艇的声隐身性能,有时就规定这两个参数,要求舰艇的辐射噪声频谱不能超过这个限制线。图 5-12 所示为定性绘制的舰艇辐射噪声声源谱级曲线及辐射噪声频谱限制线。

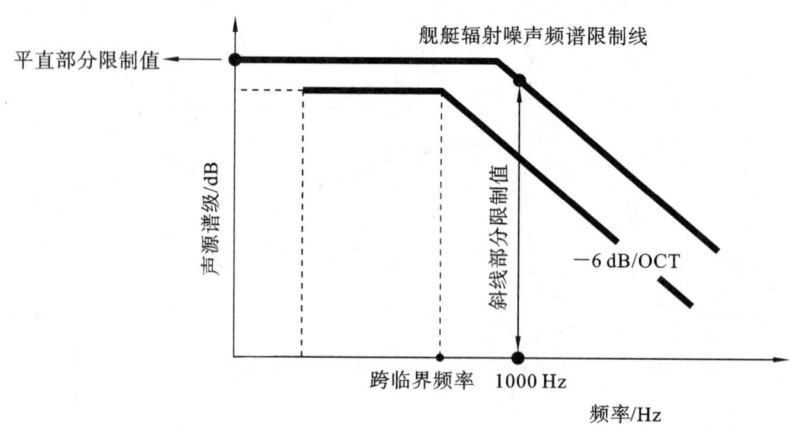

图 5-12 定性绘制的舰艇辐射噪声声源谱级曲线及辐射噪声频谱限制线

5.4.2 舰艇辐射噪声的空间分布特征

舰艇辐射噪声在空间分布不均,从而形成了指向性。图 5-13 为同一水平面内,沿船一周所测得的辐射噪声分布曲线。在船首和船尾方向辐射噪声都要小一些。在船首方向噪声小是因为船体对螺旋桨噪声具有屏蔽作用,在船尾方向噪声小是尾流的屏蔽作用造成的。

图 5-14 给出了舰船辐射噪声沿船长的分布,结果可以解释为:船速不大时,船中部具有极大值,此时主机等产生的机械噪声是辐射噪声的主要成分;随着航速的增加,船尾出现第二个极大值,这时螺旋桨噪声成为辐射噪声的主要成分;如果航速继续增加,船首会出现极大值,这是因为航速达到一定值时,船首击浪和绕流水动力噪声会增大。

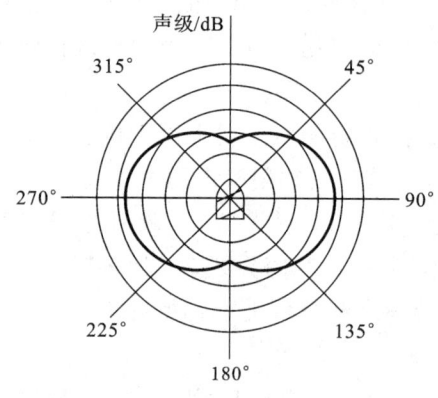

图 5-13 舰船辐射噪声沿船周的指向性

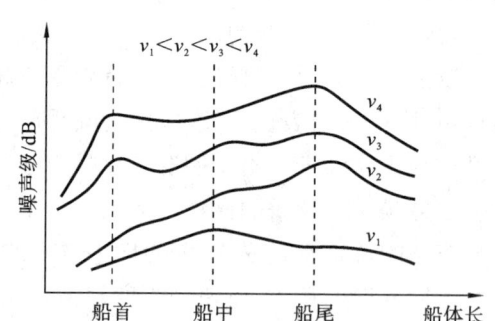

图 5-14 舰船辐射噪声沿船长的分布特性

5.5 舰艇辐射噪声总声级

通常使用舰艇辐射噪声总声级评价舰艇辐射噪声的能力。通常是通过舰艇的航行声学试验测量舰艇的噪声特性,在获得测点声压信号总声级后,按照距离进行修正,得到距离舰艇声源等效中心 1 m 处的总声级,用来评价舰艇辐射噪声能力。

舰艇辐射噪声总声级的分析频带通常覆盖了中心频率为 20～50 kHz 的 1/3 倍频程频带。

舰艇辐射噪声总声级和航速有关,当航速提高时,总声级会相应增加。例如,为评价潜艇的辐射噪声能力,需要在安静工况下进行噪声特性测量并给出总声级。潜艇在安静工况下的航速为 4 kn。把潜艇在 8 kn 左右的速度称为最大低噪声航速。在最大低噪声航速下,总声级会高于安静工况下的总声级 5～10 dB。当航速继续增加时,潜艇总声级会迅速增加。当航速超过战斗巡航速度(15 kn)时,潜艇总声级与潜艇速度的六次方成正比,此时潜艇速度每增加一倍,潜艇总声级将增加 18 dB。

根据舰艇辐射噪声的能力,可对舰艇进行分类。例如,根据潜艇总声级的大小,可以将潜艇分为四类:高噪声潜艇、噪声潜艇、安静型潜艇、极安静型潜艇。具体的划分标准见表 5-1。

表 5-1　潜艇等级分类标准

潜艇的类型划分	辐射声功率/W	总声级/dB
高噪声潜艇	1～10	171～181
噪声潜艇	0.01～0.1	151～161
安静型潜艇	0.0001～0.001	131～141
极安静型潜艇	10^{-6}～10^{-5}	111～121

高噪声潜艇一般为早期制造的核潜艇;噪声潜艇是第二次世界大战后建造的常规潜艇;安静型潜艇多是建造于 20 世纪 80 年代的潜艇;极安静型潜艇为 20 世纪 90 年代后期及之后建造的、噪声最低的潜艇。

舰艇的总声级可利用图 5-12 所示的倍频程辐射噪声谱估算:已知跨临界频率为 f,平直部分声源谱级值为 L_{ao},那么声源总声级可以按式(5-3)进行近似计算:

$$L = L_{ao} + 10 \lg f + 3 \quad (dB) \tag{5-3}$$

5.6　潜艇辐射噪声的控制

对需要低辐射噪声性能才能完成使命的潜艇来说,辐射噪声指标是最重要的指标之一。有时辐射噪声指标还决定了潜艇的其他指标,如航速、外形、动力装置等。因此,为了达到低辐射噪声要求,必须合理利用各种噪声控制措施。具体的噪声控制措施各不相同,它们都是特定噪声控制方向的体现。这里将从机械噪声、水动力噪声和螺旋桨噪声的控制入手,介绍潜艇辐射噪声的控制方法。

5.6.1　机械噪声控制

机械噪声控制需要从源的控制、传播途径控制等方面实现。

1. 源的控制

源的控制就是合理地选用和布置设备,控制振动源,主要包括以下途径:

(1) 采用专门的低噪声设备。所谓低噪声设备就是在舰艇水下噪声谱中,由其振动噪声能量所决定的分量并不是很明显的设备。低噪声设备应按订货方给定的振动噪声特性要求研制，并在设备制造厂或供货方试验台上进行检验。

（2）采取设备振动控制措施。通过在设备内部采用减振结构，提高设备壳体、支撑部件及承载框架的刚度；采用减振手段控制设备振动向基座的传递。

（3）对振动源设备进行总体布置。动力装置、辅助设备和系统是舰艇初级声场的基本源之一。通过合理布置和布局，如使用浮筏和舱筏对振动源进行集中布置与规划，并集中建立低频隔振系统，容易取得更好的效果。而不合理的筏架结构形式和布置，可能导致各单个设备隔振系统的有效性降低，甚至会引起设备传递给艇体结构的振动加剧。

2. 传播途径控制

传播途径控制是指控制潜艇设备机械振动通过艇体结构的传播，从而抑制水下辐射噪声。主要的手段包括隔振、减振和调整共振结构等。

隔振就是采用隔离手段减少振动的传递。常用的手段包括：采用阻振质量；使用浮筏、舱筏等隔振装置。

减振是通过阻尼手段来减少振动能量传递，从而降低振动量级，例如在基座或艇体结构上安装弹性减振器。

调整共振结构是指通过采用一定的结构设计将激振频率和固有频率错开。

5.6.2　水动力噪声控制

为控制水动力噪声，需要对艇体外形（包括线型等）进行设计，主要包括：

（1）尽可能采用光顺的外形，尽可能提高艇形的丰满度，如采用水滴型艇形，以减小湍流的产生，降低水动力噪声。

（2）减少表面突出体和开孔的数量。可采取这样的措施：潜艇在水下运动时，将不经常使用的大开孔用可控制的板盖住；尽可能将一个孔作多种用途。

（3）对附体与艇体连接段采用光顺过渡的流线型设计，或优化附体空间布局（如错位布置各附体、调整轴向间距等），确保各附体不处于其他附体产生的尾流场影响区内，从而降低湍流脉动强度增大导致的辐射噪声。

此外，为控制湍流激振动噪声，还需对结构进行必要的加强。

5.6.3　螺旋桨噪声控制

降低螺旋桨噪声是各国海军努力追求的目标，降低转速、采用特殊的螺旋桨外形设计、合理选择螺旋桨参数以及改变螺旋桨推进形式是控制螺旋桨噪声的常用方法。

通过降低螺旋桨转速，能够避免空化的发生。为在低转速下取得足够的推力，螺旋桨直径必须足够大，叶片必须足够多。因此直径大、叶片多是低噪声螺旋桨的主要特征。低噪声螺旋桨的典型代表是大侧斜螺旋桨，如图 5-15 所示。研究表明，随着螺旋桨叶数的增加，螺旋桨每一叶上的推力有所减小，但同时激振力幅值能降低数倍。而在快速性和声隐身性两者中，潜艇设计人员无疑会优先考虑后者。大侧斜螺旋桨降噪的机理是：在运行过程中，各叶片所受的周向载荷比较均匀,减少了叶片上的压力脉动,无论从螺旋桨激振力角度看,还是从桨叶的直接辐射噪声角度看,这样都能降低螺旋桨噪声。目前,这种大侧斜螺旋桨设计和制造技术比较成熟,目前已经可以应用计算机进行设计并使用高精度的数控铣床进行加工。

　　合理选择螺旋桨参数的过程是对螺旋桨进行声学优化的过程。潜艇最合理的推进器应该是带有马刀形叶片的低噪声多叶片螺旋桨,其叶数和形状应根据螺旋桨在亚临界航速下噪声辐射级最小化的条件选择。通过合理选择螺旋桨几何参数,可使螺旋桨在无空化工况下在全频域都具有较低的噪声级,同时潜艇有较高的临界航速。超过临界航速后,螺旋桨空化噪声开始明显增加。

　　泵喷推进器(见图 5-16)是通过改变推进形式实现推进器噪声控制的例子。泵喷推进器是由环状导管、定子和转子构成的组合式推进装置。环状导管的剖面为机翼型,罩住转子和定子;定子为一组与来流成一定角度的固定叶片,使转子入流产生预旋或吸收转子尾流的旋转能量,同时用于固定导管;转子为类似螺旋桨的旋转叶轮,通过与水流的相互作用产生推力。与传统螺旋桨相比,泵喷推进器具有推进效率高、辐射噪声低、临界航速高的优点。泵喷推进器具有高效率优势的原因是:泵喷定子的整流作用促使推进器尾流中的旋转能量损失大幅减少,进而使有效推进能量增加。泵喷推进器辐射噪声低的原因在于:泵喷推进器的导管具有屏蔽作用,若采用特殊材料,还能起到吸声作用;泵喷定子的整流作用有利于减小转子脉动力、降低推进器线谱辐射噪声;泵喷推进器转子直径小,旋转速度低,因而旋转噪声小。另外,泵喷推进器一般采用减速导管和前置定子,这使得转子叶片处的进流场速度相对较低且更均匀,可有效推迟叶片梢涡空化和桨叶空化的产生,提高潜艇的低噪声航速。

图 5-15　大侧斜螺旋桨

图 5-16　泵喷推进器

思考题

1. 简述舰艇辐射噪声测量的方法。

2. 试定性绘制潜艇低速航行和高速航行时的辐射噪声频谱,通过对比说明辐射噪声的来源和航速不同导致辐射噪声频谱产生差别的原因。

3. 试说明舰艇辐射噪声的来源、机理与各自的特点。

4. 试述潜艇根据噪声总级的等级分类及评定标准。

5. 简述舰艇辐射噪声空间分布特征及其产生的原因。

6. 为评价某水下潜航器的辐射噪声性能,开展该潜航器的辐射噪声测量试验。将水听器布置在距离潜航器 25 m 远处,测量潜航器在安静航速下的噪声通过特性。测得的结果如表 5-2 所示。

（1）试求该声信号的总声级。若声传播满足球面扩展规律,试将该声信号的总声级换算为声源总声级。

（2）若此次测试结果表明该潜航器的总声级超标,并发现中心频率为 40 Hz 的频带声压级过高,试对导致该频带声压级过高的噪声来源进行分析,简述可行的噪声控制措施。

表 5-2　测得的某潜航器辐射噪声谱数据

中心频率/Hz	声压谱级/dB
20	91.2
25	105.5
31.5	99.6
40	114.8
50	90.9
63	95.2
80	95.8
100	99.5
125	93.1
160	92.6
200	86.9

第6章 海洋中的声传播损失

海洋及其边界共同形成了非常复杂的声传播介质,声波在海水中传播时,声强会随距离的增加而减小,从而引起传播损失。从机理上看,声强衰减的原因主要包括两类,其中一类与能量耗散相关,另一类同波阵面的几何扩展相关。本章将给出传播损失的定义和产生原因,并利用射线理论解释传播异常的产生原因。

6.1 传 播 损 失

6.1.1 传播损失的概念

如前文所述,传播损失用于定量描述海水中声传播的衰减规律,定义为远处某点相对于声源单位距离(1 m 距离)处声强减少量的"级"表示,其表达式为

$$TL = 10 \lg \frac{I_{1m}}{I_r} \tag{6-1}$$

式中:I_{1m} 是距离声源等效中心 1 m 处的声强;I_r 是距离声源等效中心 r 处的声强。

6.1.2 传播损失的来源

传播损失包括吸收损失、扩展损失和其他损失。

吸收损失是介质黏滞、热传导及相关盐类的弛豫过程引起的声强衰减造成的,又称为物理衰减。

扩展损失也称为几何衰减,它源于声波传播过程中波阵面的不断扩展引起的声强衰减。

其他损失是泥沙、气泡、浮游生物等悬浮粒子的散射作用,以及介质本身的不均匀性等导致的声传播损失。其他损失相对于前面两者而言是小量,通常将其他损失同吸收损失合并考虑。

综上,传播损失通常表示为吸收损失 TL_1 和扩展损失 TL_2 之和:

$$TL = TL_1 + TL_2 \tag{6-2}$$

6.2 声传播的吸收损失

6.2.1 吸收损失的数学模型

吸收损失与传播距离成正比,其数学模型为

$$TL_1 = \alpha r \tag{6-3}$$

式中：r 是传播距离；α 是吸收系数。

根据传播损失的定义，式(6-3)意味着声强与传播距离有关：

$$I_r = I_{1m} 10^{-\frac{\alpha r}{10}} \tag{6-4}$$

由于 $10^{-0.1} \approx e^{0.23}$，因而又有：

$$I_r = I_{1m} 10^{-\frac{\alpha r}{10}} = I_{1m} e^{-0.23\alpha r} \tag{6-5}$$

在距离组合点声源较远处，声强和声压具有以下关系：

$$I_r = \frac{|P_r|^2}{2\rho_0 c} \tag{}$$

这说明，声压幅值与距离的关系可以表示为

$$|P_r| = \sqrt{2\rho_0 c I_r} = \sqrt{2\rho_0 c I_{1m}} e^{-0.115\alpha r} = \sqrt{2\rho_0 c I_{1m}} e^{-\beta r} \tag{6-6}$$

式中 $\beta = 0.115\alpha$。

因此，在具有吸收损失的声波动场中，声压场的波动形式为

$$P_r = \sqrt{2\rho_0 c I_{1m}} e^{-\beta r} e^{-jkr} \tag{6-7}$$

即声波幅值随距离指数衰减：$|P_r| \propto e^{-\beta r}$。

6.2.2　吸收损失的成因

声波在海水中被吸收是三个方面的原因造成的：切变黏滞效应、体积黏滞性和离子弛豫。

切变黏滞效应是流体微团在切应力作用下做切向相对运动，引起黏滞力，从而产生的阻滞耗散现象。例如，通过对纯水吸收系数的理论研究可给出吸收系数的表达式：

$$\alpha = \frac{16\pi^2 \mu_s}{3\rho c^3} f^2 \tag{6-8}$$

式中：α 为声强吸收系数（cm^{-1}）；ρ 为流体密度（g/cm^3，对于纯水取 1）；c 为流体中的声速（cm/s，对于纯水取 1.5×10^5 cm/s）；f 为声波频率（Hz）；μ_s 为同切变黏滞性相关的参数（P，1 P=0.1 Pa·s，对于纯水取 1 P）。

试验结果表明，纯水吸收系数要比理论预报的结果大。实测值和经典值的差值称为超吸收。研究表明，超吸收与体积黏滞性和离子弛豫有关。

体积黏滞性是由声压作用下，水分子"流进"晶体结构点阵的"空穴"引起的时间延迟导致的。考虑体积黏滞性时纯水吸收系数的表达式为

$$\alpha = \frac{16\pi^2}{3\rho c^3} \left(\mu_s + \frac{3}{4}\mu_v \right) f^2 \tag{6-9}$$

式中：μ_v 是体积黏滞性系数。对于纯水，μ_v/μ_s 约为 2.81。

离子弛豫主要是流体中盐类离子的离解和重新缔合造成的。海水中的离子弛豫主要是指硫酸镁分子的离子弛豫。离子弛豫效应导致海水吸收系数比纯水吸收系数更大。

6.2.3　吸收系数经验公式

对海水进行试验测量可获得吸收系数：将海水装于玻璃容器，激发特定的流体振荡模式，

然后测量声衰减,得出吸收系数。结合理论和试验结果,这里给出一些吸收系数的经验公式。

当声波频率为 2~25 kHz 时,吸收系数为

$$\alpha = A\frac{Sf_T f^2}{f_T^2 + f^2} + B\frac{Sf_T f^2}{f_T^2} \quad (\text{dB/km}) \tag{6-10}$$

式中:$A = 2.03 \times 10^{-12}$;$B = 2.94 \times 10^{-2}$;S 为盐度(‰);f 为声波频率(kHz);f_T 为弛豫时间的倒数(kHz),有

$$f_T = 21.9 \times 10^{\left(6 - \frac{1520}{T+273}\right)} \tag{6-11}$$

式中:T 为绝对温度(K)。

当声波频率在 5 kHz 以下时,吸收系数为

$$\alpha = \frac{0.109 f^2}{1 + f^2} + \frac{40.7 f^2}{4100 + f^2} + 3.01 \times 10^{-4} f^2 \quad (\text{dB/km}) \tag{6-12}$$

以上是海面附近的吸收系数。如果在海洋深处,还要考虑压力带来的吸收系数的减小,此时吸收系数可按式(6-13)计算:

$$\alpha_H = \alpha_0 (1 - 6.67 \times 10^{-5} H) \tag{6-13}$$

式中:H 为海水深度(m);α_0 为海面附近的吸收系数。

可见,深度每增加 1000 m,吸收系数减小 6.67%。

6.2.4　影响吸收系数的其他因素

海水中存在各种杂质,如气泡、微小粒子、浮游生物等,并且存在湍流形成的温度不均匀区。受这些杂质和海水温度不均匀性的影响,实际海水的吸收系数大于均匀海水的吸收系数。因此,实际海水中的声传播损失将大于均匀海水介质中的损失,尤其在含有气泡群的海水中,声吸收衰减非常大。

热能耗散是海水吸收系数较纯水大的又一原因。海水中的气泡在声波作用下产生压缩和膨胀,进而引起气泡内部的温度升降,从而会同周围海水介质发生热交换。这样,气泡会把声能转化为热能而耗散掉。

另外,海水介质对气泡压缩膨胀具有黏滞作用,因此包含气泡群的海水的吸收系数更大。在有风浪的海面附近和舰船航行尾流中存在大量气泡,实测结果表明,包含气泡群的海水声吸收系数比正常值可大很多倍。

6.3　声传播的扩展损失

6.3.1　几种扩展规律与扩展损失

海洋中波阵面在声波传播过程中可能发生变化,从而引起声强衰减。这类衰减与声吸收衰减具有本质的不同,其造成的能量损失称为扩展损失。扩展损失源于波阵面的扩展,即,波阵面在传播过程中面积增大,导致声能量在更大的面积上分布,从而导致声强减小。可见,引起扩展损失的主要因素不是能量耗散。

基本的扩展规律分为三类：球面扩展规律、柱面扩展规律、无扩展规律。

1. 球面扩展规律

在无边界、无损失的介质中放置一个点声源，点声源辐射的声波以球面波形式传播，如图 6-1(a)所示。由于球面波具有球对称性，声源辐射的声功率在球面上均匀分布。由于介质不引起声能量耗散，因此以点声源为球心、半径为 r(m)的球面上的声功率必然和以点声源为球心、半径为 1 m 的球面上的声功率相等，即

$$4\pi r^2 I_r = 4\pi I_{1m} \quad 或 \quad I_r = \frac{I_{1m}}{r^2} \tag{6-14}$$

因此，球面扩展下的声传播损失为

$$TL_2 = 10\lg\frac{I_{1m}}{I_r} = 20\lg r \ (dB) \tag{6-15}$$

一般而言，在声源附近，声衰减会遵循球面扩展规律。

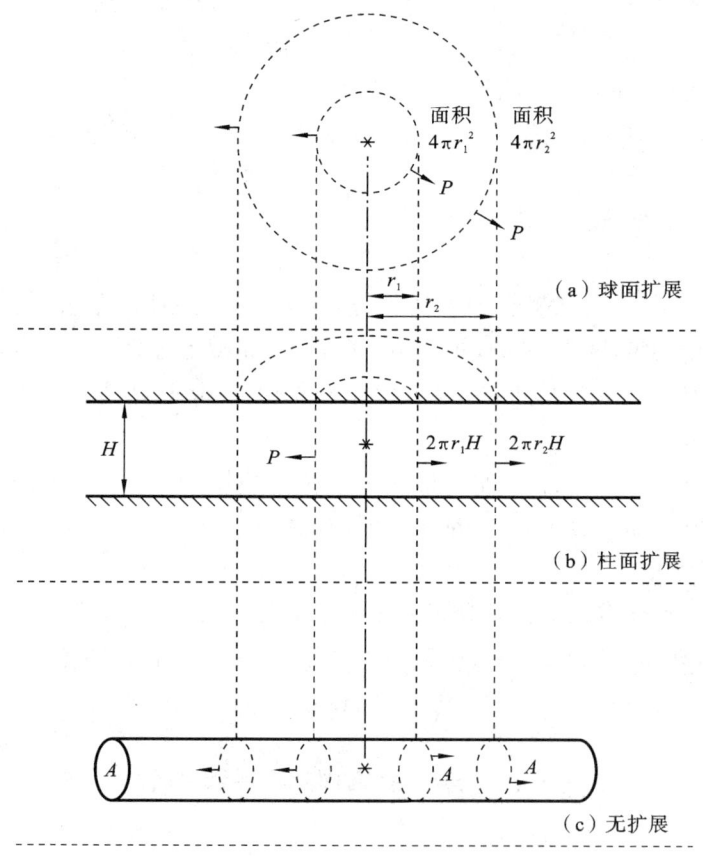

图 6-1　声波的三种扩展方式

2. 柱面扩展规律

如图 6-1(b)所示，当介质具有平行的平面上、下边界时，由于声波不能穿过边界平面，所以波阵面扩展不再遵循球面规律。在某一距离以外，声源所辐射的声功率分布在圆柱面上。该圆柱面的高度为 H，半径为声源到该位置的径向距离。由于介质无损耗，穿过两个不同半径的圆柱面的声功率应该相等，即

$$2\pi r_1 H I_{r_1} = 2\pi r_2 I_{r_2} \tag{6-16}$$

若取 $r_1 = r$，$r_2 = 1\ \mathrm{m}$，则 $I_r = I_{1\mathrm{m}}/r$，即柱面传播按照距离的倒数规律衰减。因此，柱面扩展规律下的声传播损失为

$$\mathrm{TL}_2 = 10\lg \frac{I_{1\mathrm{m}}}{I_r} = 10\lg r\ (\mathrm{dB}) \tag{6-17}$$

当声波被限制在海洋声道内时，声衰减一般遵循柱面扩展规律。柱面扩展规律存在于中等距离和远距离情况下。

3. 无扩展规律

如图 6-1(c)所示，当声波在等截面无损失的管中传播时，声波将以平面波形式传播，功率分布在等面积的截面上；又由于管内传播的声波无能量损耗，因此任意位置的声强相等，即

$$I_r = I_{1\mathrm{m}} \tag{6-18}$$

因此，无扩展规律下的声传播损失为

$$\mathrm{TL}_2 = 10\lg \frac{I_{1\mathrm{m}}}{I_r} = 0\ (\mathrm{dB}) \tag{6-19}$$

综上，给出一般扩展规律下的传播损失表达式：

$$\mathrm{TL}_2 = n \cdot 10\lg r\ (\mathrm{dB}) \tag{6-20}$$

式中：r 是传播距离；n 是常数。

当 n 取不同的值时，式(6-20)适用于不同的传播条件。

$n = 0$：适用于平面波传播，无扩展损失，$\mathrm{TL}_2 = 0$；

$n = 1$：适用于柱面波传播，波阵面按柱面规律扩展，$\mathrm{TL}_2 = 10\lg r$。如全反射海底和全反射海面组成的理想声道中的声传播。

$n = 3/2$：一般用于声道中的扩展过渡，$\mathrm{TL}_2 = 15\lg r$。如浅海传播在较近距离处为球面波传播，在较远距离处为柱面波传播，中等距离处为过渡区，则 $n = 3/2$。

$n = 2$：适用于球面波传播，波阵面按球面扩展规律扩展，$\mathrm{TL}_2 = 20\lg r$。

$n = 3$：适用于声波通过浅海负跃变层后的声传播，$\mathrm{TL}_2 = 30\lg r$。

$n = 4$：适用于远场区内的声传播，$\mathrm{TL}_2 = 40\lg r$，它计入了平整海面的声反射等多途干涉效应对球面传播损失的修正。

球面扩展损失、柱面扩展损失和无扩展损失是一般扩展损失的特例。

6.3.2　扩展规律的影响因素

当点声源处于无边界、无损失的流体介质中时，声波应当按照球面扩展规律传播。声波不按球面扩展规律传播的现象称为传播异常。传播异常由传播条件的变化引起。造成传播异常的因素，即扩展规律的影响因素通常包括边界反射、边界反射中的损失、声速梯度等。

边界反射源于海面和海底对声波的反射作用。声波的反射作用导致介质中的波动场是干涉场，因此声波传播规律与无界介质中的传播规律不同。

边界对反射波具有损耗作用，经过损耗的反射波和入射波发生干涉，得到不同于无损耗边界介质中的干涉场，从而使声波具有不同的传播规律。

在海洋中，不同深度处的声速不同，即声速沿深度方向具有梯度，声波在这样的介质中传

播时将产生折射,从而产生不同于均匀介质中的传播规律。

6.3.3　研究扩展规律的射线法

在水声研究中,常采用两种理论方法研究扩展规律:波动法和射线法。

波动法通过求解波动方程,给出满足边界条件的波动解。在 4.3 节中使用的就是波动法。但是将波动法用于三维问题,特别是高频问题时,则会面临数学处理上的困难。

射线法把声波在海水中的传播看成声线在介质中的传播,研究空间中声强的变化、声线的传播时间和传播距离。射线法是一种近似处理方法,适用于高频声波的远距离传播问题。射线法因具有直观、方便等优点,因而在工程中被广泛使用。

由于后续将使用射线法讨论具有声速梯度的海水中的声传播问题,因此在这里先介绍射线声学理论的基本观点。同时,也对应用了射线声学理论的斯涅尔声波反射与折射定律做一简单介绍。

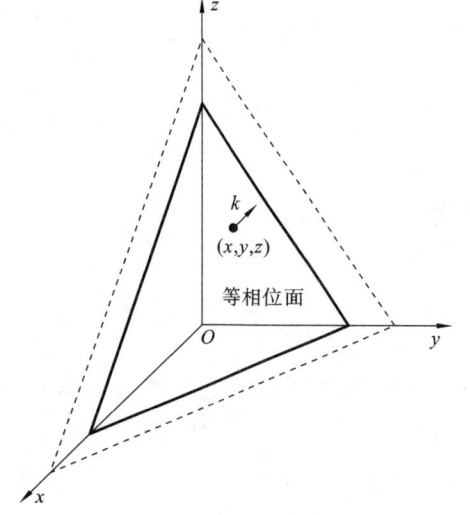

图 6-2　平面简谐行波的等相位面

1. 射线声学理论的基本观点

射线声学的基本观点包括:

(1)声线的切线方向同波阵面垂直。

波阵面是行波的等相位面,也称波前。波阵面在空间扩展时会随着时间的推进而行进。均匀介质中的平面简谐行波的波阵面是平面,如图 6-2 所示。

声线是通过波阵面并同波阵面垂直的轨迹线,由于波阵面上的点有无数个,因而声线有无数条。

例如,平面简谐行波的声线是无数条平行射线,如图 6-3(a)所示。

再例如,均匀介质中点声源的等相位面是以点声源为球心的球面,相应的声线是以点声源为起点的无数条径向射线,如图 6-3(b)所示。

声线也可以是曲线,例如,当介质是非均匀介质时,由于各处的流体密度不同,点声源的等相位面在非均匀介质中推进时会发生扭曲,而声线的切线方向垂直于波阵面,因此声线也会发生扭曲,形成曲线,如图 6-3(c)所示。

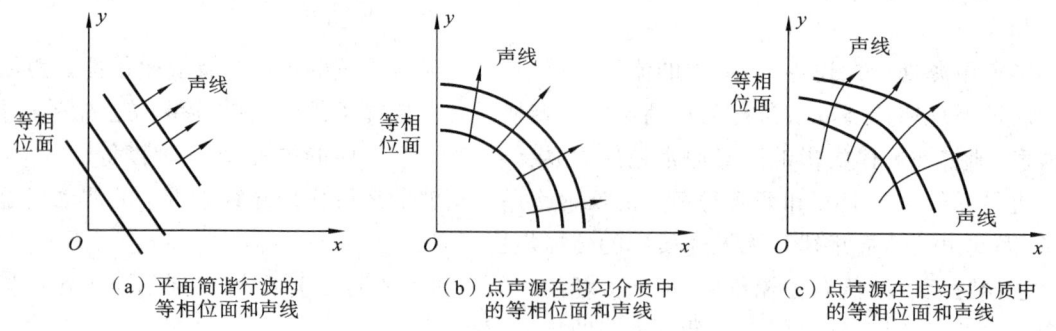

(a)平面简谐行波的　　　　(b)点声源在均匀介质中　　　(c)点声源在非均匀介质中
　　等相位面和声线　　　　　　的等相位面和声线　　　　　的等相位面和声线

图 6-3　不同声源及介质中的等相位面和声线

综上所述,声线是人为定义的、切线方向垂直于波阵面的轨迹线。可以这样理解:随着时间的推进,波阵面在空间扩展行进,波阵面上的点也随之行进,由此拉出的空间曲线就是声线。

(2)声线管束中能量守恒,与管外无横向能量交换。

若在波阵面上取某微面积,则随着时间的推进,波阵面在空间扩展行进,微面积也随之扩展行进,这样,微面积在空间的轨迹形成一条管道,我们称之为声管,如图 6-4 所示。

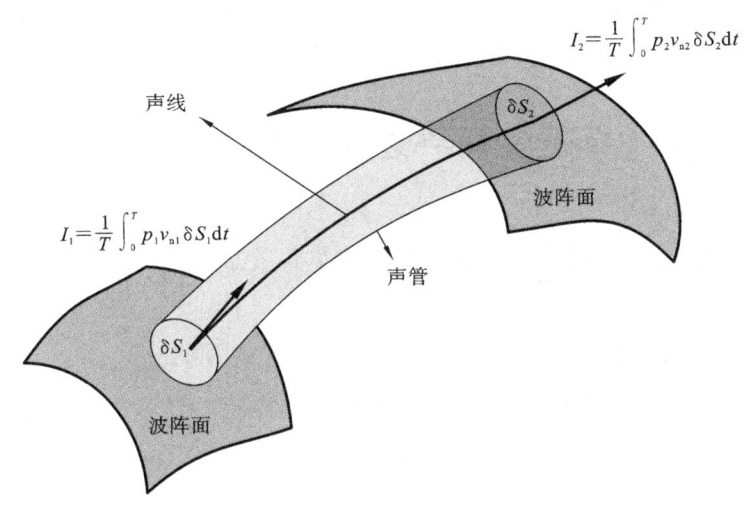

图 6-4　波阵面、声线与声管

通过某声管不同波阵面上微面积的平均声功率相等,这是因为:在声管侧面上,速度矢量一定处于面内,声压不对声管侧面做功;在截取的声管段内没有声源,流入声管的能量要和流出声管的能量相等。

(3)声线携带能量,声场中某点上的声能是所有抵达该点的声线所携带能量的叠加。

为图形化表示声管的概念,将波阵面分割为若干微面积,使得通过这些微面积的声功率相等,然后取通过这些微面积中心的声线表示声管。这样一来,得到的声线就是声管的简化表示:每条声线携带的能量相等,声线密度大,声强则大。

2. 斯涅尔声波反射与折射定律

射线声学的本质是:在高频近似下,声场空间中的每一点附近很小的范围内近似为平面波,平面波沿着射线传播。射线声学对斯涅尔声波反射与折射定律的描述极为直观。

考虑声线由介质 1 斜射入介质 2,在两介质分界面将会产生反射声线和折射声线,如图 6-5 所示,图中 θ 称为入射角,β 称为反射角,γ 称为折射角。它们满足以下关系式:

$$\begin{cases} \theta = \beta \\ \dfrac{\sin\theta}{\sin\gamma} = \dfrac{c_1}{c_2} \end{cases} \qquad (6\text{-}21)$$

式中:c_1 为介质 1 中的声速;c_2 为介质 2 中的声速。

式(6-21)即为斯涅尔声波反射与折射定律表达式。

掠角是声线与水平方向的夹角,图 6-5 中 α 称

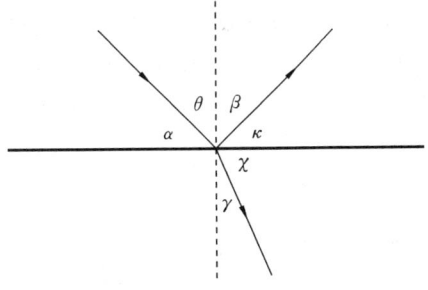

图 6-5　反射声线和折射声线

为入射掠角，κ 称为反射掠角，χ 称为折射掠角。也可利用掠角表示斯涅尔反射与折射定律：

$$\begin{cases} \alpha = \kappa \\ \dfrac{\cos\alpha}{c_1} = \dfrac{\cos\chi}{c_2} \end{cases} \tag{6-22}$$

根据斯涅尔反射与折射定律，可以得出：当声线由声速小的介质入射到声速大的介质中时，即 $c_1 < c_2$ 时，入射掠角大于折射掠角；反之，则折射掠角大于反射掠角。

6.4 声在具有声速梯度海水中的传播

6.4.1 海洋中的声速结构

1. 海水中的声速经验公式

海水声速是海洋声传播的重要参数，对海洋声传播特性具有重要的影响。通过大量海上声速试验测量，得出的声速预报的经验公式为

$$c = 1449.22 + \Delta c_T + \Delta c_S + \Delta c_P + \Delta c_{STP} \tag{6-23}$$

式中：　　　　$\Delta c_T = 4.6233T - 5.4585 \times 10^{-2} T^2 + 2.822 \times 10^{-4} T^3 + 5.07 \times 10^{-7} T^4$

$$\Delta c_P = 1.60518 \times 10^{-1} p + 1.0279 \times 10^{-5} p^2 + 3.451 \times 10^{-9} p^3 - 3.503 \times 10^{-12} p^4$$

$$\Delta c_S = 1.391(S - 35) - 7.8 \times 10^{-2} (S - 35)^2$$

$$\Delta c_{STP} = (S - 35) \times [-1.197 \times 10^{-3} T + 2.61 \times 10^{-4} p - 1.96 \times 10^{-1} p^2 - 2.09 \times 10^{-6} pT]$$
$$+ p[-2.796 \times 10^{-4} T + 1.3302 \times 10^{-5} T^2 - 6.644 \times 10^{-8} T^3]$$
$$+ p^2 [-2.39 \times 10^{-1} T + 9.286 \times 10^{-10} T^2] - 1.745 \times 10^{-10} p^3 T$$

其中 T 为海水温度（℃），p 为海水静压力（kg/m²），S 为海水盐度（‰）。

式（6-23）的适用条件：$3\ ℃ < T < 30\ ℃$，$1.013 \times 10^5\ \text{N/m}^2 < p < 980 \times 10^5\ \text{N/m}^2$，$33‰ < S < 37‰$。

进一步的研究表明：声速随海水温度、盐度、静压力的增加而增加；温度对声速的影响较盐度、静压力大。

2. 声速剖面与声速梯度

当声音在某一介质中传播时，若声速会随深度发生变化，则该介质称为具有声速梯度的介质。由于海洋中海水的温度、盐度和静压力随海水深度变化而变化，海洋中的声速也随深度变化，因而海水是具有声速梯度的介质。

在具有声速梯度的海水中，声速随深度变化的关系称为声速剖面。具有声速梯度的海水中的声速剖面表达式为

$$c = c(z) \tag{6-24}$$

图 6-6 给出了典型的深海声速剖面，从中可以看到声速在深度上具有分层分布特征。

（1）混合层　混合层紧贴海平面，深度一般在海平面以下 $400\sim600$ m。混合层又称表面层。

对于具有大风浪的海面,混合层温度较高,而且温度随深度的变化不大。这是风浪的混合作用造成的。通常,在靠近海水表面的混合层中声速较大。在混合层内,声速梯度主要由海水静压力主导;声速随深度的增加而增加;声速具有正梯度,因为深度增加将导致海水静压力增加。

对于平静的海面,混合层未受风浪的混合作用,此时温度随深度的增加而减小,并且温度降低对声速的影响同深度增加对声速的影响将会相互抵消,因此混合层中的声速随深度变化不大,声速梯度近似为零。

在极地地区,海面温度非常低,随着深度的增加,海水静压力和温度都将增加,受温度和静压力的双重影响,声速会随深度的增加而增加。

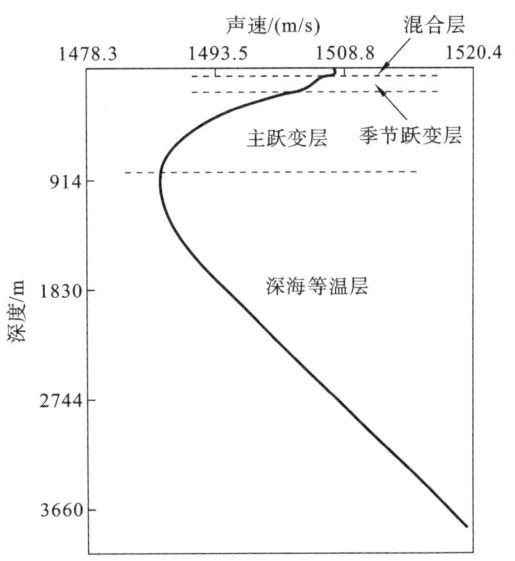

图 6-6　典型的具有分层特征的深海声速剖面

（2）跃变层　跃变层位于混合层之下(深度一般为 600～1200 m),由于混合层温度较高,跃变层内的温度只随深度的增加而降低,最低可降低 2 ℃。由于温度对声速影响更大,因而跃变层内的声速会随着深度的增加而降低,声速梯度为负值。

在极地地区,由于跃变层温度更低,随着深度的增加,海水静压力和温度都将增加,受温度和静压力的双重影响,声速将随深度的增加而增加,声速梯度为正值。

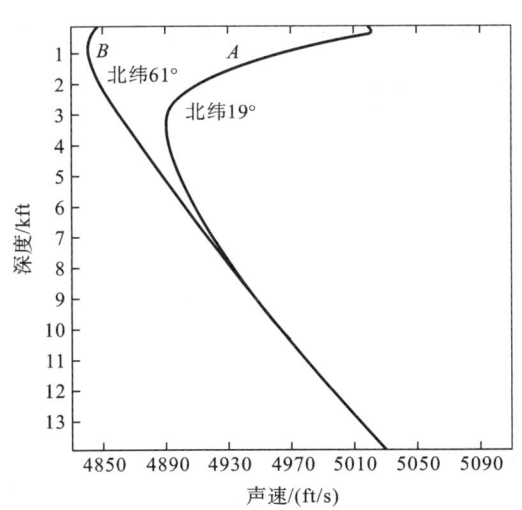

图 6-7　大西洋在不同纬度的声速剖面

（3）深海等温层　深海等温层的温度随深度没有太大变化,但海水静压力会随深度的增加而增加,受海水静压力的影响,声速随深度的增加而增加,声速梯度为正值。在深海等温层与跃变层的分界面处,声速是最小的,该深度位置处的水平线称为深海声道轴。

3. 海洋中的声速结构的影响因素

以上给出的只是一般海域的声速梯度特征。实际上,声速剖面随着地理位置的变化而变化,图 6-7 中给出了大西洋在不同纬度的声速剖面。从图中可见,深海声道轴的深度随地理位置的变化而变化,特别是,逐渐靠近极地地区的深海声道轴深度会逐渐变浅,最终抵达海表面。

此外,声速结构还与时间、天气、季节等相关,因为这些因素会直接影响海面温度,进而影响混合层声速结构。

图 6-8 给出了温度-深度剖面的日变化情况;图 6-9 给出了不同季节的温度-深度曲线变

化情况。温度与深度之间关系的变化将显著影响混合层声速结构。

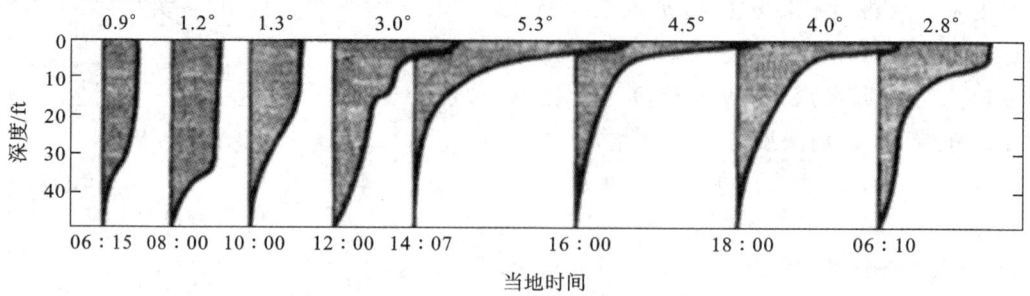

图 6-8   温度-深度剖面的日变化情况

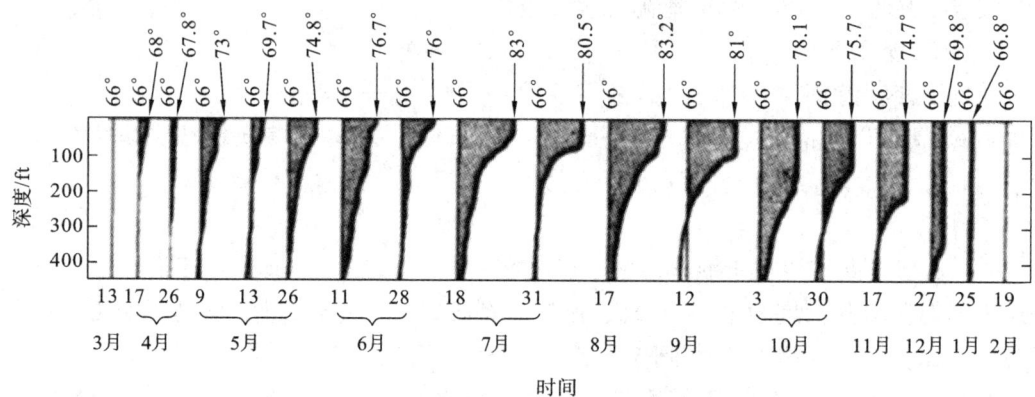

图 6-9   不同季节的温度-深度曲线变化情况

图 6-10 为纽芬兰岛和大不列颠岛之间的海区在不同季节的平均声速剖面,可见受季节影响的主要区域是混合层,在深海等温层的声速剖面一般比较稳定。

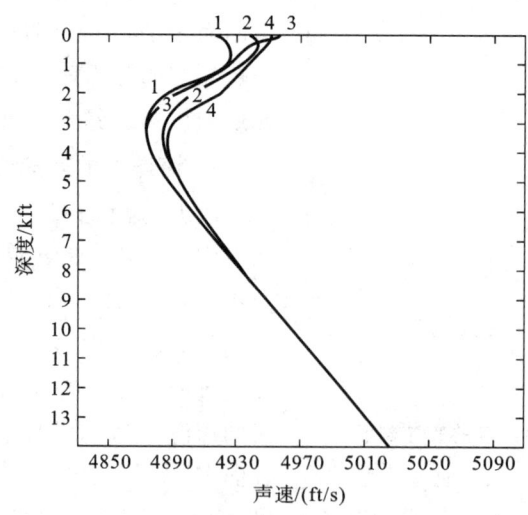

图 6-10   纽芬兰岛和大不列颠岛之间的海区在不同季节的平均声速剖面

6.4.2　具有声速梯度的介质中的声线轨迹分析方法

根据实际海洋声速剖面的特征,工程中采用分层的方法来表示海洋声速剖面:将声速-深度曲线沿深度方向分割为若干层,每层之中声速梯度为常数,这样就可用一系列连续折线段拟合实际的声速剖面,如图 6-11 所示。在每一层中,声速梯度为常数。

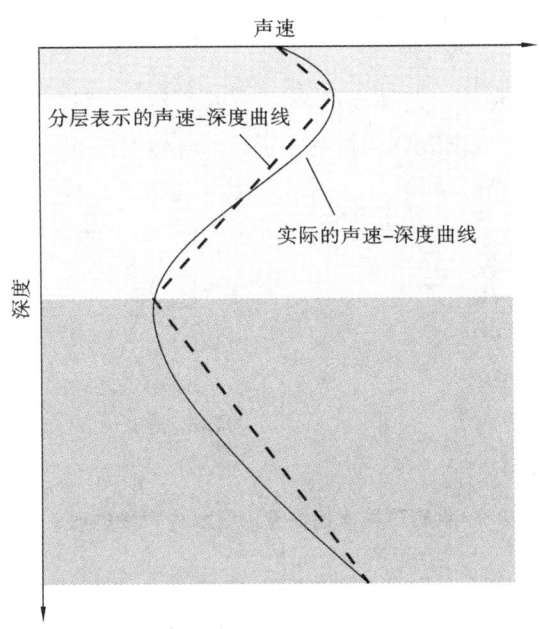

图 6-11　用一系列连续折线段拟合实际的声速剖面

对声速梯度为常数的海水中的声传播问题,可使用射线理论进行进一步分析,分析时仍然采用分层的方法,如图 6-12 所示。具体分析步骤如下。

第一步:对海水沿深度进行分层,每层高度要足够小,确保每一层海水的声速在层中可视为常数。

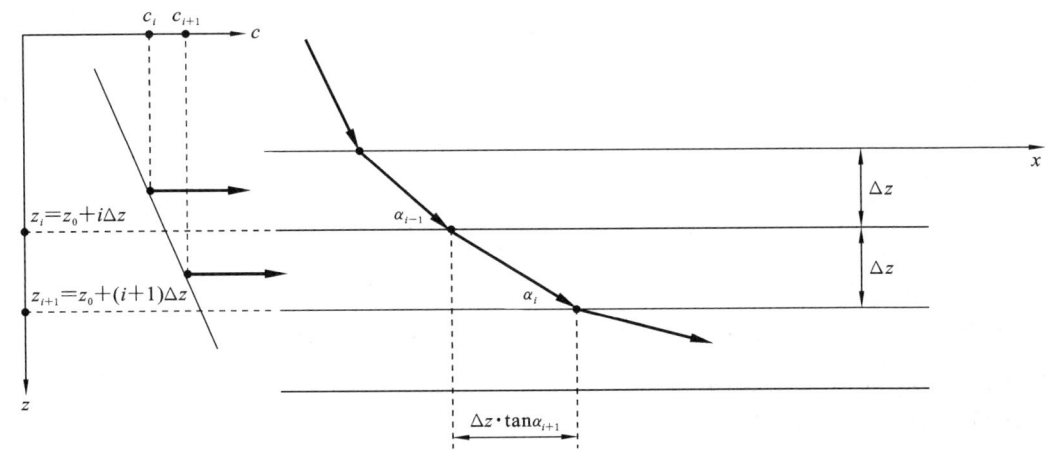

图 6-12　采用分层的方法绘制声线轨迹

第二步:确定初始声线位置和方向,这样可以绘制入射声线,进而给出入射声线的掠角,即入射声线同水平方向的夹角。

第三步:入射声线经界面透射进入下一层海水介质,下一层海水介质中的声速及初始入射声线所处海水层的声速可以按照海水层的中点深度给出,这样,就可以根据斯涅尔定律得出初始入射声线通过层间界面时的透射声线掠角。由此,就可以确定初始入射声线通过层间界面后的透射声线。

第四步:将透射声线视作新的入射声线,按照前面的步骤反复操作,可以得到后续声线,从而作出声线轨迹。

图 6-13 给出了具有正或负声速梯度的海水中的声线,由图可见,声线总是向着声速小的方向弯曲:对负声速梯度海水,声线弯向海底;对正声速梯度海水,声线弯向海面。

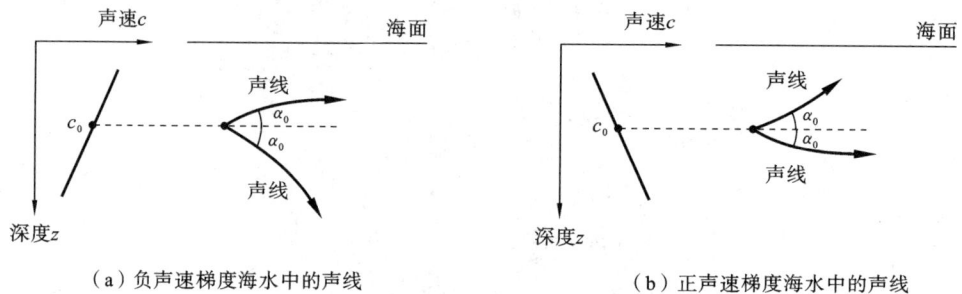

（a）负声速梯度海水中的声线 （b）正声速梯度海水中的声线

图 6-13 具有不同声速梯度的海水中声线的弯曲方向

在上述分析中,当分层间隔无限小时,声线轨迹将变为光顺的曲线;此外,若初始入射声线的位置已知且可以定量表示,那么声线的发展轨迹也是确定的,并能定量表示。这里仅给出相应结论。

（1）具有常声速梯度的海水中的声速剖面的表达式为

$$c = c_0 + k(z - z_0) \tag{6-25}$$

式中:k 为声速梯度。

（2）常声速梯度海水中的声线轨迹为圆弧(见图 6-14),该圆弧所在圆的方程为

$$\left(x - \frac{\tan\alpha_0}{k}\right)^2 + \left(z + \frac{1}{k}\right)^2 = \left(\frac{1}{k\cos\alpha_0}\right)^2 \tag{6-26}$$

圆心坐标为

$$\begin{cases} x_c = \dfrac{\tan\alpha_0}{k} \\ z_c = \dfrac{1}{k} \end{cases} \tag{6-27}$$

式中:α_0 是声线的初始掠角。

式(6-27)表明,从同一声源以不同掠角发出的声线具有不同的圆心位置。不过,具有不同掠角的声线轨迹的圆心都在同一水平线上。

声线轨迹圆的半径为

$$R = \left| \frac{1}{k\cos\alpha_0} \right| \tag{6-28}$$

可见,掠角不同,声线轨迹圆半径也不同。不过,由于声速梯度通常很小($|k| = 10^{-4} \sim 10^{-6}$ m^{-1}),因此声线轨迹圆半径很大,可达几千米以上。

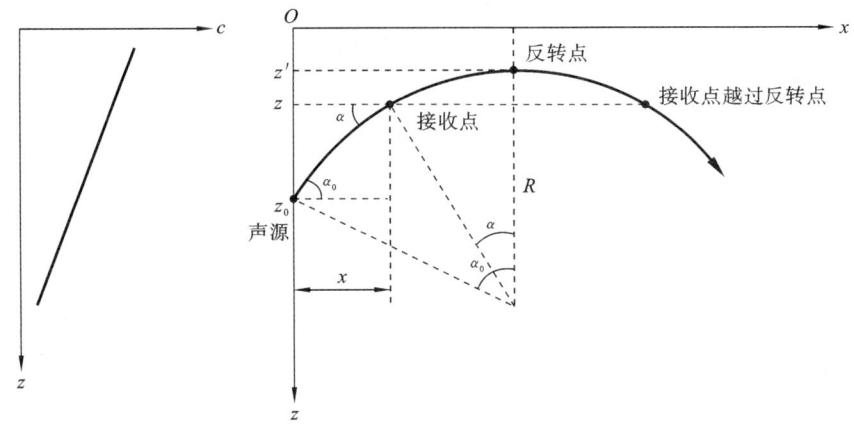

图 6-14　常声速梯度海水中的声线轨迹

借助常声速梯度海水中声线轨迹的解析式,可进一步分析用折线段拟合的声速剖面海水中的声传播问题。图 6-15 给出了相关例子:点声源在均匀海水中具有无指向性,以等掠角间隔发出声线;在声速梯度为常数的海水层中,每条声线都按照圆弧轨迹传播;这些声线经传播后,在某些区域变得十分密集,这说明这些位置的声能量很大,这种现象称为声聚焦。声线图使用不同疏密度的声线表示了海水中声强的分布。

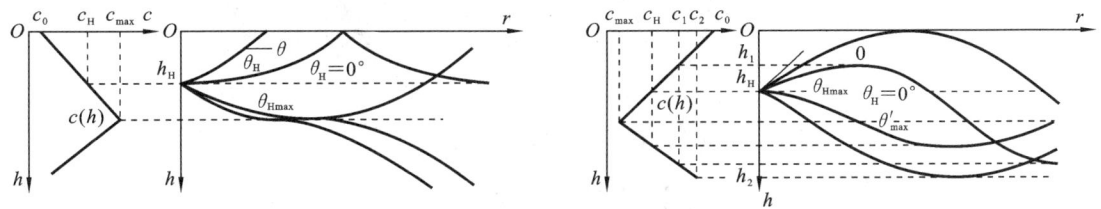

图 6-15　声速梯度沿深度分段为常数的海水中的声线

6.5　表面声道中的声传播

6.5.1　表面声道中的声传播概貌

1. 表面声道中的声速剖面

在海水表层具有正梯度分布特征的声传播空间称为表面声道。表面声道一般处于混合层。由于海洋中湍流和风浪对表面海水的搅拌作用,混合层内的温度均匀,压力随深度的增加而增加,引起声速变大,声速随深度以正梯度分布,声速最小值在海水表面。

图 6-16 是典型的表面声道中的声速剖面。比混合层更深处是跃变层,跃变层中的声速随深度以负梯度变化,在混合层-跃变层交界处,声速有极大值,如图 6-16(a)所示。在混合层-

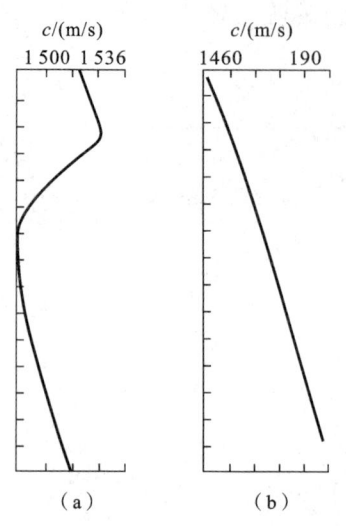

图 6-16　典型的表面声道中的声速剖面

跃变层交界处以上的声传播空间就是表面声道。在浅海以及极地地区，具有正梯度的声速分布区域可能会一直延伸至海底，如图 6-16(b)所示。

2. 表面声道中的声线

处于表面声道中的声源以小掠角发出的声线将会因折射而发生弯曲，弯曲方向始终朝向海面，因为海面声速更小。弯曲、反转的声线在遭遇海面时会发生反射，经过反射的声线不能一直传入海底，而是在传播过程中继续反转，从而使得反转与反射过程不断重复，导致声能量几乎完全被限制在表面声道。声信号可以沿表面声道远距离传播。

如果表面声道以下具有跃变层，混合层和跃变层之间会出现声速极大值，那么，声源以较大掠角发出的声线将会折射进入跃变层，进而向海底传播。

图 6-17 是表面声道中典型的声线图。可见，在声线掠角不超过 −1.76° 时，声线均会通过反转-反射的方式沿表面声道传播。当声线掠角超过 −1.76° 时，将折射入深海。当混合层下方存在声速极大值层（通常位于跃变层上方）时，混合层内的声源发出的声线会因向上折射而无法穿透该层，导致其下方的区域形成声影区，使得该区域的声强很小。

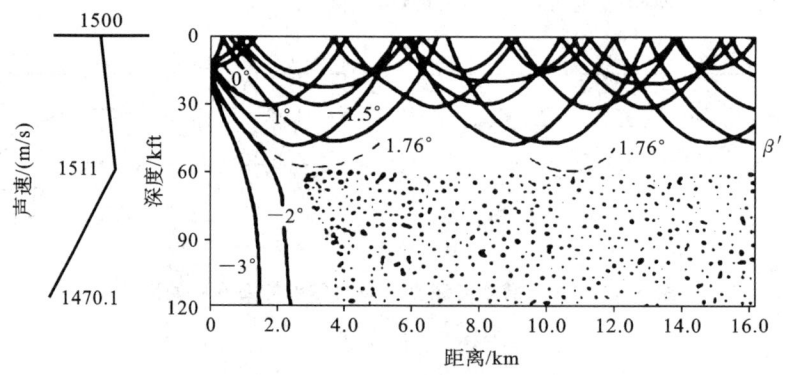

图 6-17　表面声道中典型的声线图

6.5.2　表面声道的声传播特征

1. 表面声道中的声能分布特性

声源位于混合层时，层内声强随深度增加而下降；在混合层下边界以下，声强随深度增加急剧下降。

图 6-18 给出了实测的声强随深度的分布情况。试验中，声源位于 20 ft 深处，混合层深度为 100 ft。声源发射 8 kHz 和 16 kHz 的连续波，在不同深度、不同距离处测量声强级，根据获得的声强级数据绘图。作为参照，图中同时给出了声波按照球面扩展规律传播并考虑海水吸

收规律得出的声强。图中阴影区域在竖直线左边代表实测声强低于球面波声强,阴影区域在竖直线右边代表实测声强高于球面波声强。可见,在海面附近实测声强较高,随着深度的增加,实测声强低于球面波的声强,在深度超出了混合层下边界的区域,声强迅速变小,低于考虑声吸收的球面波的声强。该传播异常现象解释为:表面声道因折射和反射作用形成了良好的声学传播环境,从而声传播效果能优于按球面扩展规律传播时;当水听器位于更深处时,将处于声影区,声影区处的声强低于考虑声吸收的球面波声强。但在距离声源更远处,由于海底反射的原因,反射声遍及声影区,因此那里的声强并不比考虑声吸收的球面波声强低。

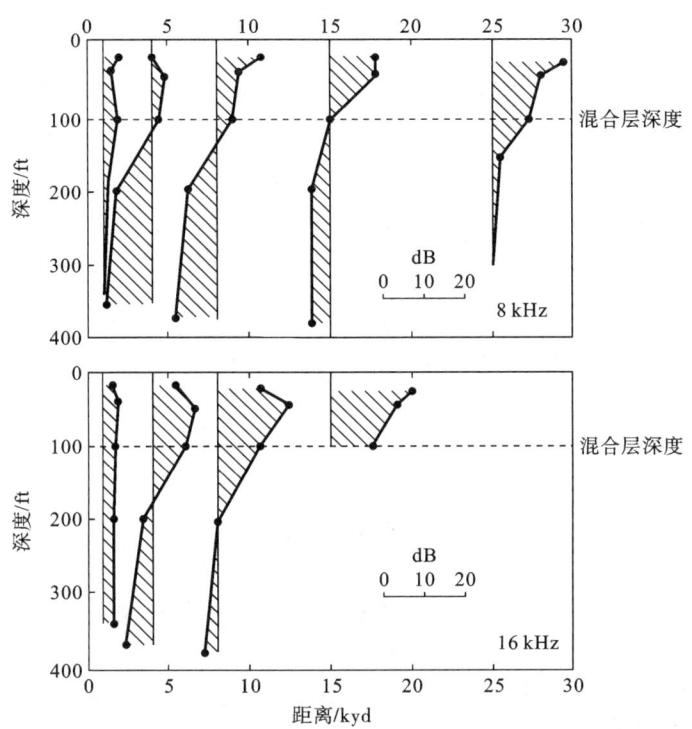

图 6-18　表面声道中 8 kHz、16 kHz 声波的声强随深度的变化

注:1 kyd=1×10³ yd=914.4 m。

图 6-19 给出了传播条件对声能分布的影响的规律。曲线 AA 描述了高频噪声环境中平静海面的混合层下,"强"声速-深度负梯度条件下的声强-深度分布规律,考察声能分布的位置距离声源为中等距离;曲线 BB 是低频噪声环境中海面粗糙时混合层下,"弱"声速-深度负梯度条件下的声强-深度分布规律,考察声能分布的位置距离声源为远距离。由图可见,高频噪声环境中海面平静时混合层下,"强"声速-深度负梯度条件下的相关规律同预期结果吻合得更好。

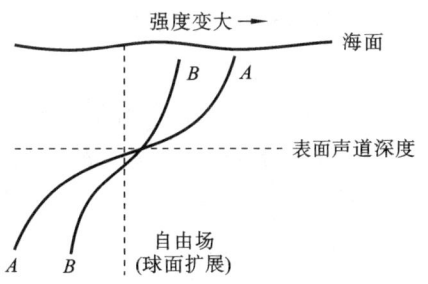

图 6-19　表面声道中声能的垂直分布

2. 脉冲信号在声道中传播的规律

在表面声道中,声源发出的脉冲信号可沿不同的声线路径传播。由于表面声道中可以有多条声线到达同一接收点,因此沿不同路径传播的信号会因声程的不同而不能同时到达接收

点,从而导致在接收点处接收到的是具有展宽的波形畸变信号。主要规律包括:

（1）沿反转深度大的声线传播的信号所需时间短,最先到达接收点;沿反转深度小的声线传播的信号所需时间长,最后到达接收点。这是因为:信号通过反转深度大的声线到达接收点之前所经过的声程短,该声线经过海面反射的次数少,声线圆弧长度的和将更短;同时由于平均声速更高,所以所需时间少。由于反转深度大的声线集中在混合层深处,所以最先抵达接收点的信号是由混合层深处传来的。通过海面声线路径传播的信号最晚抵达接收点。

（2）信号展宽同传播距离成正比。信号展宽的计算式为

$$T=\frac{kHr}{3c_0} \tag{6-29}$$

式中:T 为信号展宽;r 为传播距离;k 为声速-深度梯度;H 为表面声道深度;c_0 为声源处声速。可见:传播距离越远,信号展宽越大,其传播距离越远;信号经由不同反转声线路径传播的声程差越大,信号先后到达的时间差越大。

（3）经由海面声线路径传来的信号强度大。在不同的时刻抵达接收点的脉冲信号中,因经由海面声线路径而抵达时间较晚的信号具有更高的信号强度。这可解释为:声线在浅处更为密集,经由这些声线路径的信号的声程差更小,时间差也更小,使脉冲聚集和叠加,导致更强的信号产生。该结论同前述有关"声能沿深度分布"的规律是完全一致的。

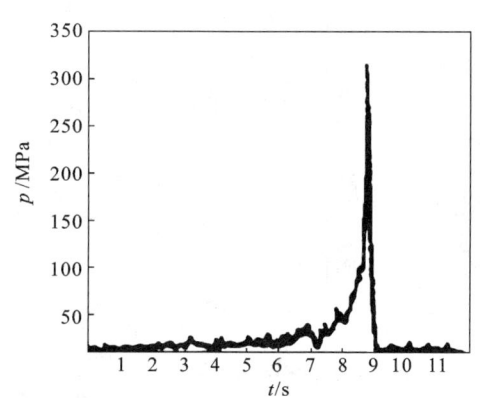

图 6-20　声脉冲信号声压幅值

图 6-20 所示是在大西洋海区进行试验时所记录的声信号,声源是位于 700 m 深处的爆炸源（采用了 25 kg 的 TNT 炸药）,接收点位于 1200 m 深度处,接收距离为 1800 km 远处。图 6-20 显示了声道中声脉冲信号声压幅值（线性标度）随时间的变化。从记录开始到最后,声压幅值逐步增大,最后尖锐截止。最先抵达接收点的信号是经由混合层深处传来的信号,强尖脉冲信号为靠近海表面传播的脉冲信号,它们的传播时间最长,因此抵达时间最晚,此后,只存在海底反射来的信号,由于海底反射信号很弱,所以信号尾部呈现尖锐截止特征。

3. 表面声道的截止频率

表面声道的波动场是一系列简正波的叠加。简正波是在三维空间中传播的行波,它满足波动方程、海面和混合层-跃变层边界条件,同时还具有特定的声速-深度关系。

在表面声道,每一个简正波都具有截止频率,给定阶数 n 的简正波只有在特定的频率下才能以行波的形式传播。表面声道的简正波截止频率表达式为

$$f_n=\left(\frac{3}{2}+2n\right)\frac{3c_0}{8\sqrt{2k}}H^{-\frac{2}{3}} \quad (n=0,1,2,\cdots) \tag{6-30}$$

当 $n=0$ 时,简正波的截止频率就是表面声道的截止频率,其可表示为

$$f_0=\frac{9c_0}{8H\sqrt{8kH}} \tag{6-31}$$

仅当声源频率 f 满足 $f>f_0$ 时,才有声能沿表面声道远距离传播。

6.5.3　表面声道中的传播损失

1. 传播损失的理论模型

采用图 6-21 所示的模型作为表面声道中的传播损失预报模型：

无指向性声源发出的所有声线中，只有掠角在 $-\chi_m \leqslant \chi_0 \leqslant \chi_m$ 范围内的声线才能在表面声道中远距离传播，不然，由于折射作用，声线将会进入深海，χ_m 是临界掠角。

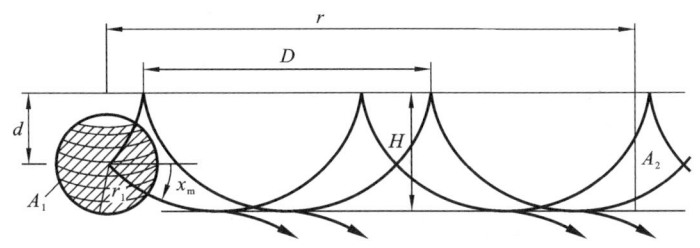

图 6-21　表面声道中声波的柱面扩展

掠角在 $-\chi_m \leqslant \chi_0 \leqslant \chi_m$ 范围的声线所携带的能量分布在面积 A_1 上。面积 A_1 的计算式为

$$A_1 = \int_{-\chi_m}^{\chi_m} \int_0^{2\pi} r_1^2 \cos\chi \mathrm{d}\chi \mathrm{d}\varphi = 4\pi r_1^2 \sin\chi_m \tag{6-32}$$

在远距离 r 处，若忽略介质吸收和声波海面散射引起的声泄漏，则束缚于声道内的声束能量将分布在高度为 H、半径为 r 的圆柱侧面上，圆柱侧面面积为

$$A_2 = 2\pi r H \tag{6-33}$$

由于能量守恒，因此通过两个面上的声功率相等，即

$$I_{r_1} A_1 = I_{r_2} A_2 \tag{6-34}$$

式中：I_{r_1} 和 I_{r_2} 分别是在 r_1 和 r_2 位置处的平均声强。

若取 $r_1 = 1$ m，则可给出声传播损失：

$$\mathrm{TL} = 10\lg\frac{I_{r_1}}{I_{r_2}} = 10\lg\frac{A_2}{A_1} = 10\lg\frac{rH}{2r_1^2\sin\chi_m} = 10\lg r + 10\lg r_0 \tag{6-35}$$

其中

$$r_0 = \frac{H}{2r_1^2\sin\chi_m} \tag{6-36}$$

由于临界掠角可表示为 $\chi_m = \sqrt{2k(H-z_0)}$，所以传播损失中的 r_0 还可表示为

$$r_0 = \frac{H}{2\sin\chi_m} \approx \frac{H}{2\chi_m} = \frac{H}{2\sqrt{2k(H-z_0)}} \tag{6-37}$$

上述结果说明：在表面声道中，传播损失按柱面扩展规律给出。

实际海洋声道中还会存在声吸收和声泄漏，因此考虑这些因素的声传播损失为

$$\mathrm{TL} = 10\lg r + 10\lg r_0 + (\alpha + \alpha_L)r \times 10^{-3} \tag{6-38}$$

式中：α 为介质吸收系数，dB/km；α_L 为漏声系数，dB/km。漏声系数同海面不平整度、表面层厚度、海况、混合层厚度相关，一般采用经验公式估算。

2. 声传播损失的经验公式

表面声道中声传播损失的经验公式是对大量测量结果进行分析总结后,分近距离和远距离两种情况给出的。

近距离,即 $r \leqslant (0.122H)^{\frac{1}{2}}$ 时,

$$\text{TL} = 20\lg r + 60 + (\alpha + \alpha_L)r \tag{6-39a}$$

远距离,即 $r > (0.122H)^{\frac{1}{2}}$ 时,

$$\text{TL} = 10\lg r + 5\lg H + 50.9 + (\alpha + \alpha_L)r \tag{6-39b}$$

式中:r 为距离(kyd);H 为混合层厚度(ft);n 为海况级数;t 为温度(℃);f 为声波频率(kHz)。此外,有:

$$\alpha = \frac{1.776 f^{1.5}}{32.768 + f^3} + \frac{1}{1 + \dfrac{32.768}{f^3}} \left(\frac{0.65053 f^2 f_t}{f^2 + f_t^2} - \frac{0.026847 f^2}{f_t} \right) \tag{6-40a}$$

$$\alpha_L = \frac{26.6 f}{\left[(1452 + 3.5t)H \right]^{\frac{1}{2}}} (1.4)^n \tag{6-40b}$$

其中

$$f_t = 21.9 \times 10^{\left(6 - \frac{1520}{273 + t} \right)} \tag{6-40c}$$

经验公式适用范围为:3.25 kHz $\leqslant f \leqslant$ 7.5 kHz,1000 kyd $\leqslant r \leqslant$ 51000 kyd,80 ft $\leqslant H \leqslant$ 220 ft,2 $\leqslant n \leqslant$ 5。

由以上结果可知,在短距离范围内,声波是按照球面扩展规律扩展的,只有在远距离范围内,声波才按照柱面扩展规律扩展。

6.5.4　北极海区的声传播

在北极海区,由于海面温度很低,水下声速剖面具有声速-深度正梯度分布特征,海洋深处不会产生跃变层。

图 6-22 给出了北极海区典型声速剖面下的声线图。实测表明,在北极海区,声传播具有

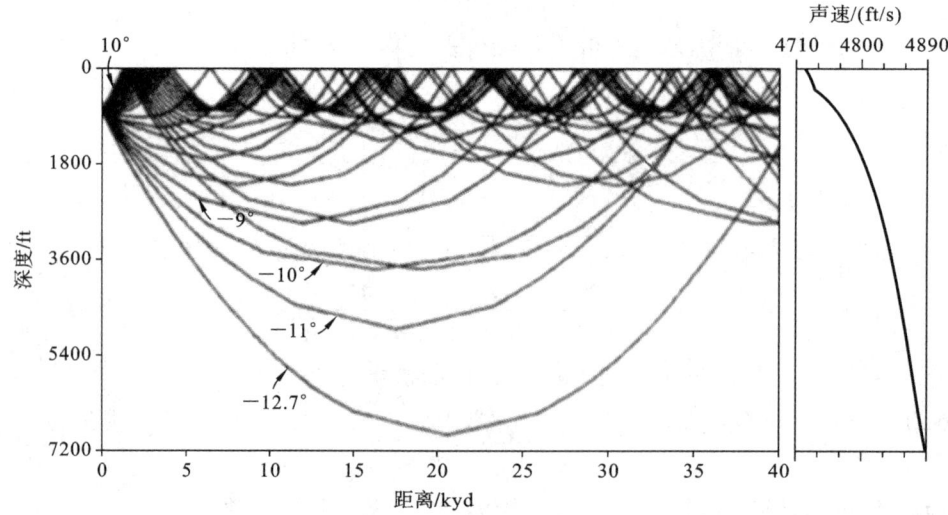

图 6-22　北极海区典型声速剖面下的声线图

以下特征：

（1）声道类似带通滤波器，高频和甚低频成分衰减很快。高频成分的衰减是冰层反射损失造成的；甚低频声的衰减与截止频率有关。

（2）爆炸产生的脉冲信号在远处具有展宽。展宽是频散现象的时域体现：低频分量传播速度快，高频分量传播速度慢，因此远处最初接收的信号频率接近于声道带通滤波器低端频率，此后高频成分出现在信号终端。

6.6　深海声道中的声传播

在深海中，声线都向声道轴弯曲，这就好似在声道轴上、下方具有反射面，由此形成了深海声道。本节针对深海声道中的声传播规律进行讨论。

6.6.1　声在深海声道中的传播概貌

1. 深海声道中的声速剖面

深海声道存在于全球的深海海域，因其具有良好的声传播特性而极受关注。图 6-23 给出了典型的深海声道声速剖面图。其重要特点是：存在声速极小值即存在声道轴，在声道轴的上、下方的声速梯度分别为正和负值。

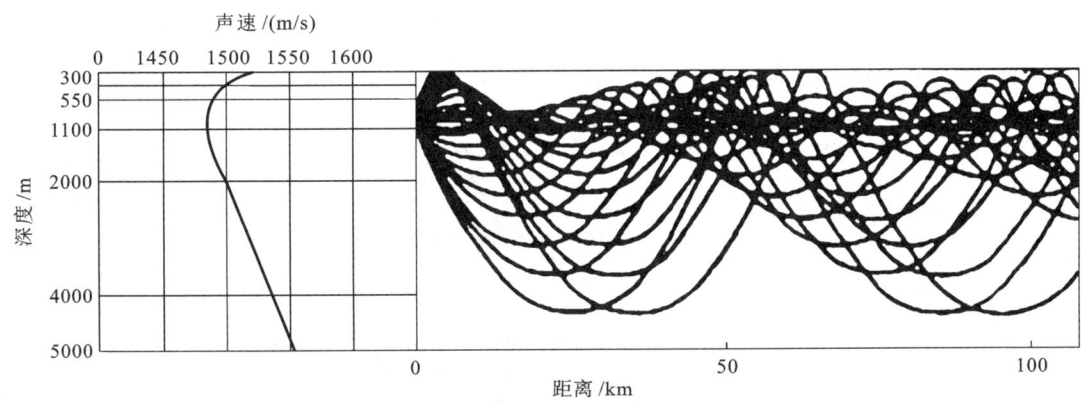

图 6-23　深海声道的声速剖面及置于其中的声源发出的声线图

2. 深海声道的声传播概貌

处于深海声道中的声源以小掠角发出的声线在传播中也将会因折射而发生弯曲。如图 6-23 所示，处于深海声道中声道轴上方的声源以小掠角向海面发射声线，声线会向声道轴弯曲，如果越过了声道轴，那么声线在传播过程中又会发生反转，变为朝向声道轴。由上述分析可知，声源以小掠角发出的声线总是以声道轴为中心不断反转传播，这部分声线被限制于声道内。由于声线的反转没有经过海底和海面的反射过程，因此不存在反射损失，声信号可以传得很远。另外，同表面声道相比，深海声道声学特性基本不受季节的影响，终年存在，声道效应十分稳定。

利用深海声道的良好传播性能，声波可以有效地对目标进行测距和定位。例如，可以建立由若干水听器阵组成的深海声道系统,用于接收海上失事目标发出的求救信号(见爆炸声等),根据信号到达各听器阵时间的不同,确定海上失事目标的距离和位置。另外,测量沿声道轴传播的爆炸声到达的时间,可以进行大地测量,确定导弹溅落地点。

6.6.2　深海声道的声传播特征

1. 置于深海声道中的声源发出的声线具有纯粹的折射传播路径

在声速剖面图上,两处具有同样大小声速的最大深度差空间定义了深海声道,在这两个最大声速值之间存在声速极小值。声源只有位于这样定义的声道内,其所发出的声线中才会存在纯粹的折射路径。

例如,在图 6-24 中,深海声道的上下边界由 AA' 给出。声道中存在着由声源发出的各种可能的声线路径。在图 6-24(a)中,可能存在两种声线路径:纯折射路径、海面-海底反射路径。在图 6-24(b)中则存在三种路径:纯折射路径、海面-海底反射路径,以及折射-海面反射路径。在图 6-24(c)中也会存在三种路径:纯折射路径、海面-海底反射路径,以及折射-海底反射路径。它们的共同特征是存在纯折射路径。纯折射路径因不存海面反射和海底反射导致的反射损失,因而传播损失更小。当声源位于声道内时,因存在纯折射路径,总体传播损失会更小。但是,如果声源位于由 AA' 所给出的声道边界外,那么就不存在纯粹的折射路径了,相应的传播损失也会更大。

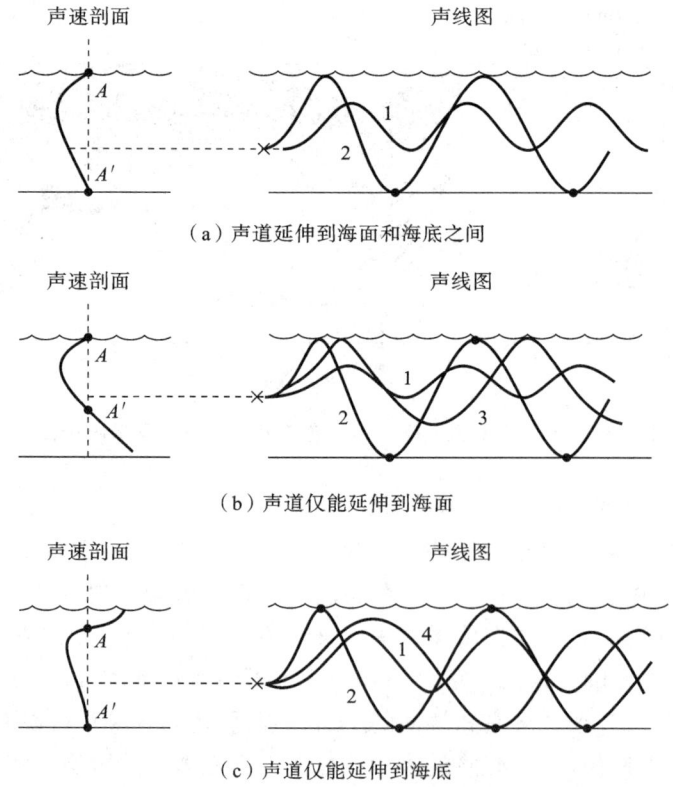

（a）声道延伸到海面和海底之间

（b）声道仅能延伸到海面

（c）声道仅能延伸到海底

图 6-24　深海声道的范围定义及置于其中的声源的可能的声线路径

2. 深海声道中具有会聚区和声影区

当声源位于声道内并且靠近海面或海底的声道边缘时,靠近海面会检测到高声强区域,这些区域称为会聚区。在会聚区之间是低声强区,称为声影区。例如,图 6-25 给出的是声源和水听器都位于声道浅处时测得的传播损失随声源-水听器距离变化的曲线,作为对比,其中还给出了球面扩展规律下的传播损失-距离曲线。从中可以看到,随着距离的增加,声音传播空间中会陆续出现狭窄的高声强地带,这些地带的声强高于按照球面扩展规律传播的声波的声强,因而传播损失小。这些狭窄地带就处于会聚区。根据到声源的距离,由近到远将会聚区依次命名为第一会聚区、第二会聚区……在会聚区,声强级可以比考虑声吸收的球面波的声强级高 25 dB,通常在 10~15 dB 范围。会聚区靠近声源侧的声强随距离的增加增长很快,距离变化数十码,声强级可提高近 20 dB,会聚区远离声源侧的声强随距离的增加下降较慢。会聚区的宽度通常为声源-接收器距离的 5%~10%,第一会聚区的宽度约为 3 n mile(1 n mile＝1852 m,n mile 即海里)。会聚区宽度通常随该区到声源距离的增加而变宽,例如第二会聚区(在 70 n mile 附近)的宽度比第一会聚区宽,依次类推,直到几百海里的距离上,两个相邻会聚区因互相重叠而变得不能分辨。会聚区与会聚区之间区域的声强低于按球面扩展规律传播的声波的声强。该区域传播损失大,属于声影区。

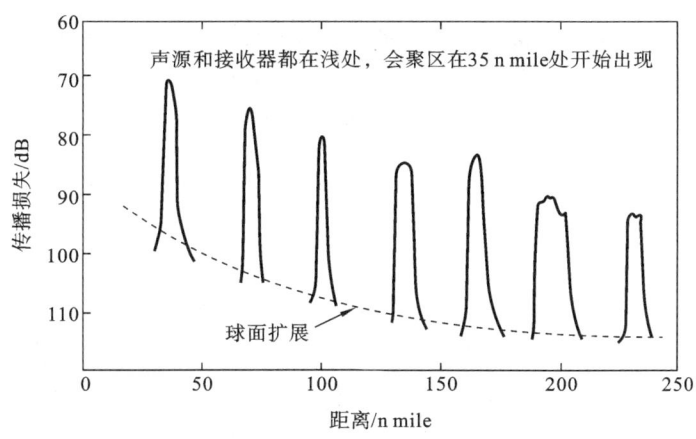

图 6-25　传播损失随距离的变化

会聚区是因焦散线而形成的,而焦散线是相邻声线的交聚点所形成的包络线。图 6-26 给出了声源深度分别为 300 ft、3000 ft、7500 ft 和 12000 ft 时的声线图。从图中可以看到相邻掠角的声线相交所形成的包络线,即焦散线。焦散线处的声强很大,因为它是相邻声线相交处。由于每条声线所携带的能量都相同,所以声线相交处的声能量很大。在焦散线附近就是会聚区。会聚区之间是声影区,反转声线无法到达该区域,故声强很小。当声源的深度发生变化时,焦散线也将发生改变,从而导致会聚区的位置发生改变。图 6-27 是焦散线随着声源深度的增加而改变的示意图,图中的箭头指示了声源深度增加时各焦散线的移动方向。

会聚区的产生同海面温度和海底深度具有关系。图 6-28 给出了可以产生会聚区的最小海水深度随海面温度变化的曲线。在给定海面温度时,海水深度只有超过对应曲线的值,声线才能发生会聚。这是因为,在特定的海面温度下,如果海底深度不够,那么置于海面的声源发出的声线只能通过海底反射而发生反转,这就抑制了会聚的发生,因此,在给定海面温度下,要

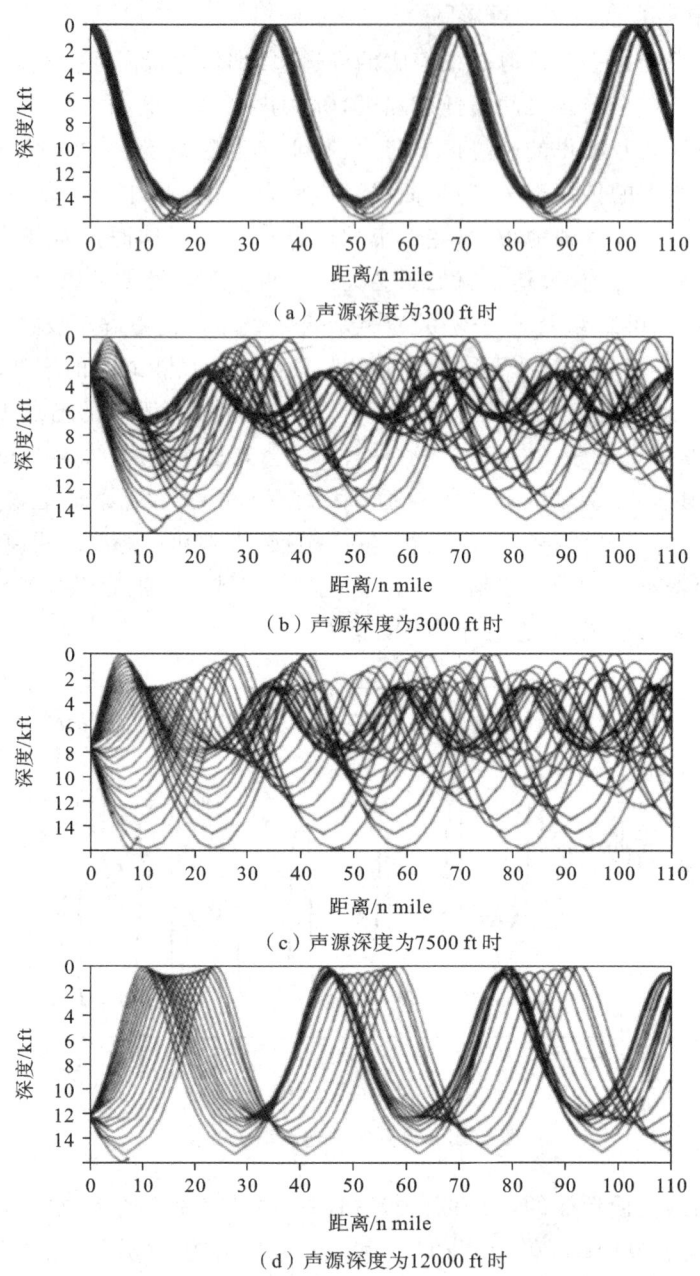

（a）声源深度为300 ft 时

（b）声源深度为3000 ft 时

（c）声源深度为7500 ft 时

（d）声源深度为12000 ft 时

图 6-26　声源位于不同深度时的声线图

使声线会聚必须满足最小海水深度要求,不同的海面温度对最小海水深度的要求是不同的。

会聚区到声源的距离也随海面温度变化而变化。图 6-29 给出了会聚区距离随海面温度的变化曲线,由图可见,海面温度越高,会聚区距离越大。

3. 信号传播的时间特征和能量特征

在声源和远距离接收点之间存在许多折射路径,它们具有不同的传播时间。偏离声道轴的程度最大的路径传播时间最短;沿声道轴的路径传播时间最长,其原因是在声道轴上声速具有极小值。在这些不同的传播路径中,沿声道轴的路径传播的声线能量最大,该路径是传播损

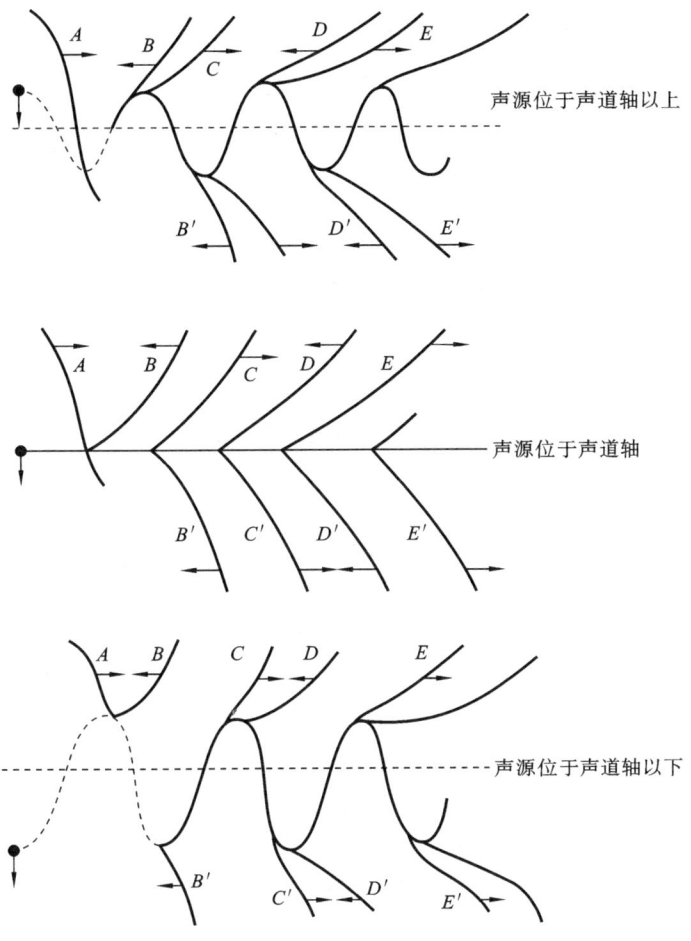

图 6-27　深海声道的焦散线随声源位置的变化

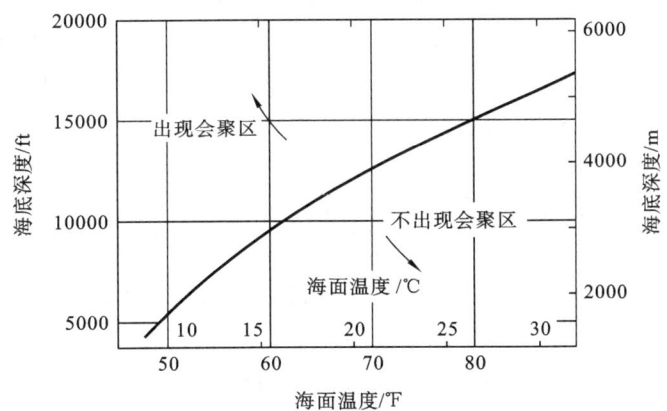

图 6-28　可以产生会聚区的最小海水深度随海面温度变化

失最小的路径。这意味着,位于声道轴上的爆炸声源产生的信号会在远处形成一个拉长的信号波形,信号的幅值缓慢地上升至峰值,而当沿声道轴传播的声信号到达后,信号就立即截止。在远处接收到的信号的特征类似于图 6-20 所示声信号的特征。

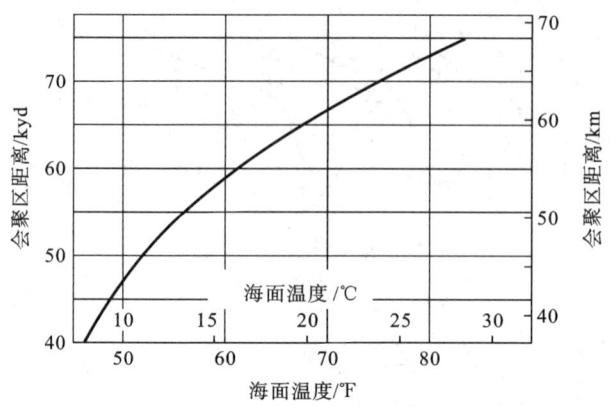

图 6-29　会聚区距离随海面温度的变化

6.6.3　深海声道中的传播损失

深海声道中的传播损失可以这样计算:在过渡距离之内按球面扩展损失计,超过该距离后,按柱面扩展损失计,并附加一项正比于距离的传播损失。深海声道中的远距离传播损失可表示为

$$TL = 10\lg r + 10\lg r_0 + \alpha r \tag{6-41}$$

通常,过渡距离 r_0 和衰减系数 α 通过试验给出。

6.7　均匀浅海中的声传播

在某一海域,如果声波在传播过程中受到了海面和海底的多次反射,则该海域从声学意义上看是浅海,即水层的上下边界对声传播产生了影响。在浅海声场的研究中必须考虑水面和海底声学边界条件,因为海面和海底对声传播特性具有重要的影响。一般来说,当声传播距离至少数倍于海水深度时,声传播的海域就可以视为浅海。在浅海中,海面和海底之间形成了声道,声波被限制在声道的边界以内传播。

6.7.1　采用射线理论获得浅海声场

海洋中声源发出的声线可以直达接收点,也可以经过反射后到达接收点。接收点处的声压是直达声线和反射声线引起的声压叠加。

反射声线与入射声线在反射面上满足反射掠角条件,从几何上看,如同以反射面为镜面,建立了一个虚源,反射声线从虚源发出,抵达接收点。虚源发出的声线途经各点的声压可由入射声线途经各点的声压乘以反射系数给出,具体反射系数主要由边界类型决定。确定反射系数时可以考虑边界对声吸收的影响。

对浅海声场,由于海面和海底都是反射面,它们对海洋中的声源进行反射时都会形成虚源,称为一次虚源。此外,海面和海底作为反射面,还会对一次虚源产生再次和多次镜像作用,从而形成二次虚源及多次声源,如图 6-30 所示。这样一来,由海底和海面构成的双反射面会对两者之间的声源进行不断反射,导致产生无限多的系列虚源。声源和系列虚源发出的声线在接收点处引起的声压叠加,形成接收点处的最终声压。

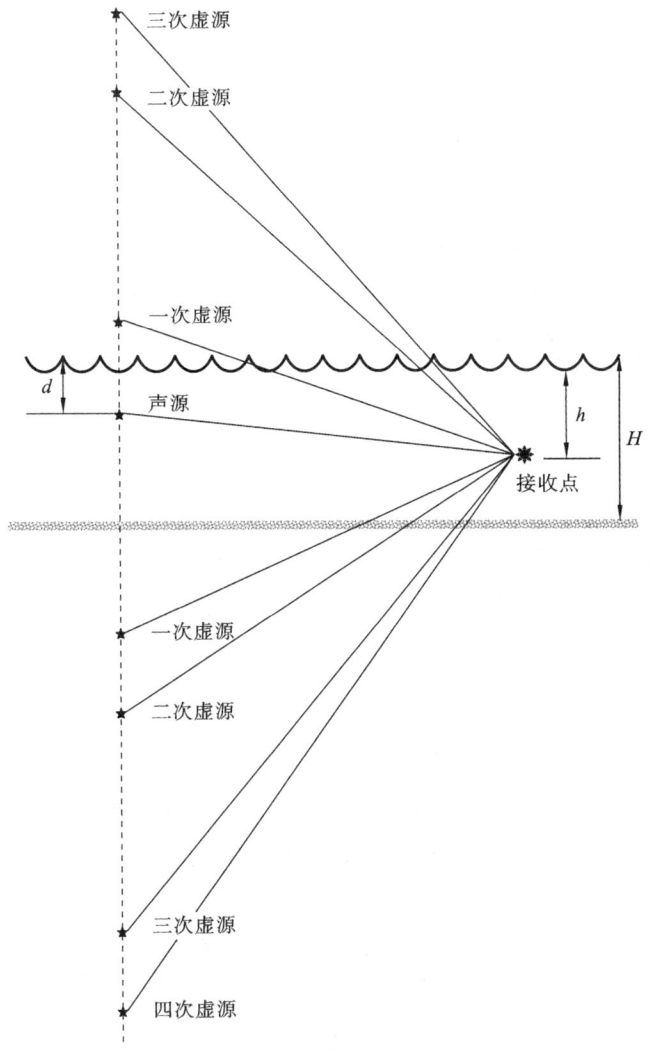

图 6-30　海面与海底对声源的镜像作用

从声线反射的角度来看,系列虚源形成的原因是:声线可通过海面和海底多次反射抵达接收点,如图 6-31 所示,不同次数的反射声线如同从不同的镜像虚源发出而抵达接收点。

根据虚源声线及直达声线引起接收点声压叠加的观点,可以方便地给出浅海声场中接收点的声压:

$$p = p_0 \sum_{m=0}^{\infty} \frac{R_m \mathrm{e}^{\mathrm{j}kr_m}}{r_m} \tag{6-42}$$

式中:p_0 是声源在无穷水域中引起的 1 m 远处的声压;r_m 是第 m 个虚源(当 $m=0$ 时就是声源)到接收点的距离;R_m 为第 m 个虚源声线途经声压与声源声线途经声压的比值,即反射系数;$k = 2\pi/\lambda$ 为流体声波数。

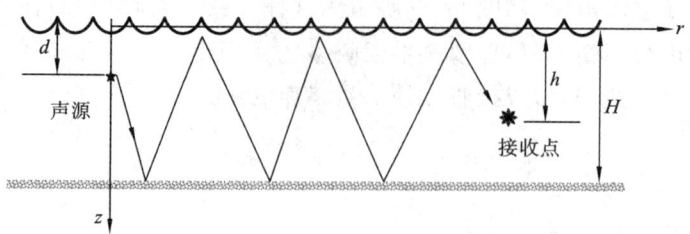

图 6-31　虚源形成的原因

若海面和海底是无反射损失的,则:对于直达声或经过偶数次海面反射的情况,有 $R_m=1$;对于经过奇数次海面反射的情况,有 $R_m=-1$。

理论上,经过海面、海底镜像得到的虚源数量是无穷多的,但高次镜像虚源发出的声线到达接收点的声程更长,反射次数更多,若海面、海底具有反射损失,则 $|R_m|$ 会很小,导致高次虚源对总声压的贡献会很小,从而可以忽略。

6.7.2　浅海传播损失

采用上述射线理论可给出不同距离处的声压,进而给出传播损失,不过表达式极为复杂。为便于在实际工程中使用,通常采取半经验公式计算传播损失,这样得到的结果与基于理想模型给出的平均传播损失结果具有相同的规律性。

定义距离参数:

$$R=\left[\frac{1}{8}(H+L)\right]^{\frac{1}{2}} \tag{6-43}$$

式中:H 为海水深度(ft);L 为浅海表面混合层深度(ft);R 为距离参数(kyd)。

根据接收点到声源的水平距离 r(kyd),分三段计算传播损失:

当 $r<R$ 时,

$$\mathrm{TL}=20\lg r+\alpha r+60-k_L \tag{6-44}$$

当 $R \leqslant r<8R$ 时,

$$\mathrm{TL}=15\lg r+\alpha r+a_\mathrm{T}\left(\frac{r}{H}-1\right)+5\lg H+60-k_L \tag{6-45}$$

当 $r<8R$ 时,

$$\mathrm{TL}=10\lg r+\alpha r+a_\mathrm{T}\left(\frac{r}{H}-1\right)+10\lg H+64.5-k_L \tag{6-46}$$

式中:α 为海水吸收系数(dB/kyd);k_L 为近场传播异常系数(dB),它与海况和海底的类型有关;a_T 为浅海衰减系数(dB),它与海况和海底的类型有关。

这些参数的选取参见表 6-1。表 6-1 还给出了用上述半经验公式计算得到的传播损失同用于建立这些公式的某次测量值进行比较所得到的误差。

式(6-44)至式(6-45)反映了浅海声传播的扩展规律:

(1)近距离处声波以球面扩展规律传播;

(2)中等距离处声波以距离的 3/2 次方的扩展规律传播,这种扩展规律源于海底声吸收

的作用,声吸收作用加速了声强的衰减;

(3) 远距离处声波以柱面扩展规律传播。

表 6-1　浅海传播损失系数及误差估计

声波频率 f_1/kHz	工况 0		工况 1		工况 2		工况 3		工况 4		工况 5	
	沙底	泥底	沙底	泥底	沙底	泥底	沙底	泥底	沙底	泥底	沙底	泥底
近场异常衰减系数 k_L/dB												
0.1	7.0	6.2	7.0	6.2	7.0	6.2	7.0	6.2	7.0	6.2	7.0	6.2
0.2	6.2	6.1	6.2	6.1	6.2	6.1	6.2	6.1	6.2	6.0	6.2	6.0
0.4	6.1	5.8	6.1	5.8	6.1	5.8	6.1	5.8	6.1	5.8	4.7	4.5
0.8	6.0	5.7	6.0	5.6	5.9	5.6	5.3	5.0	4.3	3.9	3.9	3.6
1.0	6.0	5.6	5.9	5.5	5.7	5.3	4.6	4.2	4.1	3.7	3.8	3.4
2.0	5.8	5.4	5.3	4.9	4.2	3.8	3.8	3.4	3.5	3.1	3.1	2.8
4.0	5.7	5.1	3.9	3.5	3.6	3.1	3.2	2.8	2.9	2.4	2.6	2.2
8.0	4.3	3.8	3.3	2.8	2.9	2.5	2.6	2.2	2.3	1.9	2.1	1.7
10.0	3.9	2.4	3.1	2.6	2.7	2.2	2.4	2.0	2.2	1.7	2.0	1.6
衰减系数 α_T/dB												
0.1	1.0	1.3	1.0	1.3	1.0	1.3	1.0	1.3	1.0	1.3	1.0	1.3
0.2	1.3	1.7	1.3	1.7	1.3	1.7	1.3	1.7	1.3	1.7	1.4	1.7
0.4	1.6	2.2	1.6	2.2	1.6	2.2	1.6	2.2	1.7	2.4	2.2	3.0
0.8	1.8	2.5	1.8	2.5	1.9	2.6	2.2	3.0	2.4	2.8	2.9	4.0
1.0	1.8	2.7	1.9	2.7	2.1	2.9	2.6	3.7	2.9	4.1	3.1	4.2
2.0	2.0	3.0	2.4	3.5	3.1	3.4	3.3	4.7	3.5	5.0	3.7	5.2
4.0	2.3	3.6	3.5	5.2	3.7	5.5	3.9	5.8	4.1	6.2	4.3	6.4
8.0	3.6	5.3	4.3	6.3	4.5	6.7	4.7	6.9	5.0	7.3	5.1	7.5
10.0	4.0	5.9	4.5	6.8	4.8	7.2	5.0	7.5	5.2	7.8	5.3	8.0

按公式计算传播损失时的可能误差(中等距离)/dB

距离/kyd	频率/Hz			
	112	446	1120	2820
3	2	4	4	4
9	2	4	5	6
30	4	9	11	11
60	5	9	11	12
90	6	9	11	12

思考题

1. 说明声波在海水中传播时声强衰减的原因。

2. 写出球面扩展、柱面扩展、无扩展和一般扩展规律对应的传播损失表达式及其适用条件。

3. 给出斯涅尔声波反射与折射定律。

4. 定性绘制典型表面声道的声速剖面。

5. 定性绘制深海声道的声速剖面。

6. 什么是表面声道？声波在表面声道中为什么能远距离传播？

7. 什么是深海声道？声波在深海声道中为什么能远距离传播？深海声道有何应用价值？

8. 为评价水下航行器的辐射噪声能力，通常在声学测试场测量航行器的通过噪声特性。实际的声学测试场通常水深有限，不可避免地会出现传播异常。试根据均匀浅海中的声传播损失规律说明应如何布置水听器阵，以及采取怎样的测量分析方法，才能正确给出水下航行器的声源级。

第 7 章　舰艇的目标强度

声波遭遇潜艇、鱼雷、礁石等物体时会发生反射或散射，这些物体称为反射体或散射体。由反射体与散射体产生的信号是一种有规律的信号，这种有规律的反射或散射信号称为回波或回声信号。这类信号的强度在声呐方程中以目标强度表征。本章将针对目标强度的有关机理和规律进行讨论。

7.1　目标回声信号

目标回声信号可以视作声波在物体表面引起的次级声源所发出的声波，目标强度正是基于这一理解而定义的。本节重点给出同这一理念相关的概念。

1. 散射波

声波在传播途中遇到障碍物时，会在物体表面激发起次级声源，它们向周围介质中辐射次级声波，习惯上将这些次级声波统称为散射波。

声学理论中，常把大目标（目标线度远大于声波长）前方（声波"照射"方）的次级波称为反射波，把大目标后面几何影区内的次级波称为绕射波（声波好似绕过障碍物前进）。

小目标（目标线度远小于声波长）向空间各方辐射的次级波为散射波，这时，反射过程是次要的。

对于线度大小可以与声波波长相比拟的目标，在目标后方也将存在绕射波。反射、绕射和散射过程都将起作用。

2. 目标回声信号

声波在传播途中遇到障碍物时产生的散射波也称为目标回波。这种目标回波分布在整个空间的各个方向上，其中返回声源方向的那部分散射波称为反向回波，沿声源入射方向的散射波称为前向回波。目标回声信号通常就是指声波的反向回波。

由于目标反向回波是入射波与目标相互作用后产生的，有关目标本身的某些特征信息会被调制在回波上，人们可通过对回波进行分析处理提取目标的特征信息，实现目标检验和分类识别，因此目标回波特性具有重要的工程实际应用价值。

7.2　回声信号的形成机理

回声信号的形成机理按信号类型的不同而有所不同。

1. 镜反射回声信号的形成机理

对曲率半径大于波长的目标，回声基本由镜反射过程产生。声波投射到大曲率半径目标表面时,会产生镜反射回声,它和目标上不规则处产生的散射信号叠加,构成目标回声信号。

在回声信号的组成部分中,镜反射信号总是最强的,而且最先到达,波形与入射波形相同。

2. 目标表面上的不规则散射信号的形成机理

目标表面上的不规则特征,如棱角、边缘和小的凸起物等,其曲率半径一般小于声波波长。声波投射到这些表面上时,会发生不规则散射。这些不规则散射信号也是目标回声的组成部分,但其强度一般小于镜反射信号。如果某个不规则散射信号也很强,则在回声包络上可发现它们所形成的"亮点"。

3. 目标的再辐射信号的形成机理

原则上,常见的声呐目标基本上都是弹性物体,入射声波会透射进入目标内部,激发起内部声场,形成驻波场,从而使目标的某些固有振动模式被激发出来,并向周围介质辐射声波。这种波称为再辐射波,它也是回声的组成部分。

图 7-1 所示为窄脉冲声信号入射到光滑铝球上后所接收到的回波脉冲串,其中第一个脉冲为镜反射回波,尾随的那些脉冲就是目标的再辐射波。因为这种再辐射波不遵循反射定律,所以也称为非镜反射回波。

图 7-1 来自铝球目标的回波脉冲串

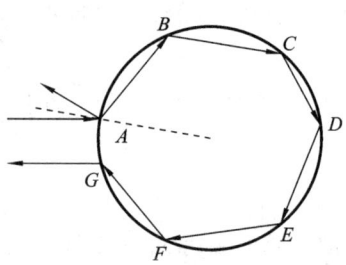

图 7-2 回音廊式回声的传播途径

再辐射波的激发会受到多种因素的影响,如目标的几何形状、组成材料的力学参数、目标同入射声波的相对位置、入射声波频率、入射声波脉冲宽度等,都会对再辐射波的激发产生影响。

4. 回音廊式回声信号的形成机理

图 7-2 所示为回音廊式回声的传播途径:透射到目标表面上 A 点的声波,除产生镜反射波外,还会产生折射波透射到目标内部,折射波在目标内部传播,在点 B、C……处同样产生反射和折射,到达 G 点,折射波恰好在返回声源的方向上,成为回波的一部分。

7.3 回声信号的一般特性

1. 多普勒频移特性

运动目标的多普勒效应是一种常见的物理现象:若入射波频率为 f,目标与声源之间具有相对速度 v,则回声频率会发生改变。发生改变后的回声频率为

$$f_r = f\frac{c \pm v}{c \mp v} \tag{7-1}$$

式中:c 是海水中的声速,并且总有 $c \gg v$。

f_r 还可按下式计算：

$$f_r = f + \Delta f \qquad (7\text{-}2)$$

式中：Δf 是回波频率与入射波频率之间的差值，称为多普勒频移。由于 $c \gg v$，有

$$\Delta f = \pm \frac{2v}{c} \cdot f$$

当目标接近声源时取"＋"号，当目标远离声源时取"－"号。

例如，测得回波频移为 2000 Hz，并已知声呐工作频率为 100 kHz，海水声速 c 为 1500 m/s，根据多普勒频移计算式可得目标是以 15 m/s 的相对速度趋近声源的。

利用多普勒效应，可以测量目标的速度。根据多普勒效应制造的测速仪器称为多普勒测速仪。利用声源向地面目标发射声波，测量回波频率可得到对地相对速度。目前所应用的水下目标测速设备中，多普勒测速仪是唯一能测量对地速度的仪器，而且其测量精度远优于其他水下测速仪器，可达 5 mm/s。

2. 回波脉冲展宽特性

通常回波脉冲宽度都大于入射脉冲，这是因为目标回声是由整个目标表面上的反射体和散射体所产生的，物体的整个表面对回波都有贡献，但传播路径不同，目标表面不同部分产生的回波到达接收点的时间有先有后，它们叠加会使脉冲宽度加大。

如图 7-3 所示，一束平面波以掠角 θ 入射到长为 L 的目标上，在收发合置条件下，回波脉冲宽度将比入射脉冲宽度大，展宽（拉长时长）为

$$\Delta \tau = \frac{2L\cos\theta}{c} \qquad (7\text{-}3)$$

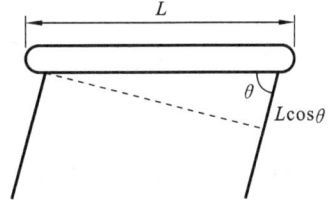

图 7-3　回波脉冲展宽计算图

式中：c 为介质中的声速。

当目标是多散射体组成的复杂目标且入射声为窄脉冲信号时，回声脉冲的拉长更加明显。如果回声信号主要是镜反射回声信号，则拉长可以忽略。

例如，对潜艇目标来说，正横方向的回波展宽仅为 10 ms 左右，而在首尾方向，回波展宽可达 100 ms。

3. 包络的不规则性

回声的包络是不规则的，特别是镜反射不起主要作用时更是如此。这是目标各散射体所散射的声波互相叠加和干涉造成的。

例如，当发射信号为正弦填充脉冲时，其回波包络就可能变得很不规则，不再具有发射脉冲所具有的那些特征。另外，在目标的回声中，还可能有个别强脉冲，它们来自目标上那些能产生镜反射的部位，例如潜艇指挥台就能产生这种强脉冲回声，强脉冲与散射声波互相叠加，进一步改变回声的包络形状。

4. 回声幅度的周期性

在具有螺旋桨推进器的目标（如舰船、鱼雷等）尾部，所产生的回声幅度会出现周期性的变化，这是螺旋桨做周期性旋转，使得目标的散射截面产生周期性变化而引起调制效应所致。另外，运动着的船体与其尾流产生的两种回声的相互间干涉也会导致调制效应的发生。

7.4　目标强度

1. 目标强度的概念

声波照射到物体上时,会形成反射、散射等物理过程,其结果是产生分布在整个空间中的次级波。

目标强度从回声强度角度描述了目标的声学特性,并反映了目标声反射本领的大小。目标强度是某方向上距离目标等效声学中心 1 m 处由目标返回的声强与远处声源产生的入射声强之比值的"级"表示,如前文所述,其定义式为

$$\mathrm{TS} = 10\lg \frac{I_{r,1m}}{I_i} \tag{7-4}$$

式中:$I_{r,1m}$ 为在目标等效中心 1 m 处的回声声强;I_i 为入射平面波声强,它由远处声源产生。

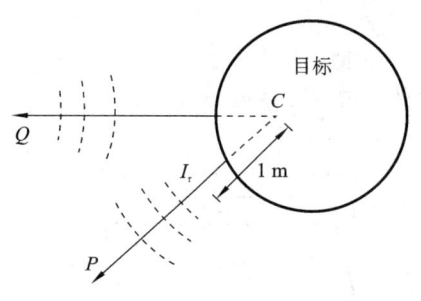

图 7-4　目标回声示意图

2. 目标强度的内涵

图 7-4 为目标回声示意图,其说明了目标强度的内涵。

(1) 回声声强是目标的远场回声声强向目标等效中心 1 m 处的折算值。

也就是说,如果通过测量获得目标强度,应当在距离目标很远的远场测量回声声强,然后按照传播衰减规律将测量值换算到距离目标等效中心 1 m 处得到声强 $I_{r,1m}$,再由目标强度定义式得出 TS 值。

(2) 目标强度是入射方向角和回波方向角的函数。

声源以不同的方向发射声波,以不同的方位接收回声,得到的目标强度一般均不同。

当换能器收发合置时,接收点和声源位于同一位置,回声强度仅仅是入射角的函数。在这种情况下,回声习惯上被称为反向反射声或反向散射声。

在实际工程中人们更多地关注反向反射情况下的目标回声强度。

(3) 目标强度可以为正值。

采取 1 m 的距离作为基准距离,往往使许多水下物体具有正的目标强度值,这意味着回声局部强度高于入射声强,但不意味着能量增加了。这是因为,选择基准距离为 1 m 使得局部声强变大了,如果基准距离选得远一些,物体的目标强度值就会变成负值。

7.5　目标强度值的试验测量

7.5.1　测量条件与注意事项

目标强度测量应在开阔水域进行。对于大型目标,应在湖泊或海上进行;对于小型目标,可在试验水池测量。

测量条件包括远场条件、自由场条件,同时观测时还要合理选择发射信号的脉冲宽度。

远场条件:声源或回声测量位置到目标的距离要足够远,满足远场条件。

自由场条件:由于水域有限,水域边界和水底具有反射能力,反射声信号可能同目标回波相干涉和叠加,影响测量结果的可信度。为避免多途干扰,可采用脉冲信号,因为直达脉冲总是先于反射声到达水听器,因此根据水域尺寸合理选择脉冲宽度,同时调整声源、目标、水听器的相对位置,使水域边界反射脉冲和目标回波脉冲的接收时间错开,以便分离目标回声信号,保证测量结果的正确性。

合理选择发射信号的脉冲宽度:一方面,选择脉冲宽度时要考虑自由场条件是否得以满足,为抗多途干扰,脉冲宽度应当取得窄些;另一方面,为获得稳态结果,脉冲宽度不能太窄,应保证在一个脉冲宽度内具有至少约十个波。脉冲宽度选择应兼顾这两方面的要求。

由于试验环境不易控制和重复,多次测量的结果具有一定的离散性,为提高测量精度,测量应重复多次,取多次测量结果的平均值作为最终测量结果。

7.5.2　测量方法

1. 比较法

比较法需要一个参考目标,该参考目标的目标强度已知。如图 7-5 所示,首先测量参考目标的回声强度,记为 I^*。然后,在相同测量条件下测量被测目标的回声强度,记为 I_r。已知参考目标的目标强度为 TS^*,则被测目标的目标强度 TS 的表达式为

$$\text{TS}=10\lg\frac{I_r}{I^*}+\text{TS}^* \tag{7-5}$$

应用比较法测量目标强度操作简单,被测量仅有回声强度 I^* 和 I_r,计算也很简单。不过,采用该方法时需要一个目标强度已知的参考目标,对于几何形状复杂的目标,制作逼真程度高的参考目标比较困难。

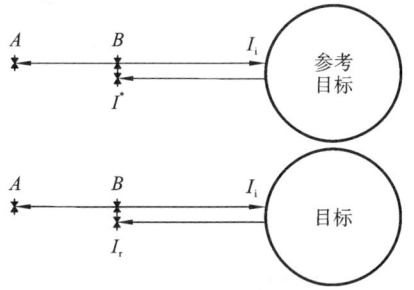

图 7-5　比较法测量目标强度示意图

2. 直接法

大多数声呐目标的目标强度是采用直接法测得的。

如图 7-6 所示,收发合置换能器处于 A 点,被测目标处于 B 点,A、B 之间的距离满足远场条件。假设声源 A 是指向性脉冲声源,声源的声轴指向被测目标。已知声源级为 SL,声源与目标之间的传播损失为 TL。通过测量回声强度,得到换能器 A 处的回声级为

$$\text{EL}=10\lg\left(\frac{I_r}{I_0}\right) \tag{7-6}$$

式中:I_0 为基准声强;I_r 为回声强度。

回声级同传播损失、声源级和目标强度之间的关系为

$$\text{EL}=\text{SL}-2\text{TL}+\text{TS} \tag{7-7}$$

因此,目标强度可由回声级、传播损失和声源级给出:

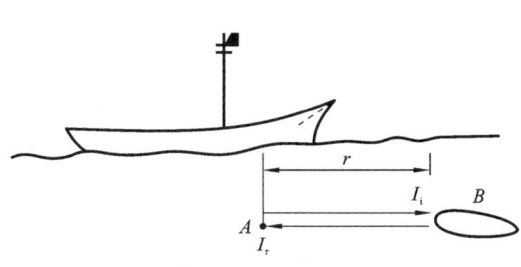

图 7-6　直接法测量目标强度示意图

$$TS = EL + 2TL - SL \tag{7-8}$$

应用直接法测量目标强度时，传播损失 TL 很难通过测定精确给出，因为它需要通过测定声源和目标之间的距离，并根据现场水文条件来确定，这对海上作业而言难度较大。

不过直接法方法比较简单，不需要特殊的仪器设备，因而成为一种基本的测量方法。

3. 应答器法

采用应答器法时，需要在直接法测量设备的基础上添加一个水听器和一个应答器，安装在待测目标上。

如图 7-7 所示，测量船具有收发合置换能器，将发送部分和接收部分分别记作声源和水听器 I。待测目标上安装有水听器 II 和应答器，它们相距 1 m。测量中，应答器在接收到声源信号后，向水听器 I 发射声脉冲信号。

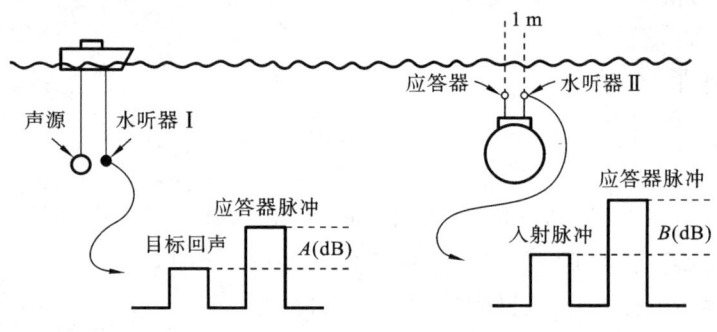

图 7-7　应答器法测量目标强度示意图

测量时，声源发射脉冲信号，水听器 II 先后接收声源和应答器的脉冲信号，两者的声级差为

$$B = (SL - TL) - SL_Y \tag{7-9}$$

式中：SL 为声源的辐射声源级；SL_Y 为应答器的声源级；TL 为声源到目标的传播损失。

另外，水听器 I 接收目标回声信号和应答器的发射信号，它们的声级差为

$$A = (SL - 2TL + TS) - (SL_Y - TL) \tag{7-10}$$

则被测目标的目标强度为

$$TS = A - B \tag{7-11}$$

实际测量时，两个声级差是通过直接比较信号的声级给出的，所以不需要已知传播损失。

7.6　实测目标强度特征与目标强度值

7.6.1　实测目标强度特征

以潜艇为例，实测目标强度特征如下。

1. 潜艇的实测目标强度具有较大的离散性

对不同型号的潜艇，不同的研究人员在不同时间测得的目标强度具有很大的不同，即使在对同一艘潜艇所进行的测量中，每次得到的目标强度值都有较大的变化。这种变化体现为：不

同回声之间的差别很大,而且对不同潜艇,在不同时间、由不同的操作者测得的目标强度平均值也具有很大差异。

图 7-8 给出的是在不同方位角上测量潜艇目标强度的两例结果。测量时,潜艇严格地以一定距离绕发射-接收船航行或发射-接收船绕低速直航的潜艇航行,通过发射脉冲测量回声信号,从而给出目标强度。由图可见,这两条曲线的形状是很相似的,但在数值上约有 10 dB 的差异。不同测量批次导致的回声差异可由目标上散射体之间的相位关系变化解释:当目标的方位角变化时,各部位的贡献以不同的相位关系叠加,因此产生了回声振幅变化;即便在恒定的方位测量,潜艇操控者的操纵导致的潜艇航向的微小改变也将引起回声的起伏。

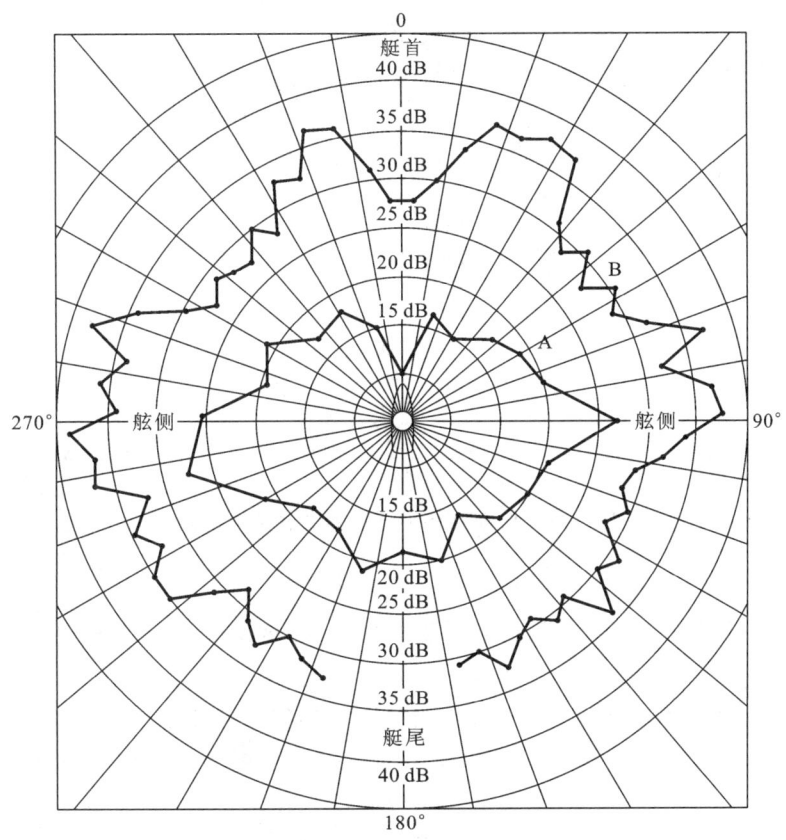

图 7-8　在不同方位角上测量潜艇目标强度的两例结果

图 7-9 是根据不同声呐报告给出的十八艘柴油动力潜艇在正横方向上的目标强度平均值分布直方图。可以看到,各潜艇的单次测量结果差异性可能较大,不过,从中还是可以看到目标强度的主要取值范围。

2. 目标强度随方位角变化

图 7-10 给出了经平滑处理的潜艇目标强度随方位角的变化。可见,该目标强度-方位角曲线具有"蝴蝶形"特征:

"翼"在正横方向上,目标强度为 12～25 dB,主要来

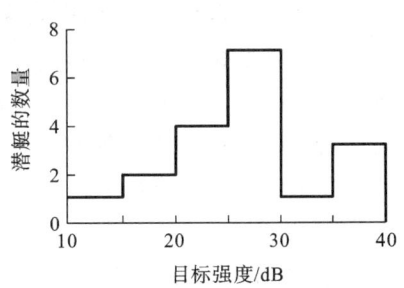

图 7-9　十八艘潜艇在正横方向上的目标强度平均值分布直方图

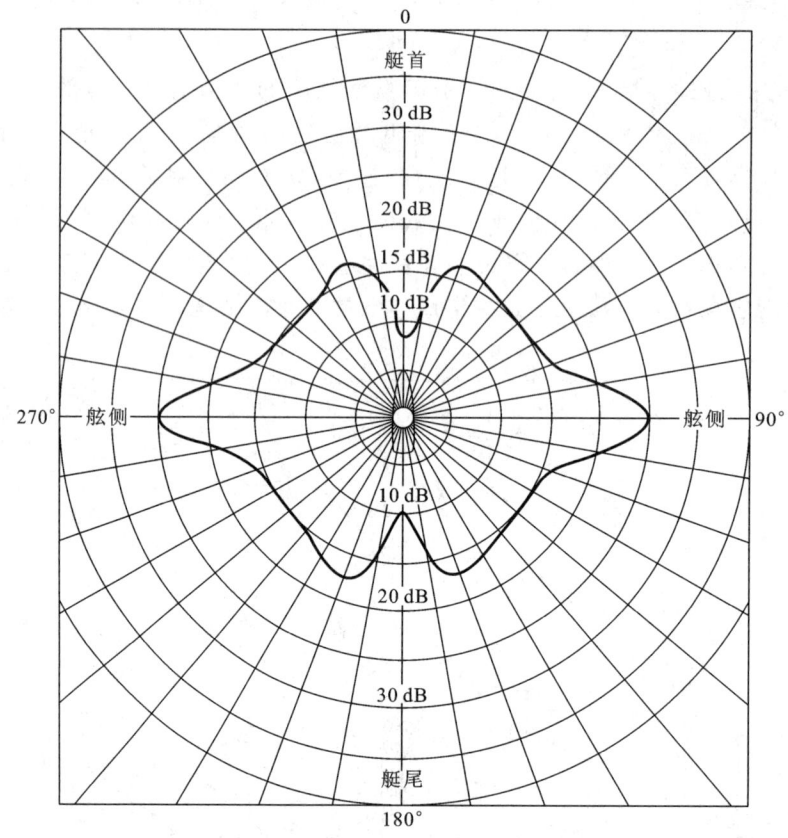

图 7-10　潜艇目标强度沿随方位角的变化

源于艇壳的镜反射;

艇首和艇尾目标强度曲线下凹,目标强度取极小值,这是由于艇壳表面的不规则性和尾流遮蔽效应引起了目标强度的降低;

与艇首、尾成 20°的方向上具有旁瓣,目标强度比相邻区域高 1～3 dB,这可能与潜艇的舱室结构内反射相关。对于耐压壳外无压舱物以及燃料柜的核动力潜艇,目标强度-方位角曲线不出现这样的旁瓣。

在其他方向上目标强度-方位角曲线呈圆形,这与潜艇的复杂结构及其附属物产生的多种散射叠加有关。

3. 实测的目标强度随测量距离变化

实测规律表明,对同一目标进行测量,近距离测量目标强度的结果可能小于远距离测量目标强度的结果。其原因为:当指向性声呐在近处测量时,由于指向性关系,入射声束没有照射到潜艇的全部,这时,仅有被照射到的潜艇部分表面对回声具有贡献,未被照射到的部分对回声没有贡献;随着距离的增加,被照射表面面积变大,目标强度值也变大。因此正确的测量应在足够远的地方进行,确保目标表面被声波全覆盖,这时目标强度测量值将不随测量距离改变。例如,对于长度为 L 的柱体目标:在近距离上回声强度按照柱面扩展规律随距离衰减,因为目标尺度相对测点与目标之间的距离较大;在远距离上,回声将按照球面扩展规律随距离衰减,因为目标尺度相对测点与目标之间的距离较小,目标可以看作组合点声源。目标和测点过

渡距离近似为 L^2/λ，λ 是声波长。如果测量分别在近处和远处进行，按照球面扩展规律给出距离目标等效中心 1 m 处的回声强度并计算目标强度，则远距离测量结果将大于近距离测量结果。图 7-11 给出了在柱体目标正横方向上目标强度与距离之间的关系。

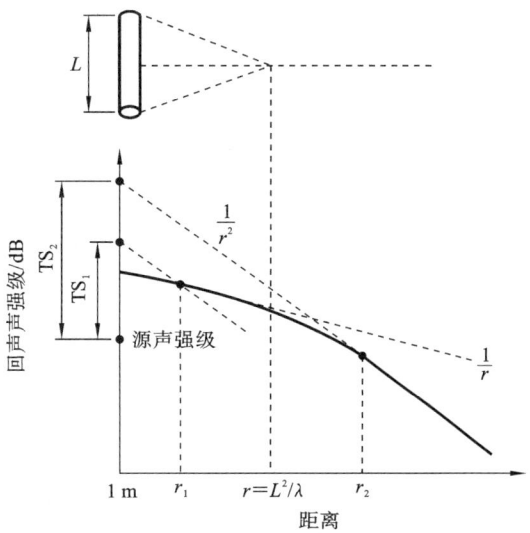

图 7-11 在柱体目标正横方向上目标强度与距离之间的关系

4. 实测的目标强度值与声呐脉冲长度相关

潜艇的目标强度实测结果表明，用短脉冲测得的值小于用长脉冲测得的值。一般而言，最初随着脉冲长度的增加，实测目标强度值增大；但当脉冲长度增大到一定值时，测量值将不随脉冲长度而改变。这可解释为：在短脉冲条件下，对回声有贡献的目标表面面积是随脉冲长度而变化的，随着脉冲长度的增加，对回声有贡献的目标表面面积也将增加。当脉冲长度足够大时，对回声有贡献的目标表面面积达到最大值，此时再增大脉冲长度，对回声有贡献的目标表面面积将不再增加，目标强度测量值也就保持恒定。

这一原理可以用这样的模型解释：脉冲长度为 τ 的平面波入射到长度为 L 的目标上，目标正横方向与入射方向具有夹角 θ。若物体表面 A 点和 B 点所产生的回声在脉冲长度 τ 内被同时接收，则

$$\overline{AB} \cdot \sin\theta = \frac{c\tau}{2} \tag{7-12}$$

式中：c 是声速。

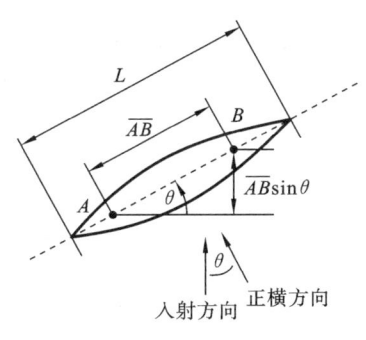

可见，随着脉冲长度 τ 的增加，对回声有贡献的目标长度范围 $\overline{AB}$ 也将增加，只有回声长度 τ 足够大（如 $\tau > 2L\sin\theta/c$），才能让整个目标对回声具有贡献，这时目标强度就不再随脉冲长度而改变了，如图 7-12 所示。

不过，从潜艇正横方向目标强度的测量结果看，脉冲长度对潜艇正横方向目标强度测量结果的影响并不大，这是因为目标各点的回声在相同的时间内的返回传播距离近似相同，而且回声的形成机理主要是镜反射。因此，潜艇正横方向目标强度实测值随脉冲长度的变化并不显著。

5. 实测潜艇目标强度值的其他影响因素

实测潜艇目标强度值还可能与频率、潜艇航行深度有关。

第二次世界大战期间，研究人员曾采用 12 kHz、24 kHz 和 60 kHz 频率声波进行了潜艇目标强度测量，不过

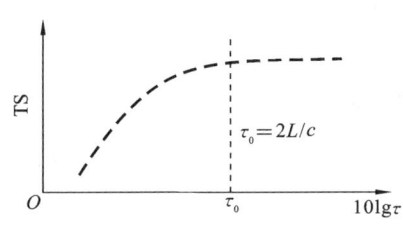

图 7-12 目标强度随脉冲长度的变化

并未发现实测值与频率之间有显著关系,因为实测值的离散性太大,掩盖了实测值与频率之间的关系。从潜艇目标结构和几何形状的复杂性可以推知:回声的产生机理是多种多样的,基于各种机理而产生的回声应当具有不同的频率特性,因此综合目标强度没有显著的频率特性是可以理解的。

潜艇目标强度同航行深度之间的关系也不显著,这主要是因为潜艇航行深度变化后导致声传播特性发生了改变,此外潜艇尾流回声也会因航行深度变化而改变,从而影响目标强度。

第二次世界大战期间,研究人员曾对十七艘军用和商用舰船进行了测量,入射波频率在 20～30 kHz 之间,得到的正横方向目标强度在 16～37 dB 之间,非正横方向的目标强度在 13～17 dB 之间。测量结果还表明,水面舰船目标强度同方位角、距离的关系与潜艇类似。

7.6.2　常见声呐目标的目标强度值

表 7-1 给出了常见声呐目标的目标强度值,可在处理实际问题时参考。虽然实测结果与之相比可能会具有较大的离散性,但这些值可从统计意义上给出规律性的结果。

表 7-1　常见声呐目标的目标强度标准值

目　　标	方　　位	TS/dB		
		小型艇	大型艇,有涂层	大型艇
潜艇	正横	5	10	25
	中间	3	8	15
	艇首或艇尾	0	5	10
水面舰艇	正横	25		
	非正横	15		
水雷	正横	0		
	偏离正横	−10～−25		
鱼雷	随机	−15		
拖曳基阵	正横	0(最大)		
鲸鱼(30 m)	背脊方向	5		
鲨鱼(10 m)	背脊方向	−4		
冰山	任意	10(最小)		

7.7　目标强度的降低

1. 目标强度降低的重要意义

降低目标强度值能减小敌方探测声呐的探测距离,提高己方目标的安全性和隐身性。例如:目标强度降低 6dB,在其他条件不变时,声呐探测距离将变为原来的 7/10。

2. 声学掩饰的方法

对目标进行处理来实现目标强度的降低的方法称为声学掩饰。具体声学掩饰方法包括以下几种。

（1）减小目标尺寸。

从固定不动球体的目标强度理论结果可以看到，无论信号是高频还是低频信号，减小球体半径都能实现目标强度值的减小。

（2）改变目标几何形状。

对凸曲面的目标强度理论推导表明，减小主曲率半径可以降低目标强度值。从形体声学设计上看，应尽量避免目标具有平面或圆柱面，因为它们容易产生强的镜反射。此外，目标表面不应有棱角突起，尤其不能具有空洞、空腔开口等不规则特征，以尽可能减少散射声。

（3）在目标表面覆盖消声被覆。

在目标表面覆盖消声被覆可使到达目标的入射声及其表面产生的反射回声衰减，从而降低目标强度值。

消声被覆可根据机理分为黏滞吸收被覆、渐变被覆和相消被覆三类。黏滞吸收被覆通过黏滞过程将入射声能转换为热能；渐变被覆由损耗材料尖劈或锥体构成，尖顶指向入射声；相消被覆由声学软、硬材料交替分层组成，通过厚度设计，使材料内部反射声的相位与入射声相位相反，这样对目标外部的入射声而言，就好像是没有目标一样，从而不产生目标回波。消声被覆的作用仅在入射波垂直入射时才具有较好的效果，入射波沿其他方向入射时效果则很差。

（4）主动抵消。

在目标上对入射声进行监听，并据此复制一个信号，使它与入射声大小相等、相位相反，将该信号与入射声叠加能使回声信号强度大大降低。

（5）采用薄调谐材料。

薄调谐材料可以吸声，它有一个按一定模式挖空的橡胶层，在橡胶层上还覆盖有一层相同厚度的外层。声波入射至薄调谐材料时，薄调谐材料层受激发产生共振，入射声能被有效吸收，从而降低回波能量和目标强度。

3. 消声瓦

消声瓦是敷设于潜艇表面的、类似橡胶的弹性吸声材料，这种材料含有不同浓度和尺寸的空气并夹杂着人造介质，厚度可为 $10\sim70$ mm，面密度为 100 kg/m^2。消声瓦对声波具有损耗作用，这是通过材料的黏性内摩擦作用和弹性弛豫实现的。黏性内摩擦作用的原理就是阻尼损耗。弹性弛豫是指：弹性吸声材料在声压作用下，其变形具有明显的弹性滞后，同时在除去外力作用时恢复原状也需要一个过程，由于变形都落后于应力变化，声能变为热能而损耗。

消声瓦主要用于降低潜艇的目标强度。设计良好的消声瓦能使海水与船体之间产生阻抗匹配，这样声波就能够进入消声瓦；由于消声瓦材料的阻尼作用和瓦内空腔或填充物的作用，声波波形发生变换，声能被转化成热能消耗掉，从而使返回的声波能量大大降低，进而达到减小主动声呐探测距离的目的。

消声瓦还具有减少艇体结构自身声辐射的作用，这是因为消声瓦作为黏弹性材料可抑制艇体振动。例如，苏联海军在潜艇容易产生较大噪声的舱段外壁有针对性地敷设消声瓦，用于更好地消除自身辐射噪声。根据相关资料,苏联潜艇在普遍采用消声瓦后,平均辐射噪声大幅下降,在水下安静航行时被发现的概率降低了22%。

思考题

1. 简述回声信号的形成机理。
2. 简述比较法测量目标强度的过程。
3. 简述直接法测量目标强度的过程。
4. 简述应答器法测量目标强度的过程。
5. 简述潜艇目标强度的特征。
6. 简述声学掩饰的方法。

第8章 舰艇的自噪声

自噪声来源于舰艇自身,是一种特殊的背景噪声,是舰艇自身装备的声呐或制导系统所不需要的声音,因为它会对舰艇声呐或制导系统构成背景干扰。在声呐方程中,自噪声主要贡献于海洋环境噪声级 NL。本章将给出自噪声主要的成因和有关规律。

8.1 自噪声的概念

自噪声的主要组成部分同辐射噪声基本相同,包括舰艇的机械噪声、螺旋桨噪声和水动力噪声,但自噪声中各种噪声源的相对占比同辐射噪声中各种噪声源的相对占比不同。自噪声除了来源于舰船、固定安装的水听器外,还来源于安装水听器的悬吊部件。

图 8-1 给出了各种声呐噪声背景之间的关系。

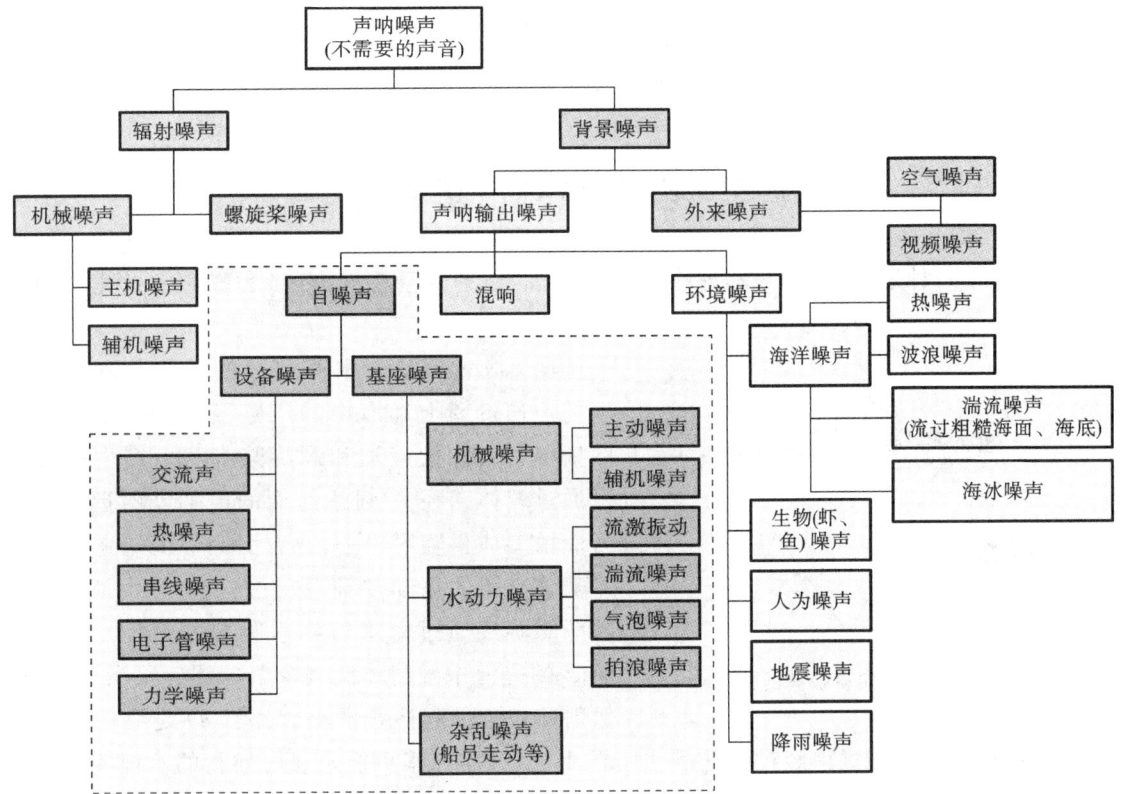

图 8-1　各种声呐噪声之间的关系

　　图 8-2 给出了舰艇声呐的主要安装位置。在水面舰艇上,声呐换能器通常安装在突出于船体龙骨下面的导流罩内。潜艇声呐通常装于艇首。这样安装的主要目的是最大限度地消除主机和螺旋桨的噪声。安装于舰艇不同部位的水听器所接收到的自噪声可能来源于不同的路径,具有不同的成因,因为自噪声可以以多种不同路径到达水听器。具体某个水听器所接到的自噪声的大小和成因则与水听器的指向性、安装方式和安装位置有很大关系。

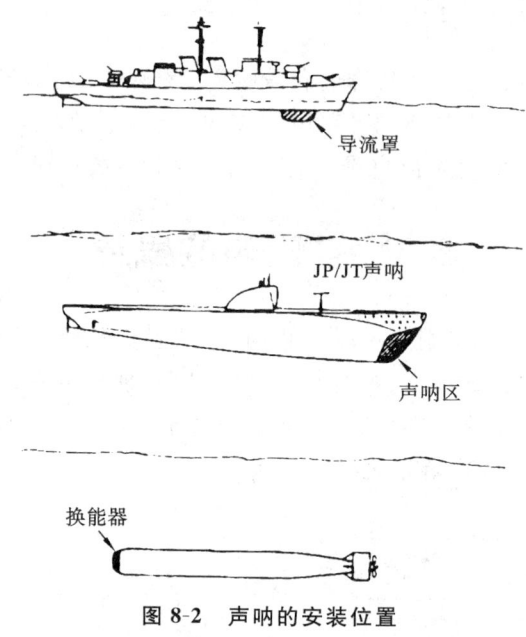

图 8-2　声呐的安装位置

8.2　自噪声的传输路径

　　自噪声是一种近场噪声,与辐射噪声相比,它的路径复杂而多样,各种噪声源产生的声和振动可以通过不同传声路径到达声呐换能器。

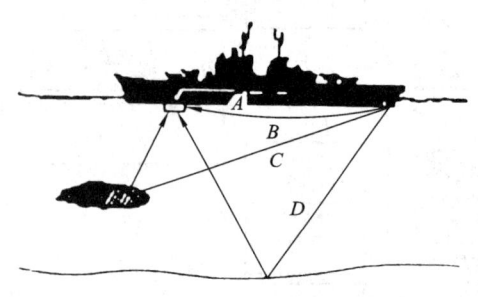

图 8-3　水面舰船自噪声的途径

　　图 8-3 表示了由水面舰船的螺旋桨和机舱产生的声通过船上和海中的声路径传到声呐换能器的情况。由螺旋桨轴和螺旋桨本身所产生的振动可通过船体路径 A 到达前面的声呐阵附近。振动可能由船体再辐射出去,或者引起导流罩壁和水听器安装支架的振动并辐射出去。路径 B 是直接由舰船螺旋桨通过海水传到水听器的路径。通过路径 C 的是海中散射体反向散射的螺旋桨噪声,这些散射体也会引起体积混响。路径 D 是海底反射或海底散射路径,螺旋桨噪声经过它达到水听器附近,该路径很可能是浅海航行的水面舰船上自噪声的主要来源。

　　当潜航体在很浅的深度航行时,具有和路径 D 类似的海面反射和海面散射路径,其同样是主要传声路径。图 8-4 是鱼雷的海面散射路径示意图:在海面上具有向前和向两侧的三个散射区,来自螺旋桨的噪声经过这三个散射区到达位于鱼雷首端的换能器。

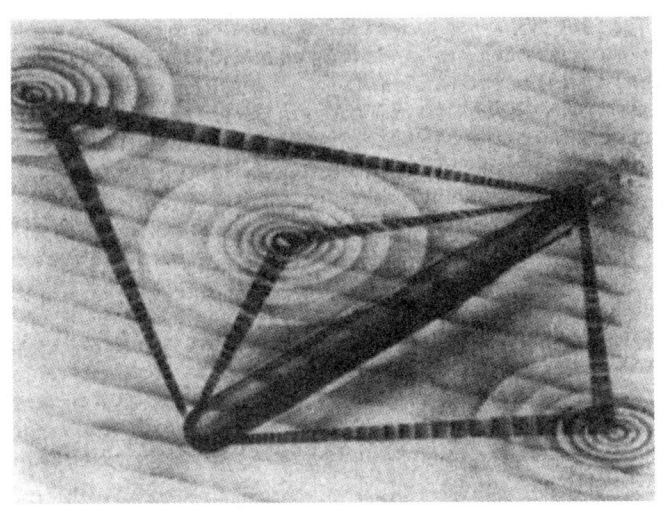

图 8-4　鱼雷的海面散射路径示意图

8.3　自噪声的产生机理和特征

如前文所述,同辐射噪声一样,自噪声的主要组成部分也是机械噪声、螺旋桨噪声和水动力噪声。在辐射噪声中,水动力噪声往往被机械噪声和螺旋桨噪声所掩盖,仅在特殊情况下,如结构部件或空腔被激励成为强烈线谱噪声的谐振源时,水动力噪声才有可能出现一条或几条强线谱,成为重要的噪声成分;但从自噪声角度看,水动力噪声,特别是流噪声,对声呐等设备的工作影响会十分大,以至于人们必须采取特殊措施,尽可能抑制它的干扰,以改善舰船水声观通器材的工作背景。

8.3.1　机械噪声和螺旋桨噪声

机械噪声和螺旋桨噪声都是自噪声的主要成分。舰船机械产生的自噪声基本上是整个噪声低频段的单频分量。

因为机械噪声多数是舰船恒速辅机产生的,所以它与舰船的航速几乎无关。特别在舰船低速航行时,其他各类噪声强度很低,舰船辅机就是主要的噪声源。另外,舰船减速、转向时,舵机、减速齿轮箱等设备工作时产生的噪声也是一种自噪声。

螺旋桨噪声虽然在辐射噪声中占据主导地位,但仅在舰船航速较高,高频、浅海和艇尾转向等条件下,才会成为主要的自噪声源。

8.3.2　水动力噪声

1. 水动力噪声的一般机理和特性

水流流过水听器、水听器支座和船体外部结构时会形成水动力噪声,它包括水流的湍流附面层在水听器表面上产生的湍流压力,湍流引起的船体振动及作响,附件周围的空化噪声和远处流中漩涡辐射的噪声等。因为水动力噪声源距水听器很远,且随速度的增长也很快,所以在螺旋桨空化不严重时,它是高航速下自噪声的基本组成部分。

海浪冲击船身而产生的噪声也是一种自噪声。由于声呐站的水下声学部件一般安装在船首附近,所以这种自噪声以船首拍击波浪时最为严重,尤其是舰船加速时,这种噪声的影响就更大,甚至可能伴随空化噪声而成为声呐系统的严重干扰。

航行中的水听器与水的摩擦及撞击也会形成噪声。虽然这些噪声的声强在远处的绝对值与其他辐射噪声相比可以忽略,但它发生在水听器表面或近处,往往成为主要的自噪声。为了减少这类水动力噪声的干扰,必须把声呐站的水下声学部件安装在流线型导流罩内,以降低水流对水听器的直接撞击,防止空化噪声的产生。

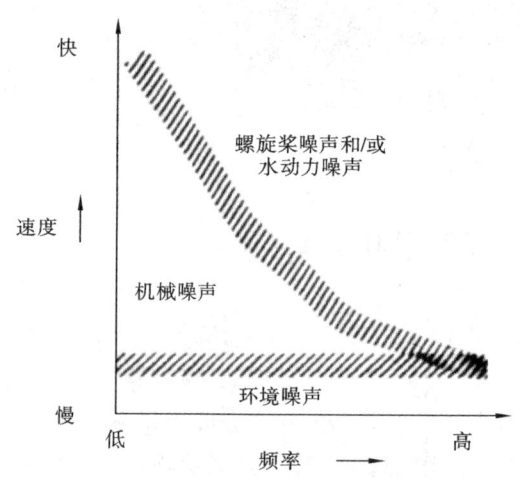

图 8-5　自噪声占主要地位的参数区域

除了航行舰船水听器能收到自噪声外,固定水听器也可接收到水动力噪声。例如:急潮流流过岩石海底上的声学水雷外壳时,会在水雷的晶体换能器上产生低频带压。此外,声呐系统的电噪声也归为自噪声。

图 8-5 给出了自噪声占主要地位的参数区域,图中横坐标轴表示频率,纵坐标轴表示航速,斜线代表某噪声源占主要地位的参数区域。由图 8-5 可以比较不同自噪声在总自噪声中的占比:在航速极低时,水听器只能接收到海洋本身的环境噪声。随着航速的增加,在低频段,机械噪声占据主要地位,在高频段,螺旋桨噪声和/或水动力噪声成为主要的噪声成分。图中的坐标刻度和区别噪声源种类的斜线相交区域,将随着舰艇类型和测量水听器的指向性、位置和安装的不同而改变。

2. 流噪声

流噪声是一种特殊的水动力噪声,它由水听器附近的湍流附面层中的湍流作用而产生。湍流在水听器表面会产生压力起伏,使水听器接收到噪声,即流噪声。图 8-6 给出了一个刚性平板表面产生流噪声的机理示意图:刚性平板上方附面层中的流体具有黏性。附面层中有湍流,从而具有起伏的压力脉动,所形成的噪声为水听器所接收。严格来讲,这种湍流压力脉动并不是真正的声,它们是传不远的,称为假声,但是会使压敏水听器的输出端产生起伏的噪声电压。

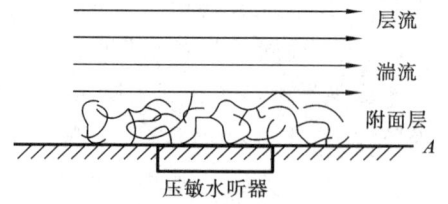

图 8-6　湍流附面层示意图

以下从五个方面来介绍流噪声的特征。

1) 流噪声均方根声压与自由流动压间的关系

流噪声均方根声压同自由流的动压具有定量关系。湍流在附面层产生的均方根压力 p_{rms} 同附面层外自由流的动压力之比为

$$\frac{p_{\text{rms}}}{\frac{1}{2}\rho u_0^2}=3\times10^{-3}a \tag{8-1}$$

式中：ρ 是液体密度；u_0 是附面层外的自由流流速；a 是 Kraichnan 常数。

　　根据不同的测量结果和资料确定，a 的值为 $0.6\sim4$，中心值在 1 左右。在任一组数据中，即使流速在很大范围内变化，a 也总是一个常数。

　　2）流噪声的功率谱与频率的关系

　　流噪声的功率谱随频率的增长而普遍减小。

　　采用图 8-6 所示的方式完成流噪声测量后，对所给出的流噪声谱进行分析可知，流噪声的功率谱（或均方压力的频率分布）在低频时平坦，高频部分随频率 f 的增加以 f^{-3} 的规律减小，即以 -9 dB/OCT 的斜率迅速减小。谱中的平坦部分和倾斜部分间的过渡频率 f_0 为

$$f_0=\frac{u_0}{\delta} \tag{8-2}$$

式中：u_0 是附面层外自由流的流速；δ 是附面层厚度。

　　3）流噪声随自由流速度的变化

　　流噪声随自由流速度的变化具有规律性。当流噪声频率低于过渡频率 f_0 时，流噪声谱级与自由流流速 u_0 的三次方成正比；当流噪声频率比 f_0 大得多时，流噪声谱级则和自由流流速 u_0 的六次方成正比，即自由流流速 u_0 每增加一倍，谱级增加 18 dB。

　　针对大型水面舰船的自噪声测量资料显示，当舰船速度范围为 $10\sim20$ kn 时，流噪声以 1.8 dB/kn 的正斜率随航速增长。图 8-7 是针对 18 ft 长的流线型附体开展流噪声试验获得的结果。

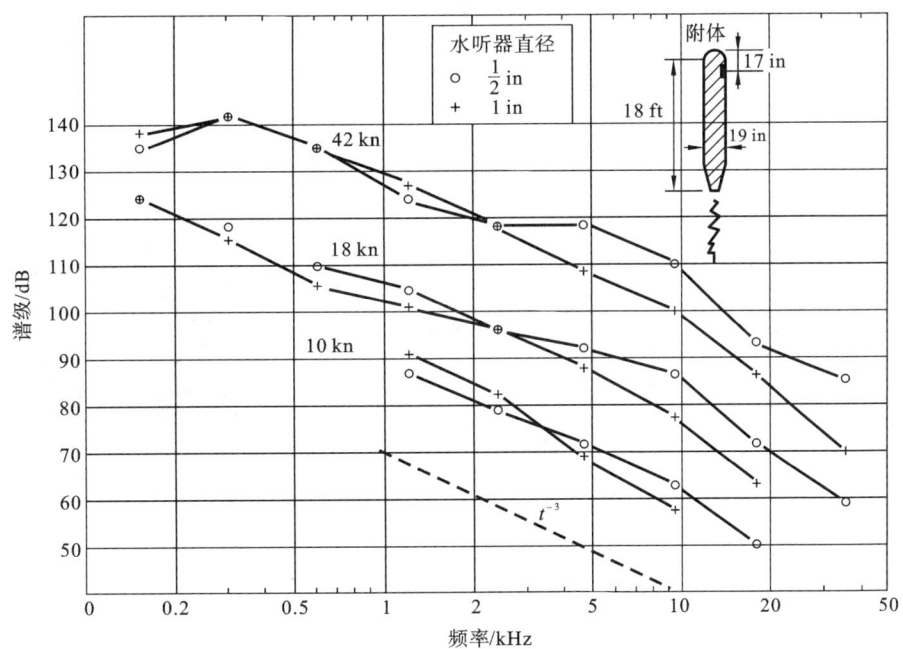

图 8-7　流噪声试验结果

注：基准声压为 1 μPa，基准带宽为 1 Hz。

4) 流固交界面的粗糙度对流噪声的影响

一般认为,只要流-固交界面的粗糙度不超过附面层的厚度,也不影响湍流,就可以认为该交界面是光滑的,这样的附面层上所产生的流噪声和理想光滑界面上产生的流噪声相同。例如,针对外表面粘贴不同大小沙砾的旋转圆柱壳进行的流噪声测量的结果表明,不同粗糙度表面对流噪声影响并不大,结果同完全光滑表面的流噪声相当。

5) 湍流压力的相关性

若 d 是相关两点间的距离,f 是频率,u_c 是对流速度,它略小于自由流速 u_0,约为 $(0.6 \sim 1.0) \times u_0$,定义 Strouhal(斯特劳哈尔)数 $s_r = fd/u_c$。

当 d 是平行于流向的线上两点间距离时,相关系数为

$$\rho_L = e^{-0.7s} \tag{8-3}$$

当 d 是垂直于流向的线上两点间距离时,相关系数为

$$\rho_L = e^{-5s} \tag{8-4}$$

即无因次距离越大,频率越高,对流速度越小,则湍流压力相关性越弱;垂直于流向的线上两点的相关性比平行于流向的线上两点的相关性弱。

8.4　自噪声随航速的变化及其指向性

舰船的自噪声与舰船航速关系密切,如图 8-8 所示。一般来说,在舰船航速很低时,水听器的干扰主要来源于海洋环境噪声。当航速低于 5 m/s 时,噪声主要是机械振动造成的,此时噪声频谱往往是不连续的,带宽一般很窄;在航速为 5~10 m/s 时,噪声主要是船壳和导流罩附近的水动力噪声;当航速大于 10 m/s 时,螺旋桨空化噪声和船壳等粗糙表面的空化噪声是主要的噪声成分,它是频带很宽的连续谱。另外,从频率特性的角度出发,由图 8-8 同样可以得出结论:在低频段,机械噪声占主要地位;在高频段,水动力噪声和螺旋桨噪声为主要的噪声成分。

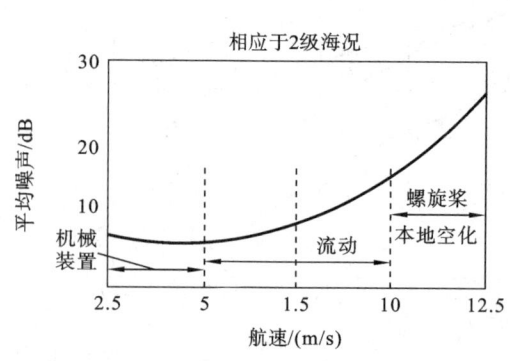

图 8-8　舰船自噪声与航速关系

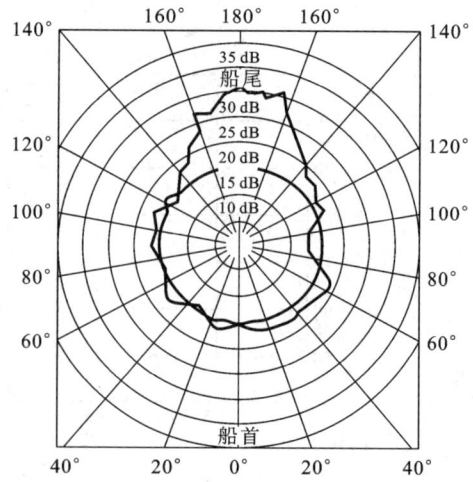

图 8-9　舰船自噪声的指向性

舰船的自噪声还具有明显的指向性,这种指向性与自噪声源在船上的安装位置和自噪声近场特性相关,大致规律为:在左右舷各 110°范围内,自噪声比较均匀,在船尾方向自噪声达到最大值,如图 8-9 所示。所以自噪声的测量结果通常取自噪声指向性图中在左右舷各 110°范围内的平均噪声级。

8.5　舰艇自噪声的测量和换算

测量舰艇自噪声的目的是:分析自噪声的特性,判断其对声呐工作站的影响。

为测量自噪声,需要在艇体上安装自噪声水听器。可见,自噪声的测量同辐射噪声完全不同:自噪声的测量水听器安装在产生噪声的艇体上,水听器随着艇体航行,而不是固定在海中离舰艇某一距离处。

由于舰艇自噪声的各种噪声成分相互交错、噪声传播途径复杂多变、测点因离声源很近而导致声场不稳定等原因,准确测量自噪声一般比较困难,测量结果受水听器的安装位置、安装方式及其指向性的影响很大,具体测量时,需要周密考虑这些因素,尽量减小其他噪声源对自噪声的影响。例如,可把测量水听器安装在声呐换能器基阵(或导流罩)的位置处,测出自噪声的特性并分析其对声呐工作的影响。又例如,为了分辨各主要噪声成分在舰艇自噪声中的重要性,可将测量水听器安装在被测声源附近的壳体上。测量时为尽量减小其他噪声源的影响,也可使用指向性很强的水听器。

采取指向性不同的水听器所测得的结果不同,难以直接相互比较。为此,应该采用以无指向性水听器测量结果所表示的舰艇自噪声级,此即等效各向同性自噪声级。

对某一无指向性水听器,若其灵敏度等于测量自噪声所用的指向性水听器的轴向灵敏度,则当采用指向性水听器测得的声级为 NL* 时,等效各向同性自噪声级为

$$NL = NL^* + DI \qquad (8-5)$$

式中:DI 是指向性水听器的指向性指数。

8.6　典型舰船的自噪声级

图 8-10 所示是驱逐舰等大型舰船在 25 kHz 频率上的等效各向同性自噪声级随航速的变化曲线。该曲线显示,自噪声强度按航速的六次方成比例增加,这和理论上预计的流噪声随航速的变化相符,说明流噪声是这类舰船的主要自噪声成分。

图 8-11 是小型舰船和快艇自噪声多次测量结果的平均值。可以看出,小型舰船的等效各向同性自噪声级随航速的提高增加得更为迅速。通过分析可以得出结论:小型舰船的螺旋桨空化噪声是自噪声的主要组成部分,这是因为小型舰船的声呐导流罩与螺旋桨的距离、声呐被船壳所遮挡的面积等都比驱逐舰小得多。

图 8-10、图 8-11 中的数据都是在舰船向前航行,并且它的导流罩内指向性水听器也是向前时所测量的。当水听器对着船尾方向时,得到的噪声级将更高,对小型舰船尤其如此。

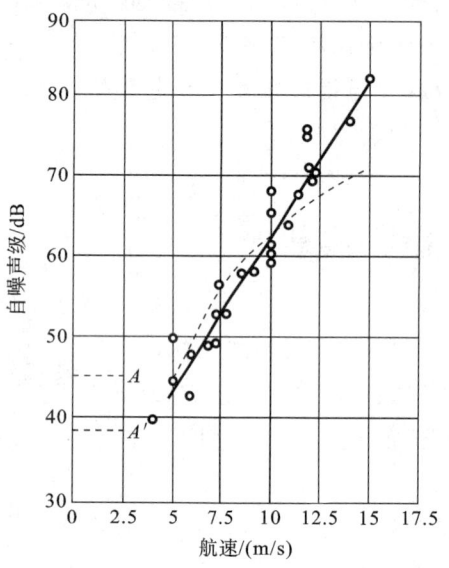

图 8-10　大型舰船自噪声级随航速变化曲线

注:图中谱级为噪声频率在 25 kHz 时,驱逐舰的等效各向同性自噪声级,基准声压为 1 μPa;点 A 和 A′分别对应 3 级和 6 级海况下的深海自噪声级,虚线是流噪声随速度变化的理论曲线。

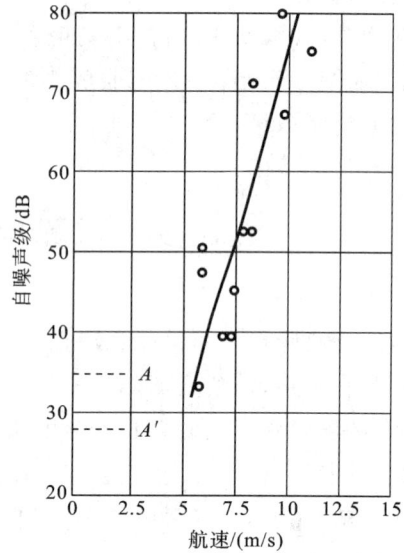

图 8-11　小型舰船自噪声级随航速的变化曲线

注:图中谱级为噪声频率在 25 kHz 时,美国的 PC 和 SC 级舰艇及英国的 DE 型船和快舰的等效各向同性自噪声级,基准声压为 1 μPa;点 A 和 A′分别对应 3 级和 6 级海况下的自噪声级。

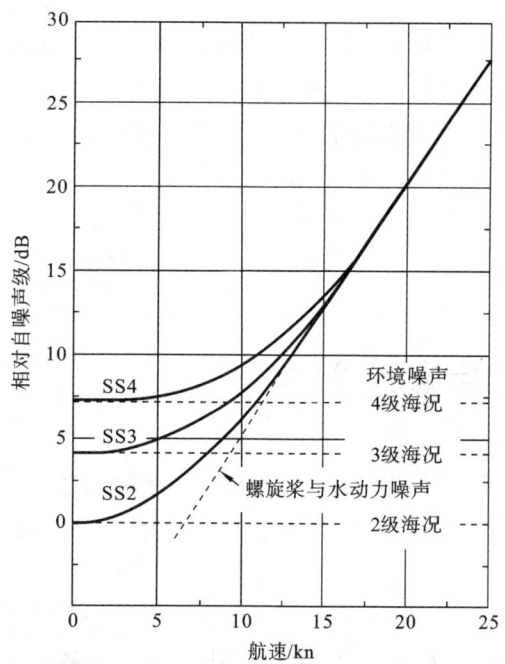

图 8-12　近代驱逐舰的自噪声级与航速的关系

对于更为典型的近代驱逐舰,也观测到了同图 8-10 相同的自噪声级随航速的变化特征。图 8-12 所示是采用工作在 10 kHz 以及更低一些频率的现代驱逐舰声呐测得的有代表性曲线。当航速极低,或者逆风停车时,声呐的自噪声级和现行海况下的环境噪声背景是很接近的。在 15～25 kn 的航速下,自噪声级随航速增加急剧上升,上升率约为 1.5 dB/kn,这表明在总噪声级中,流体动力噪声与螺旋桨噪声占主要地位。

图 8-13 所示是潜艇的自噪声级变化曲线。图 8-13(a)是航速为 2 kn 时的自噪声级随频率的变化曲线,三条曲线分别是根据在嘈杂、平常和安静的环境状态下测得的自噪声级数据绘制的。在高频段,潜艇的自噪声级接近于深海的环境噪声级,但是随着频率的降低,大约由于机械噪声的影响,潜艇的自噪声级显著上升。图 8-13(b)为自噪声级随航速的变化曲线。自噪声级随航速增加迅速提高,表明当航速增加时螺旋桨空化的影响逐渐增强。

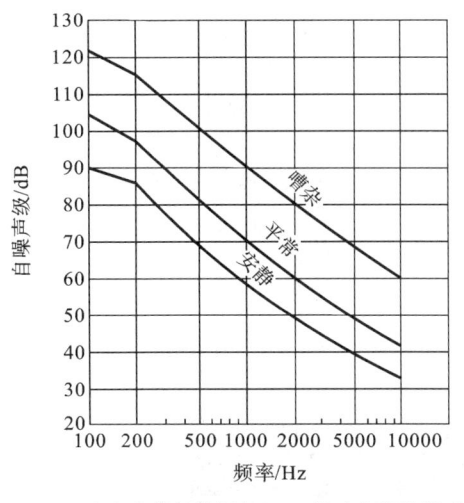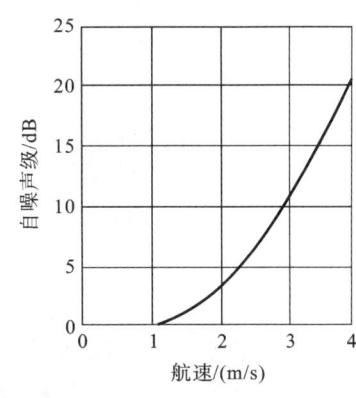

（a）在潜望镜深度以2 kn航速向前航行时
的自噪声级随频率的变化

（b）以2 kn航速为参考的自噪声级随航速的变化

图 8-13 潜艇的自噪声级变化曲线

注:图(a)中测量噪声级时的基准声压为 1 μPa。

8.7 利用导流罩控制舰艇自噪声

声呐导流罩是装在声呐换能器外面的流线型结构,用于减小舰艇的水动力噪声。声呐导流罩能减小湍流,延缓空化的发生,使流噪声的源与换能器隔开一段距离,从而减小自噪声。

导流罩的设计需考虑声学和力学性能:导流罩必须为流线型,舰艇在以高航速航行时,应不致引起导流罩表面产生空化现象。导流罩还必须是透声的,使声波能进出导流罩时造成的透射损失很小。换能器在加装导流罩后应当仍具有很好的指向性,导流罩内壁不能对换能器发出的声波形成内部反射。导流罩还必须具有足够的机械强度,能承受作用于其表面的流体动压。不过,从结构设计的角度来说,对导流罩的声学性能和力学性能的要求在很大程度上是互相矛盾的,这是因为:为确保其强度,导流罩应具有更大的壁厚,采用更强的材料制造;而透声损失往往随着罩壁厚度的增加而增加。

图 8-14 给出了第二次世界大战期间所用的某些导流罩。声呐导流罩最初被设计为球形,后来被改成水滴形,用于防止在高航速下产生空化现象。导流罩全部是金属的,并有一个薄的不锈钢窗,作为声波进入罩内换能器及从换能器发出声波的出入口。现代的舰艇也有的采用了橡皮材料的导流罩,并采用薄钢板加固,许多导流罩内还加有挡板,以减小来自舰艇后部的机械噪声和螺旋桨噪声。

导流罩安装在艇首后部,有的还可收缩,以便在浅水区和进干坞时使用。通过合理设计导流罩外形,还可降低艇体阻力,控制舰艇纵摇。

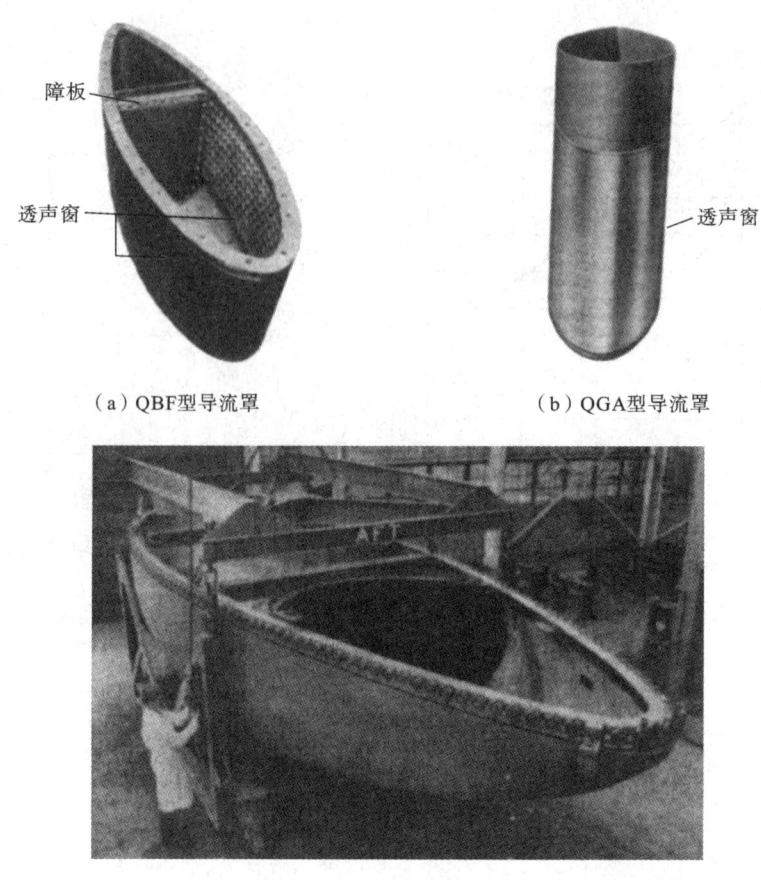

（a）QBF型导流罩　　　　　　　　　　（b）QGA型导流罩

（c）水面舰艇的导流罩

图 8-14　第二次世界大战时期的舰艇声呐导流罩

8.8　拖曳声呐、电缆悬挂和坐底水听器的自噪声

　　拖曳声呐是一种远程被动探测设备。拖曳声呐分为可变深拖曳声呐和拖曳线阵声呐。可变深拖曳声呐具有流线型壳体，其被拖曳在舰船后面并位于海水中某一深度处，如图 8-15 所示。拖曳线阵声呐采用系列水听器组成线阵，置于可弯曲的薄壁塑料套管中，并在船后相当远的距离处被定深拖曳，如图 8-16 所示。由于拖曳声呐距离拖船远，指向性好，因而有利于降低拖船的辐射噪声干扰，能有效监听船尾方向远距离低频噪声。拖曳声呐自噪声来源于水听器附面层压力起伏和拖曳电缆抖动。

　　用于水声监测、悬挂于电缆末端的水听器也会具有自噪声。在具有海流的海水中，由于电缆的分流作用会出现涡流，引起电缆振动，产生自噪声，就如同电话线在风中会产生嗡鸣一样。为避免这种噪声，可采取这些措施：使用柔软的电缆；对水听器和电缆进行隔振；使用带有加速度抵消机构的水听器；等等。此外，电缆还会产生摩擦电噪声：电缆导线和电缆铠装之间的摩擦使电介质中产生电荷，从而使电缆末端产生电压。避免或降低摩擦电噪声的方法有：采取石墨包覆电介质材料；采用电介质材料包裹导线黏合；使用低噪声电缆；等等。

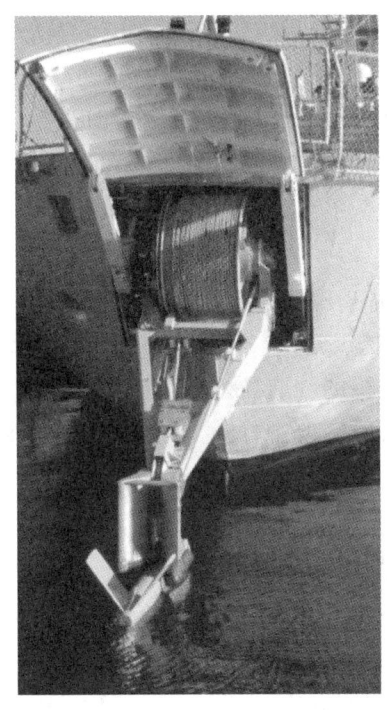

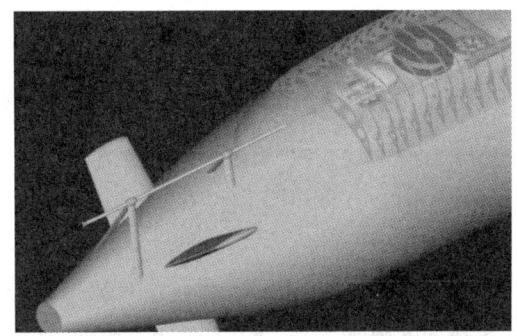

图 8-15　可变深拖曳声呐　　　　　　　　　　图 8-16　拖曳线阵声呐

　　架放在海床上的水听器也会受到流经或环绕其本身及其支架的海流作用,产生自噪声。这种因海流作用而产生的伪噪声将导致坐底水听器难以有效测量次声频海洋环境噪声。

思考题

1. 梳理并给出主要舰艇自噪声的产生机理及特征。
2. 梳理并给出舰艇自噪声的有关规律。

第9章 潜艇结构声学特性

潜艇的噪声主要源于潜艇的艇体振动。为控制潜艇辐射噪声,需要对潜艇进行声学设计,结构声学设计是潜艇声学设计的重要方面。本章的主要观点是:潜艇辐射噪声特性同潜艇结构声学特性具有密切关系,而潜艇结构声学特性是潜艇结构的固有特性,因此产生了螺旋桨噪声不变特性及潜艇声指纹等现象。由此,需要讨论如何获取潜艇结构声学特性、如何控制潜艇结构声学特性、如何利用潜艇结构声学特性指导潜艇隐蔽作战等问题。

9.1 潜艇结构声学特性的概念

9.1.1 潜艇的主要噪声来源

潜艇的主要噪声是由各种运转机械的激振力产生的机械噪声、螺旋桨噪声和水动力噪声。其中,螺旋桨噪声包括螺旋桨水动力直接辐射噪声和螺旋桨激振力噪声。

螺旋桨激振力包括三个成分:螺旋桨工作在不均匀尾流场中所产生的水动力激振力;由螺旋桨和轴系偏心造成的偏心激振力;由轴系同心度偏差和轴系弹性变形造成的偏差变形激振力。

螺旋桨激振力噪声主要是轴承激起艇体振动时,由艇体外湿表面振动所辐射出来的噪声。螺旋桨激振力属于潜艇结构声学的研究内容。

对于低速航行的潜艇,水动力噪声是相对较小的量,机械噪声和螺旋桨激振力噪声是潜艇辐射噪声的主要成分,而这两种噪声都必须经过艇体结构振动才能向海水中辐射,因此艇体结构的声学特性是潜艇声学特性的一个重要方面。

9.1.2 潜艇结构声学中的基本关系与潜艇结构声学特性

定义艇体结构声学传递函数(简称传递函数)$H_{pF}(f)$为声场内任意一点辐射声压 p 与艇体结构上任意一点激振力(或任一面上单位面积激振力)F 之比,即

$$H_{pF}(f) = \frac{p}{F} \tag{9-1}$$

传递函数随激振力频率 f 而变化,因此它是频率的函数。

由于艇体结构动力学方程和声波方程是线性微分方程,因此,由艇体结构和流体所组成的流固耦合系统是一个线性系统。这个线性系统的输入是作用于艇体结构或基座上的激振力功率密度谱 $G_F(f)$,艇体结构声学传递函数是 $H_{pF}(f)$,若激振力是一个平稳随机信号,则声场内任意一点的辐射声压也是一个平稳随机信号,其功率密度谱 $G_p(f)$ 可以表示为

$$G_p(f) = |H_{pF}(f)|^2 G_F(f) \qquad (9\text{-}2)$$

由此可见,激振力功率密度谱 $G_F(f)$ 表征了噪声源特性,艇体结构声学传递函数 $H_{pF}(f)$ 表征了噪声传递途径特性,辐射声压功率密度谱 $G_p(f)$ 表征了潜艇结构辐射噪声特性。

图 9-1 所示为潜艇在螺旋桨轴向力作用下的艇体结构(带轴系)声学传递函数曲线。由图可见,螺旋桨轴向激振力作用时,艇体结构声学传递函数在某一频率下出现了明显的峰值。将传递函数曲线出现明显峰值时的频率称为谱峰频率,对应的传递函数幅值称为谱峰幅值。

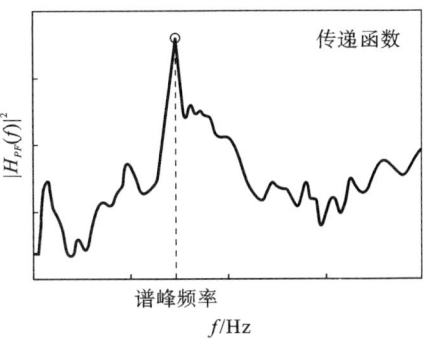

结构复杂的大型潜艇的艇体结构声学传递函数都存在谱峰频率和谱峰幅值。由于谱峰频率和谱峰幅值对潜艇噪声控制具有重要影响,因此,在潜艇结构声学中,用艇体结构声学传递函数及其上具有特征意义的谱峰频率和谱峰幅值表征潜艇结构声学特性。

图 9-1　潜艇在螺旋桨轴向力作用下的艇体结构声学传递函数曲线

9.1.3　潜艇声学控制原理

由式(9-2)可知:潜艇的噪声控制取决于对噪声源特性(即 $G_F(f)$)的控制和对噪声传递途径特性(即 $H_{pF}(f)$)的控制。激振力功率密度谱 $G_F(f)$、艇体结构声学传递函数 $H_{pF}(f)$ 和辐射声压功率密度谱 $G_p(f)$ 之间的关系如图 9-2 所示。

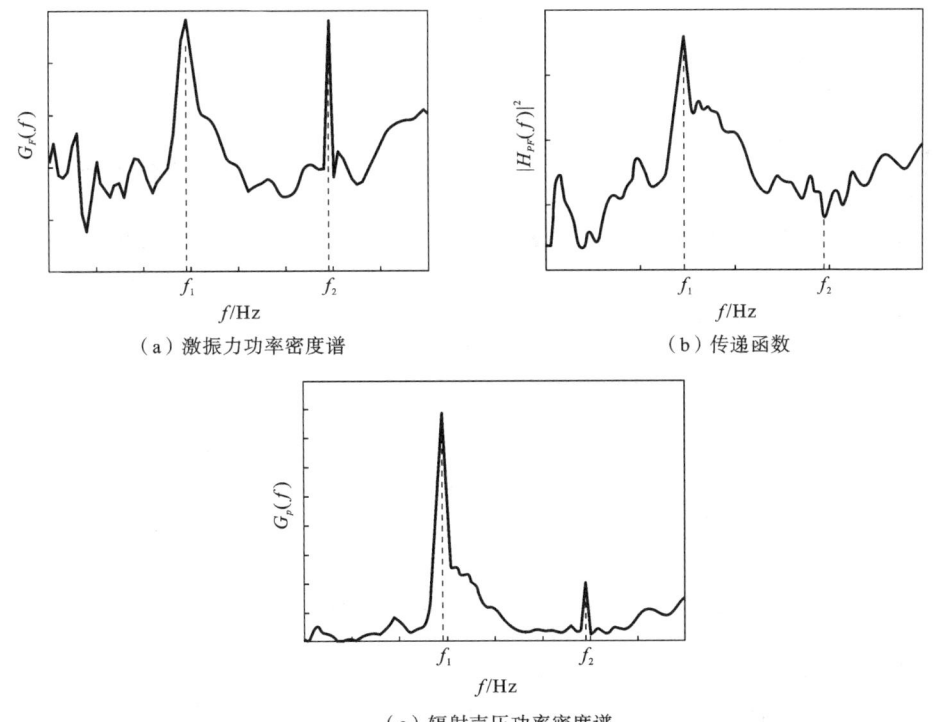

（a）激振力功率密度谱　　　　　　　　（b）传递函数

（c）辐射声压功率密度谱

图 9-2　激振力功率密度谱、艇体结构声学传递函数和辐射声压功率密度谱之间的关系示意图

由图 9-2 可见：当激振力功率密度谱的谱峰频率与传递函数的谱峰频率一致时，水中辐射噪声必定大，如图中频率 f_1 处；反之，当激振力功率密度谱的谱峰频率与传递函数的谱峰频率不一致时，水中辐射噪声则较小，如图中频率 f_2 处。

潜艇噪声控制的基本原理可以简单地表述为：

（1）降低激振力功率密度谱 $G_F(f)$ 和传递函数 $H_{pF}(f)$ 的谱峰幅值。

（2）将激振力功率密度谱 $G_F(f)$ 和传递函数 $H_{pF}(f)$ 的谱峰频率错开。

（3）工作于潜艇尾流的螺旋桨产生的螺旋桨激振力通常是不可控制的宽带谱激振力，此时降低噪声源激振力功率密度谱 $G_F(f)$ 的谱峰幅值难以实现。为控制潜艇噪声，只能通过结构措施降低传递函数 $H_{pF}(f)$ 的谱峰幅值，或者使传递函数 $H_{pF}(f)$ 的谱峰频率处于螺旋桨激振力功率密度谱中频率较小处。

因此，潜艇结构声学特性控制中的关键问题是如何通过艇体结构措施，控制艇体结构声学传递函数的谱峰频率和谱峰幅值。

9.1.4　螺旋桨噪声的不变特性

螺旋桨激振力功率密度谱为宽带谱（见图 9-3（a）），并且艇体结构声学传递函数存在如图 9-3（b）所示的谱峰频率，则根据式（9-2），螺旋桨噪声功率密度谱的谱峰频率将不会随螺旋桨转速而改变，如图 9-3（c）所示。螺旋桨噪声功率密度谱的谱峰频率不随螺旋桨转速（或航速）而改变的特性称为螺旋桨噪声的不变特性。

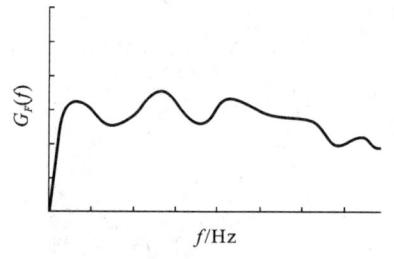

（a）具有宽带谱特征的螺旋桨激振力功率密度谱示意图　　（b）具有谱峰频率特征的艇体结构声学传递函数谱示意图

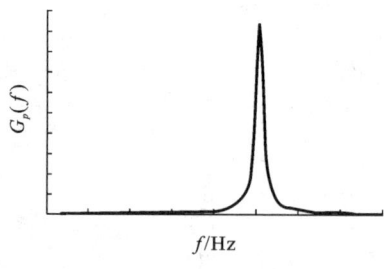

（c）螺旋桨噪声不变特性示意图

图 9-3　螺旋桨噪声不变特性

具有不变特性的螺旋桨噪声的噪声源是螺旋桨激振力，其传递途径是艇体结构。由于艇体结构声学传递函数的谱峰频率是艇体结构所固有的，对一艘设计定型的潜艇来说，螺旋桨噪声的不变特性在潜艇的使用过程中是不会发生改变的，它是探测和识别潜艇的重要依据，因此这种不变特性又称为潜艇的声指纹。

宽频带的螺旋桨激振力源于艇体水动力，更准确地说是源于艇体周围的湍流边界层在螺旋桨盘面处形成的尾流。在尾流中存在尺度大小不同的漩涡，使螺旋桨盘面处形成一个具有不同波长、不同频率成分的非均匀尾流场，因这种非均匀尾流场而产生的螺旋桨激振力的功率密度谱必然是如图 9-3(a)所示的宽带谱。

9.2　潜艇结构声学特性的理论获取技术

9.2.1　潜艇流固耦合振动与辐射噪声的数学模型

潜艇结构与流体(如海水)相接触引起结构振动时，壳板通过推动流体振动而辐射噪声。由于潜艇结构在水下振动时壳板同流体具有相互作用，因此潜艇结构辐射噪声问题是流固耦合振动问题。在潜艇流固耦合振动问题中，结构的振动应满足弹性力学方程，流体的振动应满足声波动方程，同时在流固耦合面上还要满足力学连续和法向速度连续条件，由此建立潜艇流固耦合振动模型。潜艇同海水的接触面称为流固耦合面，流固耦合面是流体区域的边界。

由于潜艇是复杂的大型结构，因此只能采取有限元方法，以离散的方式表征振动。限于篇幅，这里不详细介绍有限元法，仅从概念上给予描述：将结构划分成离散的结构单元，这些单元称为有限单元。有限单元由网格节点依据特定的次序连接。将有限元模型等效为弹簧振子系统，弹簧振子的等效参数由各有限单元的材料、形状、尺寸等属性决定。这样一来，大型的潜艇结构将被离散为多自由度弹簧振子系统，从而给出动力方程组。潜艇结构有限元建模采用商业有限元软件完成。图 9-4 为潜艇结构有限元建模的基本过程示意图。

经过结构有限元建模，将得到表征潜艇结构振动的动力方程：

$$\boldsymbol{M}\ddot{\boldsymbol{u}}+\boldsymbol{C}\dot{\boldsymbol{u}}+\boldsymbol{K}\boldsymbol{u}=\boldsymbol{f}_\mathrm{m}+\boldsymbol{f}_\mathrm{p} \tag{9-3}$$

式中：$\boldsymbol{M}$、$\boldsymbol{C}$ 和 $\boldsymbol{K}$ 分别是结构质量矩阵、阻尼矩阵和刚度矩阵，它们是常值矩阵；$\boldsymbol{u}$ 是节点在各自由度上的位移；$\boldsymbol{f}_\mathrm{m}$ 为作用于结构的机械激振力；$\boldsymbol{f}_\mathrm{p}$ 代表作用于流固耦合面的流体压力经等效而得到的节点力，它们都是时间的函数。若机械激振力为单频激振，则结构响应、流体动力都是单频的，即

$$\begin{cases} \boldsymbol{u}=\boldsymbol{U}\mathrm{e}^{\mathrm{j}\omega t} \\ \boldsymbol{f}_\mathrm{m}=\boldsymbol{F}_\mathrm{m}\mathrm{e}^{\mathrm{j}\omega t} \\ \boldsymbol{f}_\mathrm{p}=\boldsymbol{F}_\mathrm{p}\mathrm{e}^{\mathrm{j}\omega t} \end{cases} \tag{9-4}$$

代入式(9-3)，得到代数方程：

$$[-\omega^2\boldsymbol{M}+\mathrm{j}\omega\boldsymbol{C}+\boldsymbol{K}]\boldsymbol{U}=\boldsymbol{F}_\mathrm{m}+\boldsymbol{F}_\mathrm{p} \tag{9-5}$$

式中：ω 是圆频率；$\boldsymbol{F}_\mathrm{m}$ 为机械激振力的复数幅值；$\boldsymbol{U}$ 为结构各节点振动的复数幅值；$\boldsymbol{F}_\mathrm{p}$ 是作用于流固耦合面上、对流体压力进行等效而得到的节点力复数幅值。

目前上述参数都是未知的。

在流体区域中，声压要满足声波动方程、流固耦合面的运动条件及远场外传波条件。声波动方程表征了流体中的声压要满足的条件；流固耦合面的运动条件表征了在作为流体边界的

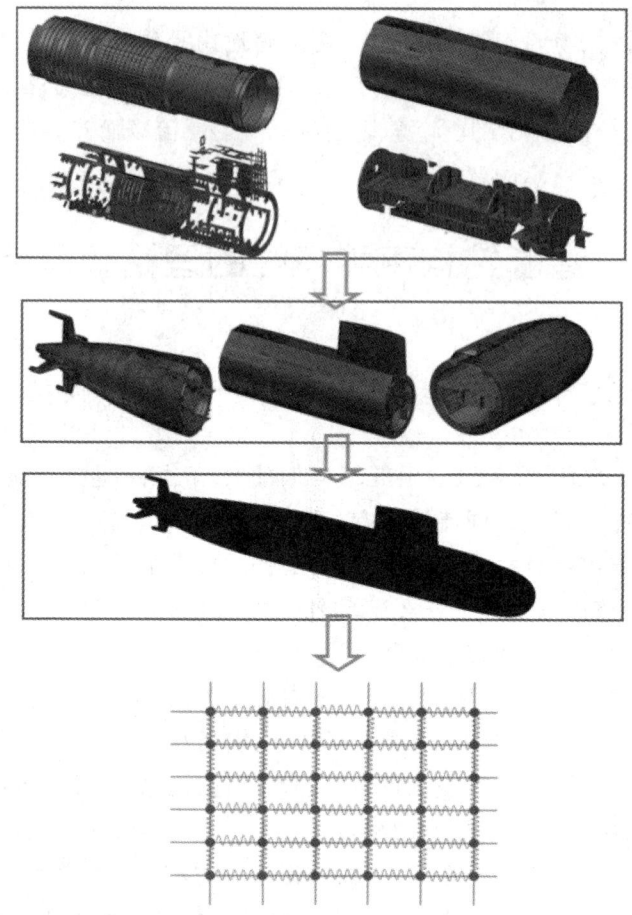

图 9-4 潜艇结构有限元建模的基本过程

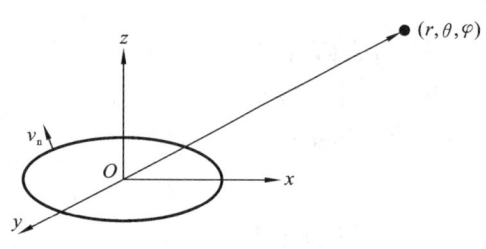

图 9-5 流体区域的坐标系

流固耦合面上流体要满足的运动要求;远场外传波条件表征了在无限远离潜艇的位置的波应当具有的传播形式。建立图 9-5 所示的坐标系,则在仅考虑流固耦合面单频振动的情况下,上述要求用数学式可表示为

$$
\begin{cases}
\mathbf{\nabla}^2 p + k^2 p = 0 & (9\text{-}6a) \\[2mm]
\dfrac{\partial p}{\partial n} = -\mathrm{j}\omega\rho_0 v_n & (9\text{-}6b) \\[2mm]
\lim_{r\to\infty} r\left(\dfrac{\partial p}{\partial r} - \mathrm{j}kp\right) = 0 & (9\text{-}6c)
\end{cases}
$$

式中:p 为流体的压力,是流体中位置坐标的函数;ρ_0 是流体密度;k 是流体波数,$k = \omega/c$;c 是流体声速;v_n 是流固耦合面上流体的法向速度;r 为流体中某点至坐标原点的距离,该点的坐标如图 9-5 所示。

作为式(9-6)的等效形式,可采用 Kirchhoff-Helmholtz 边界积分方程。Kirchhoff-Helmholtz 边界积分方程表示了三维形体振动所引起的声压场,它类似于瑞利积分式,具体表达

式为

$$c(\boldsymbol{r})\,p(\boldsymbol{r}) = \int_{S_a} \left(p(\boldsymbol{r}_a) \frac{\partial G(\boldsymbol{r},\boldsymbol{r}_a)}{\partial n} - G(\boldsymbol{r},\boldsymbol{r}_a) \frac{\partial p(\boldsymbol{r}_a)}{\partial n} \right) \mathrm{d}S \tag{9-7}$$

式中：V_a 代表流体区域；S_a 代表流体边界；$\boldsymbol{r}_a$ 代表处于流体边界上的点；$G(\boldsymbol{r},\boldsymbol{r}_a)$ 为格林函数；另外，有

$$c(\boldsymbol{r}) = \begin{cases} -1 & (\boldsymbol{r} \in V_a) \\ -1/2 & (\boldsymbol{r} \in S_a) \\ 0 & (\boldsymbol{r} \notin V_a) \end{cases}$$

格林函数是以下方程的特解：

$$\boldsymbol{\nabla}^2 p(\boldsymbol{r}) + k^2 p(\boldsymbol{r}) = -\delta(\boldsymbol{r} - \boldsymbol{r}_0) \tag{9-8}$$

式中

$$\delta(\boldsymbol{r} - \boldsymbol{r}_0) = \begin{cases} 1 & (\boldsymbol{r} = \boldsymbol{r}_0) \\ 0 & (\boldsymbol{r} \neq \boldsymbol{r}_0) \end{cases}$$

除此之外，格林函数 $G(\boldsymbol{r},\boldsymbol{r}_a)$ 还要满足除 S_a 以外的边界条件。

Kirchhoff-Helmholtz 边界积分方程表明：如果给出了格林函数 $G(\boldsymbol{r},\boldsymbol{r}_a)$，那么当需要给出的声压对应的点处于流体区域 V_a 内时，任意位置的声压 $p(\boldsymbol{r})$ 由指定边界 S_a 上的声压 $p(\boldsymbol{r}_a)$ 及声压沿该边界的法向导数 $\partial p(\boldsymbol{r}_a)/\partial n$ 的代数式沿该边界积分获得；当某个点 $\boldsymbol{r}$ 处于流体边界 S_a 上，或不在流体域 V_a 内时，指定边界 S_a 上的声压 $p(\boldsymbol{r}_a)$ 及声压沿该边界的法向导数 $\partial p(\boldsymbol{r}_a)/\partial n$ 应分别满足式（9-6b）或式（9-6c）所确定的等式关系。

例如，对于潜艇辐射噪声问题，如果取格林函数为

$$G(\boldsymbol{r},\boldsymbol{r}_a) = \frac{\mathrm{e}^{-jk|r - r_a|}}{4\pi|r - r_a|} \tag{9-9}$$

可以证明，该格林函数既满足方程（9-8），又满足远场外传波条件（见式（9-6c）），因此，在边界 S_a（即流固耦合面）上的流体压力 $p(\boldsymbol{r}_a)$ 与声压沿该边界的法向导数值 $\partial p(\boldsymbol{r}_a)/\partial n$ 应满足：

$$\frac{1}{2} p(\boldsymbol{r}) = \int_{S_a} \left(p(\boldsymbol{r}_a) \frac{\partial G(\boldsymbol{r},\boldsymbol{r}_a)}{\partial n} - G(\boldsymbol{r},\boldsymbol{r}_a) \frac{\partial p(\boldsymbol{r}_a)}{\partial n} \right) \mathrm{d}S \tag{9-10}$$

另外，若知道了流体压力 $p(\boldsymbol{r}_a)$ 同声压沿该边界的法向导数值 $\partial p(\boldsymbol{r}_a)/\partial n$，就可以得出流体区域中任意一点的声压

$$p(\boldsymbol{r}) = \int_{S_a} \left(p(\boldsymbol{r}_a) \frac{\partial G(\boldsymbol{r},\boldsymbol{r}_a)}{\partial n} - G(\boldsymbol{r},\boldsymbol{r}_a) \frac{\partial p(\boldsymbol{r}_a)}{\partial n} \right) \mathrm{d}S \tag{9-11}$$

声压沿该边界的法向导数值 $\partial p(\boldsymbol{r}_a)/\partial n$ 可借助式（9-6b）给出：

$$\frac{\partial p(\boldsymbol{r}_a)}{\partial n} = -\mathrm{j}\omega\rho_0 v_\mathrm{n}(\boldsymbol{r}_a) = \omega^2 \rho_0 U_\mathrm{n}(\boldsymbol{r}_a) \tag{9-12}$$

式中：$U_\mathrm{n}(\boldsymbol{r}_a)$ 为边界上的法向位移。式（9-12）的推导过程中用到了关系式

$$v_\mathrm{n}(\boldsymbol{r}_a) = \mathrm{j}\omega U_\mathrm{n}(\boldsymbol{r}_a) \tag{9-13}$$

实际计算时，将流固耦合面离散为若干区域，称之为边界元，每个边界元内的物理量视作常值，每个边界元的位置用边界元的形心位置取代，那么方程（9-11）就变为代数方程组，记为

$$\boldsymbol{EP} = \boldsymbol{CU}_\mathrm{n} \tag{9-14}$$

式中：

$$E_{ij} = \begin{cases} \dfrac{1}{2} + \displaystyle\int_{S_j} \dfrac{\partial G(\boldsymbol{r}_i, \boldsymbol{r}_j)}{\partial n} \mathrm{d}S & (i = j) \\[3mm] \displaystyle\int_{S_j} \dfrac{\partial G(\boldsymbol{r}_i, \boldsymbol{r}_j)}{\partial n} \mathrm{d}S & (i \neq j) \end{cases} \tag{9-15}$$

$$C_{ij} = \omega^2 \rho_0 \int_{S_j} G(\boldsymbol{r}_i, \boldsymbol{r}_j) \mathrm{d}S$$

另外，若已知流固耦合面的法向振动幅值和声压分布，即已知 U_n 和 $p(\boldsymbol{r}_a)$，那么声场中任意一点的声压也可采用式（9-11）的离散形式计算，即

$$p(\boldsymbol{r}) = \boldsymbol{E}'\boldsymbol{P} - \boldsymbol{C}'\boldsymbol{U}_n \tag{9-16}$$

式中

$$E'_{ij} = \int_{S_j} \dfrac{\partial G(\boldsymbol{r}, \boldsymbol{r}_j)}{\partial n} \mathrm{d}S$$

$$C'_{ij} = \omega^2 \rho_0 \int_{S_j} G(\boldsymbol{r}, \boldsymbol{r}_j) \mathrm{d}S \tag{9-17}$$

边界元的划分其实可直接利用结构有限元网格给出。目前，在方程（9-14）中，流固耦合面上各边界元的法向位移 U_n 和压力 $\boldsymbol{P}$ 均未知。根据流固耦合面要满足的力学连续和法向速度连续条件可知，法向位移 U_n 应由结构有限元在流固耦合面上的位移给出；压力 $\boldsymbol{P}$ 作用在流固耦合面上，将被等效为节点力作用于结构有限元在流固耦合面上的节点。如果已知结构有限元的节点位移，那么边界元法向位移可用矩阵表示为

$$U_n = \boldsymbol{L}\boldsymbol{U} \tag{9-18}$$

如果已知边界元上的压力 $\boldsymbol{P}$，那么作用于结构有限元上的等效节点力用矩阵表示为

$$\boldsymbol{F}_p = \boldsymbol{G}\boldsymbol{P} \tag{9-19}$$

矩阵 $\boldsymbol{L}$ 和 $\boldsymbol{G}$ 同流固耦合面的形状有关，在具体给出了流固耦合面的形状时，可以写出其表达式，不过表达式较为复杂，这里不赘述。

最终，在已知机械激振力的复数幅值 $\boldsymbol{F}_m$ 时，潜艇流固耦合问题可以用耦合矩阵方程组表示：

$$\begin{cases} [-\omega^2 \boldsymbol{M} + \mathrm{j}\omega \boldsymbol{C} + \boldsymbol{K}]\boldsymbol{U} = \boldsymbol{F}_m + \boldsymbol{F}_p \\ \boldsymbol{E}\boldsymbol{P} = \boldsymbol{C}\boldsymbol{U}_n \\ \boldsymbol{U}_n = \boldsymbol{L}\boldsymbol{U} \\ \boldsymbol{F}_p = \boldsymbol{G}\boldsymbol{P} \end{cases}$$

求解该方程组即可获得潜艇结构的流固耦合响应 $\boldsymbol{U}$，同时也可得出潜艇结构在水下振动时流固耦合面上的压力分布。

最后，由式（9-16）可得出辐射的噪声场。

由于在流体区域使用的是边界元方法，在结构区域使用的是有限元方法，因此上述方法又称为结构有限元耦合流体边界元方法。

如果要获取潜艇的结构声学特性，只需要将 $\boldsymbol{F}_m$ 中与某个自由度相对应的值取为单位 1，与其他自由度相对应的值取为 0，然后针对不同频率进行计算，即可获得某个自由度上具有单位激振力时的结构声学传递函数。

9.2.2　潜艇结构声学特性预报的困难与方法

潜艇结构声学特性预报的主要困难在于：潜艇是复杂的大型结构，而且为了满足较高频率的计算精度需要，建立得到的有限元规模很大，通常具有几百万自由度，最终导致代数方程组的数量很多，从而对计算机存储容量和速度提出了很高的要求。为了实现对大型潜艇结构的流固耦合声学特性预报，可以采取以下手段。

（1）对商业软件进行二次开发，实现程序研制的高效化，利用商业有限元软件的内置求解器完成高效计算。现有商业有限元软件内置高效矩阵数值运算模块，它们被称为求解器。在用户提供代数方程组系数矩阵的前提下，可利用商业有限元软件内置求解器进行数值计算操作。在潜艇结构声学特性预报中，与流体边界元相关的矩阵均通过外部程序给出，然后被输入商业软件，与结构有限元相关的矩阵由商业软件直接给出，最后由商业有限元软件内置的数值求解器完成最终的大规模代数方程组求解。

（2）通过消元将大规模代数方程组求解问题分解为多个小规模代数方程组求解问题。

对于方程组（9-20），首先，消去变量 F_p，用变量 P 表示 U：

$$U = [-\omega^2 M + j\omega C + K]^{-1} F_m + [-\omega^2 M + j\omega C + K]^{-1} GP \tag{9-21}$$

因此由式（9-18）可得：

$$U_n = L[-\omega^2 M + j\omega C + K]^{-1} F_m + L[-\omega^2 M + j\omega C + K]^{-1} GP \tag{9-22}$$

代入式（9-14）得：

$$\{E - CL[-\omega^2 M + j\omega C + K]^{-1} G\} P = CL[-\omega^2 M + j\omega C + K]^{-1} F_m \tag{9-23}$$

求解式（9-23），获得流固耦合面上的压力分布：

$$P = \{E - CL[-\omega^2 M + j\omega C + K]^{-1} G\}^{-1} CL[-\omega^2 M + j\omega C + K]^{-1} F_m \tag{9-24}$$

然后，将式（9-24）代回式（9-21），得出潜艇结构的流固耦合响应 U，再利用式（9-18）得出边界元法向位移，进而利用式（9-16）得出流域中的声压。

（3）利用并行思想，也就是使不同的计算机同步开展工作。采取并行思想的前提是：不同的计算过程不具输入的依赖性。比如在潜艇结构声学传递函数的计算中，需要针对不同频率进行流固耦合计算，而且不同频率的计算输入不会对彼此产生输出需求，因此针对不同频率的流固耦合计算可以互不干扰地独立进行，从而能采取并行方式完成。

美国学者曾针对具有肋骨的圆柱壳开展水下激振试验，测量了辐射噪声。为验证采用结构有限元耦合流体方法进行流固耦合响应辐射噪声预报的正确性，针对具有肋骨的圆柱壳水下辐射噪声模型展开试验。该圆柱壳模型及水下激振试验布置如图 9-6 所示。图 9-7 给出了针对该圆柱壳所预报的辐射声压级云图，其中的彩色纵坐标以声压级分贝数表示。图 9-8 为圆柱壳在水中振动时的辐射声压级试验结果与预报结果（数值解）的比较，其中极径为辐射声压级分贝（dB）数，极角为测试点所对应的角度，图中"＊"表示数值解。由图 9-8 可见：数值解与试验结果的误差除最小值以外都在 5% 以内；在最小值处数值解小于试验结果，其误差是环境噪声较大、信噪比不够所造成的。

图 9-9 给出了针对潜艇预报的辐射声压级云图和螺旋桨侧向力引起的给定位置的辐射声压的传递函数。该图也证实了谱峰频率是潜艇结构声学传递函数的重要特征。

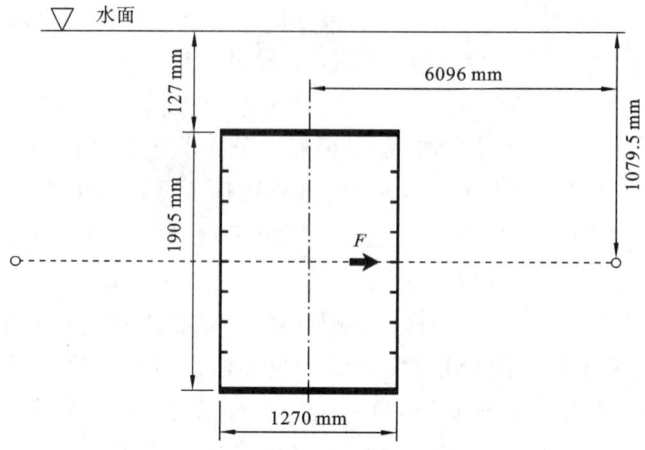

图 9-6 加肋圆柱壳点激励试验布置

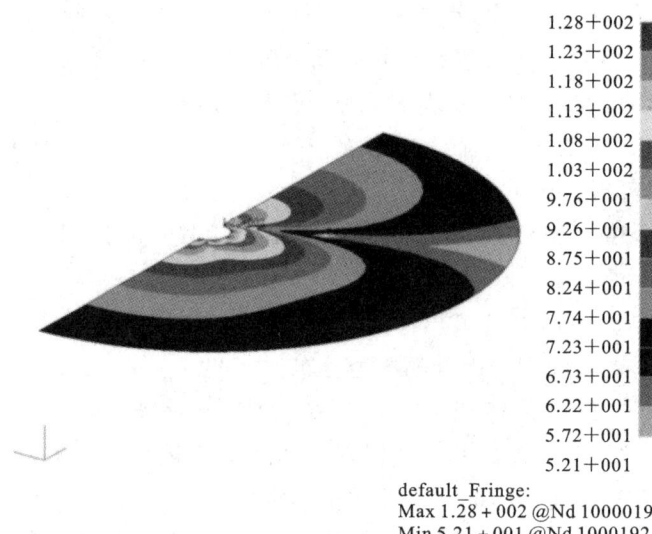

图 9-7 圆柱壳辐射声压场云图

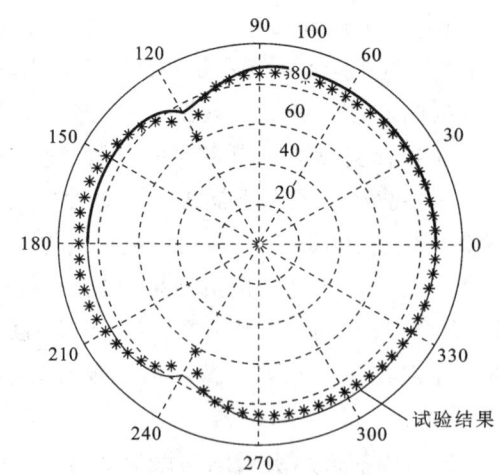

图 9-8 实测声压与预报结果的比较

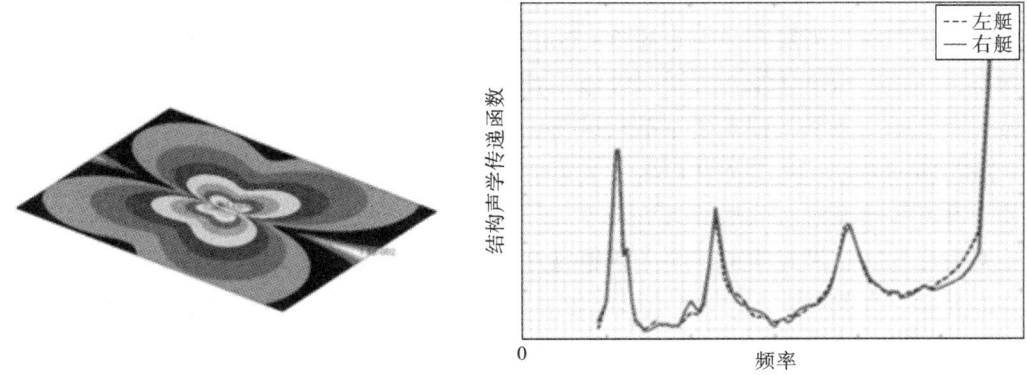

图 9-9　针对潜艇预报的辐射声压级云图和结构声学传递函数

9.3　潜艇结构声学特性的试验获取技术

本节将从潜艇振动与噪声辐射的相似性理论出发,给出流固耦合状态下的耦合振动及声辐射的相似关系和相似条件,进而给出将利用模型试验测量获得的潜艇结构声学特性换算为实型潜艇的结构声学特性的方法。最后将给出通过试验获取潜艇结构声学特性的过程。

9.3.1　通过试验获取潜艇结构声学特性的基本思路

通过试验获取潜艇结构声学特性的基本思路是:使潜艇静态悬浮,采取不同的单频激振力激起潜艇结构振动,测量激振力、潜艇上的振动和艇外海水中的声压响应,然后将响应结果按照激振力进行归一化处理,获得潜艇结构声学传递函数。

实际的潜艇必须通过悬吊才能做到静态悬浮,因为潜艇在不通过悬吊的手段实现悬浮时,必须开启必要的动力设备,在这样的状态下对潜艇进行激振时,潜艇的振动与噪声不是由单一激振力引起的,测得的结果将不是潜艇结构声学传递函数。在实型潜艇难以通过悬吊开展静态悬浮激振试验的情况下,可以考虑采取缩比模型进行试验。

利用缩比模型测量潜艇的结构声学特性时,首先必须解决模型与实型在振动和声辐射方面的相似关系问题,即在什么条件下进行试验,试验结果如何换算等。研究表明,只有将缩尺模型试验建立在相似理论基础上,才能够得到有意义的结果。

9.3.2　潜艇流声学问题的相似原理

1. 声学相似原理

声学相似原理:两个满足相同控制方程的力学系统,如果几何相似、运动相似,则动力也相似。

为利用声学相似原理开展试验,必须满足相似条件:模型潜艇和实型潜艇在几何上相似;模型潜艇和实型潜艇的结构和流体运动遵循同样的力学规律;模型潜艇和实型潜艇具有相似的边界条件。

模型潜艇和实型潜艇在几何上相似,是指模型潜艇和实型潜艇具有成比例缩放的艇体外形、螺旋桨几何尺寸、艇体结构外形尺寸和剖面尺寸。

模型潜艇和实型潜艇都是水中振动的流固耦合力学系统,如果它们都处在海水中,那么它们都满足相同的弹性控制方程和声波方程,因而遵循同样的力学规律。

模型潜艇和实型潜艇的边界条件相似,是指在边界上的运动、形状、载荷等相似。

模型潜艇和实型潜艇间的相似条件体现在声学试验中,就是四个相似准数相等。四个相似准数都是无因次数,它们分别是无因次的马赫数、无因次的柯西数、无因次的螺旋桨进速系数、无因次的激振力系数。

无因次的马赫数的定义式为

$$Ma = \frac{v}{c} \tag{9-25}$$

无因次的柯西数的定义式为

$$Ch = \left(\frac{E}{\rho n^2 D^2}\right)^{-1} \tag{9-26}$$

无因次的螺旋桨进速系数的定义式为:

$$J = \frac{v}{nD} \tag{9-27}$$

无因次的激振力系数的定义式为

$$C_F = \frac{F}{\rho n^2 D^4} \tag{9-28}$$

上述各式中:v 代表与速度相关的量(如振速、航速、螺旋桨进速等);c 为流体中的声速;E 为弹性模量,包括结构和流体的弹性模量;ρ 为密度,包括结构和流体密度;n 为螺旋桨转速(当激振力为螺旋桨激振力时),或为机械激振力频率(当激振力为机械激振力时);D 为螺旋桨直径(当激振力为螺旋桨激振力时),或为艇体直径(当激振力为机械激振力时);F 为激振力。

声学相似原理表明:在模型潜艇和实型潜艇的相似准数相等时,两者的声压系数才能相等。声压系数也是无因次数,其定义式为

$$C_p = \frac{p}{\rho n^2 D^2} \tag{9-29}$$

式中:p 为流体中的声压。

上述无因次数之间的关系用数学形式表示就是:

$$C_p = f(Ma, Ch, J, C_F) \tag{9-30}$$

声学相似原理给出了利用模型潜艇开展声学试验并将结果换算到实型潜艇的条件和方法:按照相似准数相等的条件进行试验(即模型与实型的 Ma 数、Ch 数、J 系数、C_F 系数分别对应相等),然后按声压系数 C_p 相等的原则将模型潜艇声学试验结果换算到实型潜艇上。

2. 模型潜艇与实型潜艇的具体相似换算关系

在采用模型潜艇代替实型潜艇开展声学试验时需要满足相似关系,相关数据结果需要按照相似关系换算,具体为:

(1)模型潜艇艇体结构(包括板、肋、纵骨、加强肋等)与实型潜艇艇体结构满足几何相似

条件。

假设实型潜艇长度为 L_s，模型潜艇长度为 L，则缩尺比为

$$m = L_s/L$$

相应地，模型艇板厚应为

$$h = h_s/m$$

考虑到潜艇制造工艺等方面的问题，缩尺比应适当，否则会导致潜艇上的轻结构板厚太薄、焊接变形太大等问题。一般取 $m = 2 \sim 3$。

（2）模型艇桨与实型艇桨也要按缩尺比 m 满足几何相似条件，如螺旋桨直径为

$$D = D_s/m$$

（3）水听器到被测潜艇的距离按缩尺比 m 满足几何相似条件，测点距离是实型潜艇测量距离的 $1/m$。

（4）模型潜艇与实型潜艇以相同的航速进行试验，即

$$v = v_s$$

为了保证模型潜艇与实型潜艇声学相似，则应满足 Ma 相等的条件。由于模型潜艇与实型潜艇都在水中试验，两者所处的流体声速相等，因此使模型潜艇保持与实型潜艇相同的航速进行试验才能保证两者的 Ma 相等，即 $v = v_s$。

（5）声波波长作为一个长度量也应满足几何相似条件，即模型潜艇试验时的声波波长 λ 按照实型潜艇试验时的声波波长 λ_s 缩小 m 倍。

为保证模型潜艇与实型潜艇试验时的声波波长相似，就需要满足 $f = m f_s$，因为两者所处的流体具有相同的声速，即 $c = c_s$，而声速与频率具有关系：

$$c = \lambda f, \quad c_s = \lambda_s f_s$$

因此，在满足 $\lambda = \lambda_s/m$ 的要求时，频率也要满足 $f = m f_s$，这样才能保证 $c = c_s$。这说明，模型试验的频率与实型试验的频率存在一一对应的关系，模型试验时的频率比实型试验时高 m 倍，即小结构的频率高，对应的大结构的频率低。

（6）模型艇桨转速比实型艇桨转速高 m 倍。

模型潜艇与实型潜艇的螺旋桨进速系数 J 相等，可保证两者与螺旋桨推力、激振力相关的量相似。由于两者的航速相等，即满足 $v = v_s$，同时螺旋桨直径满足 $D = D_s/m$，因此要实现两者的进速系数 J 相等，就需要两者螺旋桨转速满足

$$n = D_s n_s/D = m n_s$$

即模型艇桨转速比实型艇桨转速高 m 倍。

（7）为保证模型潜艇与实型潜艇的结构振动相似，应满足模型与实型之间的 Ch 相等的条件，这就需要两者结构材料的弹性模量 E 相等。

（8）模型的螺旋桨激振力 F 是实型的螺旋桨激振力 F_s 的 $1/m^2$，即

$$F = F_s/m^2$$

为保证模型潜艇与实型潜艇的激振力相似，应满足模型与实型之间的激振力系数 C_F 相等的条件。

对于螺旋桨激振力，D 是螺旋桨直径，n 是螺旋桨转速，因此，在满足螺旋桨直径相似关系 $D = D_s/m$ 和螺旋桨转速相似关系 $n = m n_s$ 的前提下，模型的螺旋桨激振力 F 是实型的螺旋桨

激振力 F_s 的 $1/m^2$，即

$$F = F_s/m^2$$

对于机械激振力，D 就是潜艇直径，n 就是激振力频率。类似地可以给出：在满足艇体直径相似关系 $D = D_s/m$ 和机械激振力频率相似关系 $n = mn_s$ 的前提下，模型的机械激振力 F 是实型的机械激振力 F_s 的 $1/m^2$，即

$$F = F_s/m^2$$

（9）在相似的频率和位置处，模型潜艇和实型潜艇的声压相等。

在满足相似准数相同的条件时，模型潜艇和实型潜艇这两个力学系统的无因次声压系数 C_p 相等。对于模型潜艇和实艇，按照前述相似要求，必然能满足

$$\rho n^2 D^2 = \rho n_s^2 D_s^2$$

因此如果两者的声压系数 C_p 也相等，那么就有 $p = p_s$，即在相似的频率和位置处，两者的声压相等。

（10）模型潜艇和实型潜艇的相似频带具有倍数关系，相似频带的总声级相等。

根据总声级的定义可知，总声级是覆盖所需分析频带的声能量的对数表示。声能量又可视作所有谐波能量的总和，在满足相似条件的前提下，模型潜艇和实型潜艇在相似频率下声压幅值相等，因此两者的声能量相等，总声级相等。不过，由于模型潜艇和实型潜艇的相似频率具有倍数关系，即 $f = m \cdot f_s$，这意味着两者的总声级所覆盖的频段也具有相似关系：

$$\Delta f = m \cdot \Delta f_s$$

除了上述关系外，还可推知模型潜艇设备功率、螺旋桨轴功率与实艇设备功率、螺旋桨轴功率间的关系为 $P = P_s/m^2$，模型潜艇设备转速与实型潜艇设备转速间的关系为 $n = m \cdot n_s$。

综上所述，模型潜艇与实型潜艇之间的所有物理量均存在一一对应的关系，潜艇结构声学相似原理明确地给出了模型潜艇所应满足的试验条件，以及模型试验的结果应按什么样的关系换算到实型潜艇。因此，只要缩尺比满足建造工艺要求，采用大比例模型潜艇测量艇体结构声学传递函数是完全可行的，无论是静态声学试验的传递函数，还是动态试验的辐射噪声都可以按照相似原理换算到实型潜艇。

9.3.3　声学相似原理的简单模型验证

为了验证由以上推导得到的声学相似条件和相似关系，采用结构有限元耦合流体边界元方法计算两个相似的加肋圆柱壳结构在水下振动时的响应和声辐射，对它们的辐射声压指向性以及辐射声压频响曲线进行对比，并验证相似原理。

这两个相似的圆柱壳模型采用相同的钢质材料，它们的几何参数见表 9-1。原型和相似模型几何缩尺比取为 $m = 2$，尺度大的称为大圆柱壳，小的称为小圆柱壳。相关材料参数为：杨氏模量 $E = 2.06 \times 10^{11}$ N/m^2，泊松比 $\sigma = 0.3$，钢材密度 $\rho = 7850$ kg/m^3，结构阻尼系数 $\mu = 0.06$。流体参数为：密度 $\rho_l = 1020$ kg/m^3，水中声速 $c = 1450$ m/s。

大小圆柱壳模型的激振力幅值分别取为 $F_s = 98$ N、$F = 24.5$ N，满足两个模型间的激振力相似要求。若对大模型以 120 Hz 频率的激振力进行激振且测点位置距离圆柱壳中心 8 m，对小模型以 240 Hz 频率的激振力进行激振且测点位置距离圆柱壳中心 4 m，那么这两个模型的

振动与辐射噪声将具有相似性。图 9-10 给出了该状态下两者所辐射的声压级指向性图,通过对比可知,两者在声压指向性和声级上完全相同。在上述基础上,如果改变激振力频率,并选取圆柱壳激振力方向上的点作为声压测量点,还可以得到声压频响曲线。图 9-11 对比了大小

表 9-1 模型几何参数 （单位:mm）

几何参数	大圆柱壳	小圆柱壳
长度	2000	1000
直径	1600	800
肋骨尺寸	10×50	5×25
肋骨分布间距	200	100
端盖厚度	26	13
外壳厚度	6	3
水深	3000	1500
声场计算半径	8000	4000

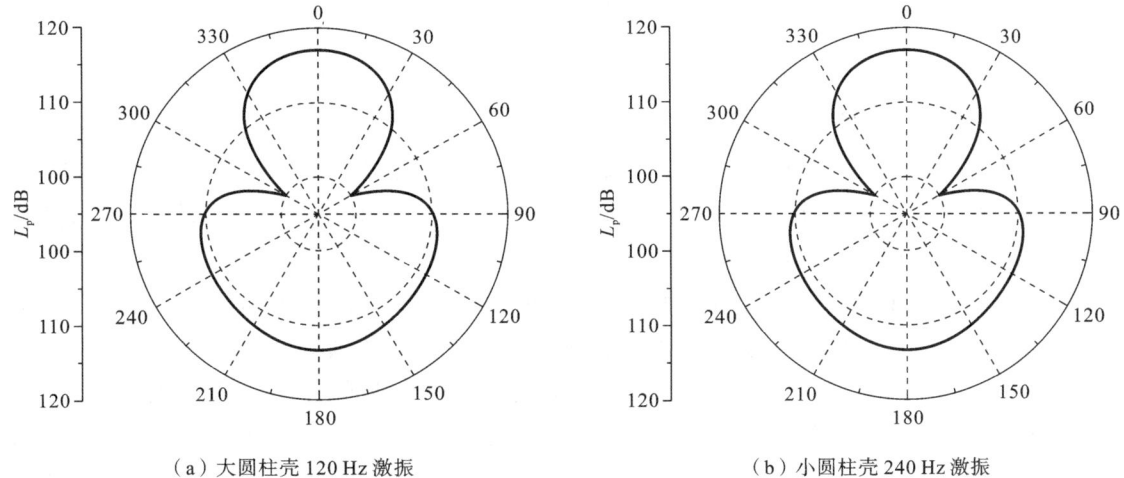

（a）大圆柱壳 120 Hz 激振　　　　　　　（b）小圆柱壳 240 Hz 激振

图 9-10 相似圆柱壳的声压级指向性图对比

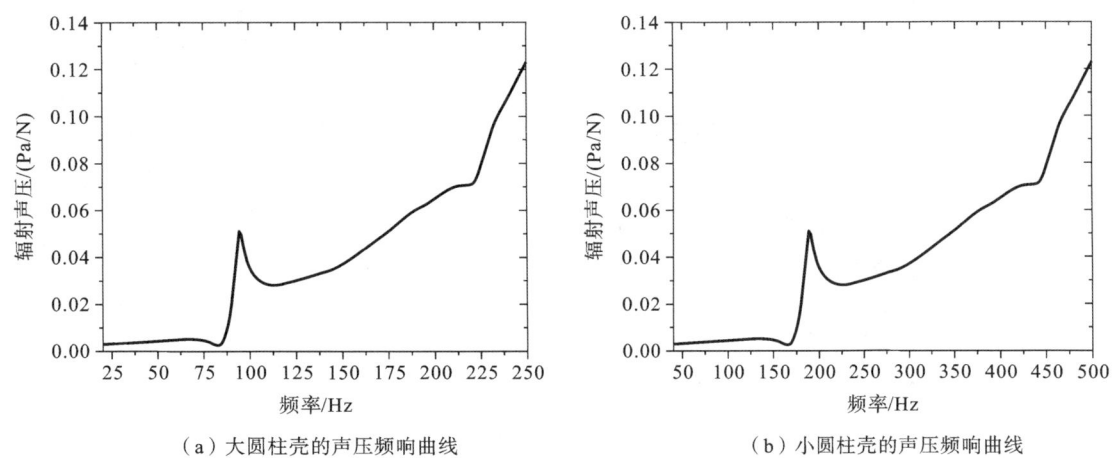

（a）大圆柱壳的声压频响曲线　　　　　　（b）小圆柱壳的声压频响曲线

图 9-11 相似圆柱壳的声压频响曲线对比

模型的声压频响曲线,可见除了频率具有扩倍关系外,声压幅值大小和变化规律是完全一致的。

图 9-12 所示是基于前述计算模型参数制造的两个圆柱壳。对这两个相似的圆柱壳进行激振试验,通过试验验证它们的相似关系。

（a）对大圆柱壳的激振试验　　　　　　　（b）对小圆柱壳的激振试验

图 9-12　相似圆柱壳的激振试验

试验时,将大、小模型分别柔性吊装,采用单向激振机单点激励结构,使模型振动并辐射噪声。为满足相似关系,两个模型的安装、激振位置和测点位置也应满足相似条件,具体包括:大模型吊装的离地高度是小模型吊装离地高度的两倍,大、小模型的激振位置,用于对比的振动加速度测点和声场测点位置都按照几何相似的关系进行布置。通过试验测量具有相似位置关系的测点处两个模型的声压频响曲线,然后再对激振力进行归一化处理,可以得到它们的结构声学传递函数。由于大小模型的频率和激振力幅值具有倍数关系,因此将其中一个模型的结构声学传递函数按照相似关系进行扩倍,就能获得另一个模型的结构声学传递函数。图 9-13 给出了将小模型结构声学传递函数进行频率和幅值的扩倍后得到的结构声学传递函数同大模型结构声学传递函数曲线的对比。由图可见,两者基本吻合,这就证实了相似模型的声压传递函数间的相似关系。

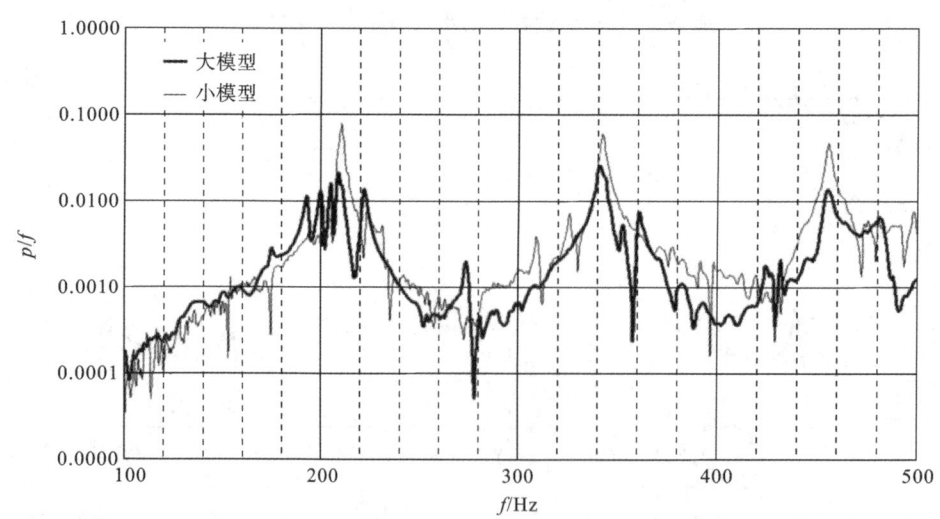

图 9-13　小模型与大模型的结构声学传递函数曲线对比

9.3.4　利用大比例潜艇湖上声学试验获取潜艇的结构声学特性

为获取潜艇的结构声学特性,可以按照给定的缩尺比建造模型潜艇,然后对潜艇开展静态悬浮激振试验,获取模型潜艇的结构声学传递函数,最后按照声学相似的换算规则将其换算成实型潜艇的结构声学传递函数。静态悬浮激振试验方法是:采用悬吊装置使模型潜艇悬浮,悬吊装置应当同潜艇软连接,潜艇采用激振装置激振,测量潜艇受到激振装置的激振力和艇外给定位置的噪声,然后对激振力进行归一化处理,获得潜艇的结构声学传递函数。之所以采取静态悬浮激振方式,是因为获取结构声学传递函数时,潜艇上只能作用激振装置施加的激振力,而不能有除此之外的其他激振力,而在艇上设备不开启的情况下,潜艇必须借助悬吊装置才能实现静态悬浮。图 9-14 给出了静态悬浮激振试验示意图。为了使模型潜艇的结果能够换算到实型潜艇上,模型潜艇及试验条件等都应与实型潜艇声学相似。

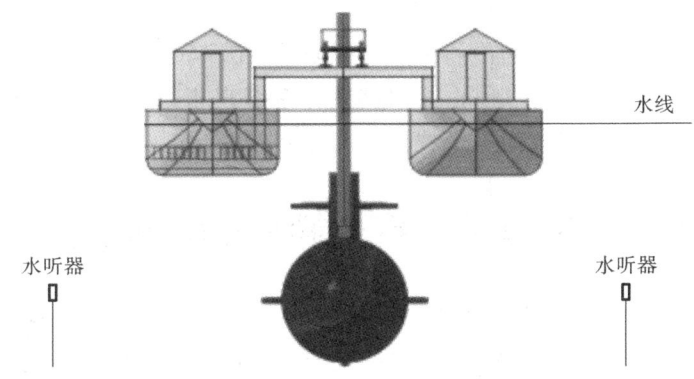

图 9-14　静态悬浮激振试验

为了获取潜艇结构声学传递函数,需要产生单频激振:利用单频信号驱动激振装置动作,然后测量潜艇结构振动、水中测点处的声压响应和激振力,然后将激振力归一化,从而获取给定单频激振力作用下的结构声学传递函数值;此后逐一变换频率,形成结构声学传递函数。

海军工程大学曾分别针对双壳体和单壳体潜艇模型开展静态悬浮激振试验,测量潜艇模型的结构声学传递函数,并通过对试验结果进行分析,给出了以下结论:

无论是单壳体还是双壳体结构,它们的结构声学传递函数都具有谱峰频率特征;

采用结构有限元耦合流体边界元方法能够较好地预报低频段的潜艇结构声学传递函数,预报结果和试验测量结果基本吻合。

9.3.5　螺旋桨噪声的不变特性的试验验证

潜艇航行声学试验是验证潜艇声学特性的另一个途径,重点是验证螺旋桨噪声的不变特性。螺旋桨噪声的不变特性指的是在螺旋桨产生的激振力的作用下,艇体结构辐射噪声频谱曲线的谱峰频率不会随着螺旋桨的转速(或航速)变化而变化,这种特性称为螺旋桨噪声的不变特性。通过测量潜艇的航行辐射噪声,可以分析得出辐射噪声谱,识别辐射噪声谱峰频率,确定谱峰频率同螺旋桨转速(或航速)的关系,进而验证螺旋桨噪声的不变特性。

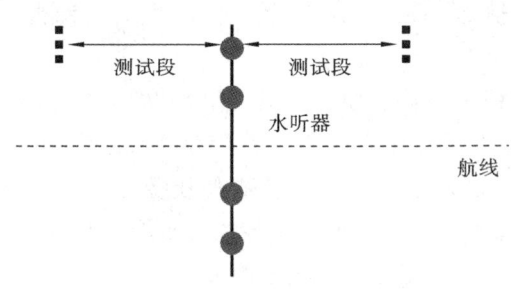

图 9-15　潜艇航行辐射噪声测量

试验前,湖中布置水听器阵(与模型潜艇的航线方向成 90°角布置),用于测量艇体辐射噪声。试验时,潜艇下潜到水下规定的深度,沿着规定的航线以规定的航速航行。进入测试段时,触发采集系统采集测试数据,测量艇体辐射噪声的通过特性。改变螺旋桨转速进而改变航速,测量不同螺旋桨转速或航速下的航行辐射噪声。图 9-15 是测量潜艇航行辐射噪声的示意图。

海军工程大学曾利用自航试验潜艇开展潜艇自由航行时的辐射噪声测量试验。试验结果显示:在特定频率附近,不同航速下的辐射噪声谱均出现峰值。该频率同航速没有关系,这就验证了螺旋桨存在噪声不变特性。

针对自航试验潜艇的结构声学传递函数预报表明,在螺旋桨轴向激振、侧向激振和垂向激振工况下由结构声学传递函数可以得出与实测航行潜艇声指纹相吻合的谱峰频率。这说明,螺旋桨噪声的不变特性与潜艇结构声学特性之间有必然的联系。

9.4　潜艇结构声学特性的控制技术

为控制潜艇结构声学特性,应当从顶层设计入手,相关技术要点包括噪声源与噪声传递途径控制、潜艇总体声学设计的三要素、实现潜艇噪声控制的技术原则和结构声学特性控制的技术手段。

9.4.1　噪声源与噪声传递途径

潜艇噪声控制的实质是噪声源和噪声传递途径的控制。

所有运转部件或设备(包括螺旋桨)都可被视为潜艇的噪声源。大部分运转机械(如电机)的噪声源特性具有一个或多个线谱特征;流体运转机械在线谱特征的基础上,可能还会存在宽带谱特征(如发生空化时);一般情况下,螺旋桨激振力是宽带谱与线谱的叠加,即螺旋桨激振力既存在宽带谱特征,也存在一个或多个线谱特征。

噪声传递途径由潜艇艇体结构声学传递函数体现。辐射噪声特性是噪声源特性以结构声学传递函数作为放大因子给出的特性。除水动力噪声、螺旋桨水动力直发声以外,所有噪声源都必须经过潜艇艇体结构这个传递途径,才能向水中辐射噪声。

潜艇艇体结构声学传递函数存在明显的谱峰及对应的谱峰频率特征,当传递函数谱峰和噪声源谱峰相吻合时就会存在较大的辐射噪声谱峰。因此,控制传递函数谱峰和噪声源谱峰的相对位置,或者控制其中一个谱峰的幅值,就能实现潜艇辐射噪声的控制。

一般而言,控制噪声源是实现潜艇噪声控制的最有效的手段。在进行噪声传递途径控制时,在接近噪声源的位置处比在远离噪声源的位置处实施控制效果要好。

　　噪声源与噪声传递途径的划分是相对的,可视研究问题的方便程度决定划分界面,例如:可将隔振器、浮筏作为推进电动机的一部分,并将其视为噪声源,而将浮筏之下的艇体结构作为传递途径;也可将推进电动机作为噪声源,而将推进电动机之下的隔振器、浮筏作为艇体结构的一部分,并将其视为传递途径。因此,从广义的角度看,隔振器、浮筏是控制潜艇结构声学特性的重要工具。

　　同样地,将螺旋桨作为螺旋桨激振力噪声源,则可将轴系作为艇体结构的一部分,并将其视为传递途径,从而可在螺旋桨轴与艇体结构之间采取控制措施,改变传递途径的声学特性。

9.4.2　潜艇总体声学设计的三要素

　　潜艇总体声学设计的三要素(即噪声控制的三要素)是总布置设计、艇体结构声学设计、机械设备设计与配置。潜艇总体声学设计的目的是实现这三方面因素的平衡。

　　1. 总布置设计

　　从潜艇噪声控制的角度看,总布置设计是指进行噪声传递途径的规划,使得在噪声传递的途径上有足够的空间,能够方便地采取控制措施,如将浮筏基座规划到舱壁结构上,这样比将其规划到耐压的舷侧结构上更有利于噪声控制。将不可控的噪声源转化为可控的噪声源、将分布的噪声源转化为集中的噪声源也是总布置设计中噪声传递途径规划的重要内容,如将有轴推进转化为无轴推进,将推进电动机、轴系滑油泵、轴系海水泵集中于浮筏上,这样便于采取噪声控制措施。

　　2. 艇体结构声学设计

　　艇体结构声学设计的实质是传递途径的声学特性控制,通过结构设计(包括在结构中增加采用阻抗失配设计的结构,如增加隔振器、浮筏,改变结构刚度等),可以改变激振力的作用方式或改变结构振动的形态,从而达到改变结构振动声学特性的目的,增加结构振动能量在结构传递途径中的传递损失。

　　3. 机械设备设计与配置

　　机械设备设计与配置实际上是噪声源特性控制的要求,其任务是选择或配置振动幅值小的设备,并根据传递途径的频率特性,选择适当的设备转速。此外,在机械设备设计中,应设法使噪声源集中布置,避免噪声源分散布置,实现噪声源的局部极小化。

9.4.3　实现潜艇噪声控制的技术原则

　　图 9-16 给出了潜艇在单点、单频激振力作用下的结构振动纵剖面视图,由该图可确定大型复杂潜艇结构振动的基本特征:即使在单频率激振力的作用下,艇体结构振动也是不同波长振动的叠加,由此形成了复杂的不规则振动波形。其原因在于潜艇是一个大型的复杂结构,模态密度极高。

　　不过,按照波动分解技术,复杂的潜艇振动都可以分解为简单模式振动的叠加。例如耐压壳体的振动,其形态主要表现为不同阶数的截面周向模式振动的叠加。图 9-17 给出了将耐压壳体简化为圆柱壳时的若干典型截面周向振动模式。振动模式以阶数 n 来标识:$n=0$ 时的振

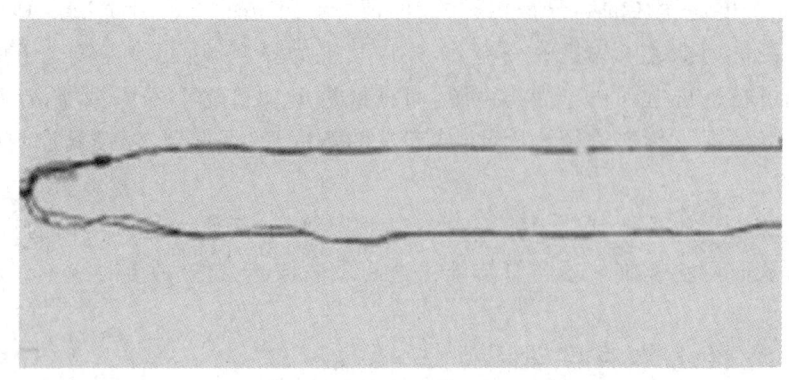

图 9-16　潜艇在单点、单频激振力作用下的结构振动纵剖面

动特征为壳体剖面做"呼吸"式变形振动;$n=1$ 时的振动特征为壳体剖面做上下或左右摆动式振动,等等。对每一给定截面周向振动模式,沿壳体轴向的振动又是具有不同波长的波的叠加。这样根据第 6 章有关声波扩展规律的解释可知:当截面周向振动模式确定时,轴向波长比流体声波波长大的波能有效辐射噪声。若振动波的轴向波长相同、截面周向振动模式不同,可以将圆柱壳沿周向展平。通过在展平面上进行比较可以知,n 值更小的截面周向振动模式下的振动将具有更大的辐射能力。

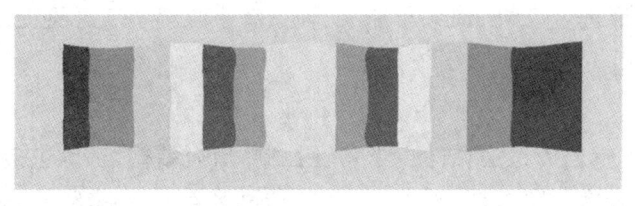

(a) $n=0$ 时的截面周向振动模式

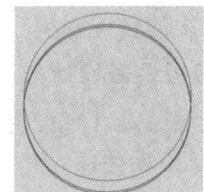

(b) $n=1$ 时的截面周向振动模式

图 9-17　圆柱壳典型截面周向振动模式

对于尺度较大的潜艇,通常辐射噪声在 150 Hz 时具有较大分量,该频段的海水声波波长大约在 10 m 以上,传播距离较远。在该频段,真正对结构声辐射有贡献的是结构波长较大的振动波,其对总声级的贡献也较大。图 9-18 所示为圆柱壳在单位轴向力作用下的各阶辐射噪声功率。通过对比分析可知:在整个低频段内,在 $n=0$ 和 $n=1$ 的截面周向振动模式下的振动所辐射的噪声是总声辐射的主要成分。因此,为了控制潜艇辐射噪声,就应当重点控制低阶截面周向振动模式下的轴向长波振动。

将潜艇结构辐射噪声按照振动形态分类对控制结构声学特性具有重要的意义,因为它指出了控制方向。由于潜艇结构中的长波通常由尺度较大的舱段结构振动所主导,而大尺度波

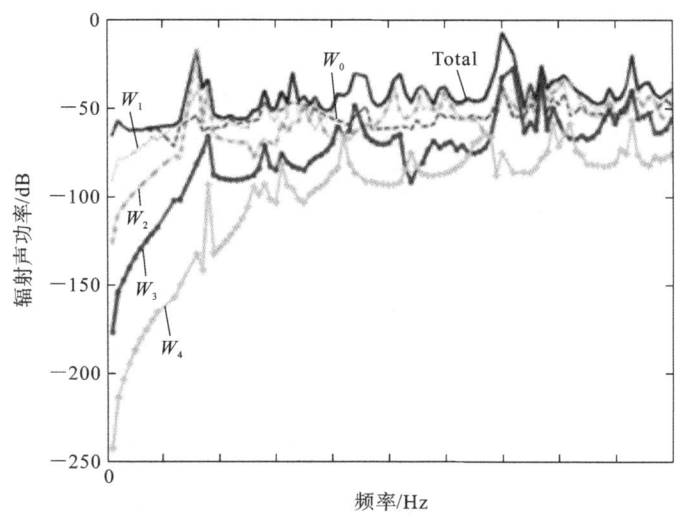

图 9-18　圆柱壳结构在单位轴向力作用下的各阶辐射噪声功率对比

注：Total 为总辐射声功率；$W_0 \sim W_4$ 为 $n=0,1,\cdots,4$ 的截面周向振动
模式下各阶振动所辐射的声功率。

长的舱段结构振动主要受刚度较大的耐压壳体影响，同时也可能受尾部刚度较大的轻结构的影响，因而如何采取措施实现舱段结构长波振动控制成为潜艇辐射噪声控制中的关键性问题。至于非耐压结构中的高阶截面周向振动模式下的轴向短波振动，其不应成为控制的重点，因为这些振动分量对总声级的贡献较小。

9.4.4　结构声学特性控制的技术手段

为控制潜艇结构辐射噪声，需要控制低阶截面周向振动模式下的轴向长波振动。这主要可以采取两类方法实现。

（1）通过结构声学设计，改变传递给壳体的激振力形式。例如，分别对加肋圆柱壳施加单点幅值为 1 N 的激振力（见图 9-19(a)）和施加上下两点对称布置、幅值均为 0.5 N 的同相位激振力（见图 9-19(b)），对比这两种工况下的圆柱壳辐射噪声（见图 9-20），结果表明两点轴向激振力工况下圆柱壳的辐射噪声更低，这是因为激振力形式的变化导致壳体对辐射噪声贡献较大的 $n=1$ 截面周向振动模式下的振动得到了有效控制，而 $n=0$ 的截面周向振动模式下的振动虽然有所增加，但该模式下的振动对辐射噪声的贡献量相较于 $n=1$ 的截面振动模式下的振

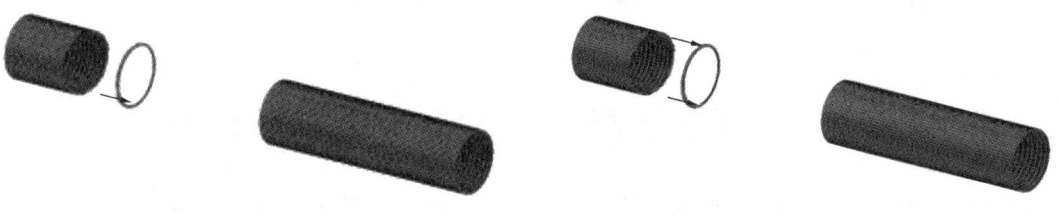

（a）单点激振力工况　　　　　　　　　　　　（b）两点同向同步激振力工况

图 9-19　两种不同的激振力形式

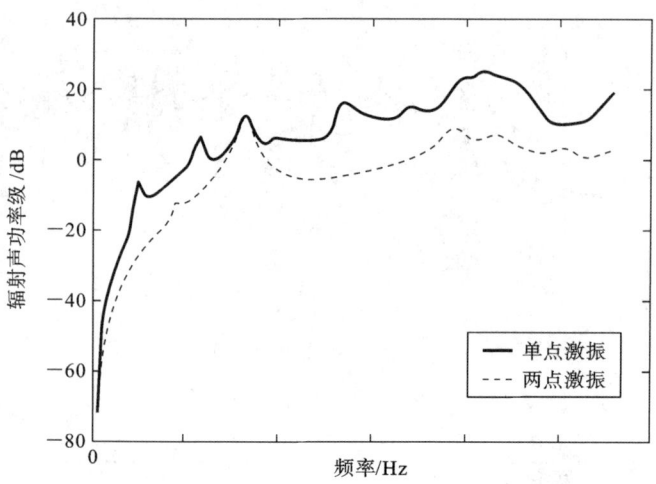

图 9-20 单点轴向激振力与两点轴向激振力工况下辐射声功率对比

动小得多。

（2）利用阻抗失配技术改变噪声传递途径的谱峰幅值和谱峰频率的变化，从而实现将噪声源的谱峰频率与噪声传递途径的谱峰频率错开，以降低结构在水中的辐射噪声。

图 9-21 给出了利用阻抗失配技术控制振动与噪声的原理图：在"源"结构与"受"结构之间增加一个阻抗较小的中间阻抗失配结构，"源"结构的阻抗为 Z_s，"受"结构的阻抗为 Z_r，中间阻抗失配结构的阻抗为 Z_i。当中间阻抗失配结构的阻抗小于"源"结构和"受"结构时，这种阻抗失配结构对振动的隔振效果可以表示为

$$E = \left| 1 + \frac{Y_i}{Y_s + Y_r} \right| \tag{9-31}$$

式中：

$$Y_s = Z_s^{-1}, \quad Y_r = Z_r^{-1}, \quad Y_i = Z_i^{-1}$$

图 9-21 利用阻抗失配技术控制振动与噪声的原理图

E 值越大，说明增加的中间阻抗失配结构的隔振效果越好。由式（9-31）可知，相对"源"结构和"受"结构而言，中间阻抗失配结构的阻抗越小，隔振效果越好。然而，结构的阻抗通常与频率有关，一般来说，频率越高，阻抗失配结构的隔振效果越好。隔振器、浮筏均为中间阻抗失配结构。

9.5 利用潜艇声指纹特性实现隐蔽作战

潜艇是一种隐蔽性很强的水下作战平台，其在水下的不可见性、海洋环境的复杂性，以及探测手段在水中的局限性，使得潜艇探测跟踪、敌我识别和制导攻击等作战环节变得非常困难，因此，反潜作战一直都是最令世界各国海军头疼的问题之一。

　　利用潜艇的声指纹特征,可以创建敌方潜艇声指纹特征数据库,从而提高敌我识别的可靠性和制导攻击的准确性,提高己方潜艇的反潜作战的能力。

9.5.1　潜艇声指纹特征数据库的建立

　　为获取敌方潜艇的声指纹特征,可在敌方潜艇主要出没区域(如潜艇母港、演习海域或咽喉要道,见图 9-22)部署水面侦听船、潜艇、水下无人艇或反潜监视网络等,利用声呐或水听器,对敌方潜艇的辐射噪声实施长期的监听取样,获取敌方不同型号潜艇的噪声数据(见图 9-23),分析其声指纹特征,并建立完善的潜艇噪声特征数据库,装备到反潜作战平台或武器上,作为反潜兵力探测、敌方潜艇识别、制导攻击的重要依据。

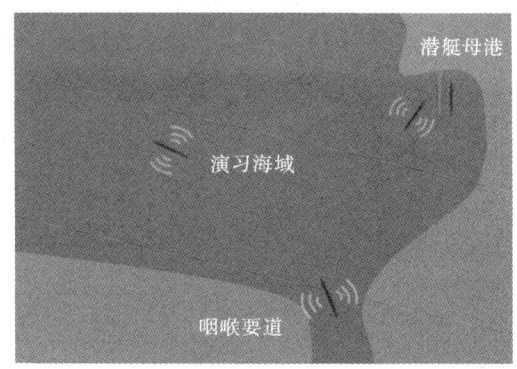

图 9-22　潜艇主要出没区域

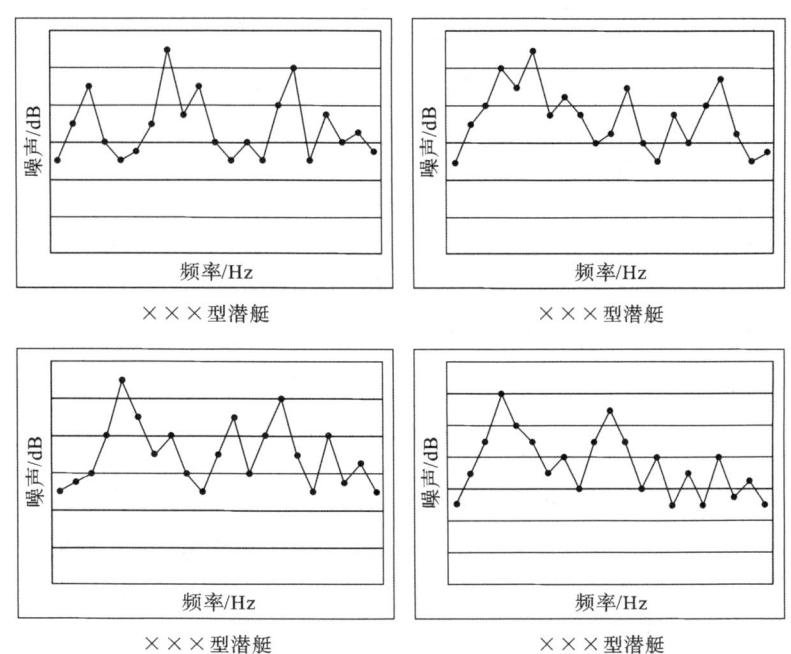

图 9-23　潜艇噪声特征数据库噪声数据

9.5.2 持续的反潜监视与早期预警

为了能够通过探测尽早地发现敌方潜艇,需要针对敌方潜艇,有针对性地实施进攻性或防御性的潜艇动向监视。

例如,可以在重要的海峡或航道,铺设海底水听器阵,构建 SOSUS 水声监听系统(见图1-12),利用深海声学通道(SOFAR)的特性,监听远距离潜艇的噪声,对监听到的噪声数据进行特征分析,通过与潜艇噪声特征数据库进行对比分析(见图 9-24),判断潜艇型号,并预判敌方潜艇动向。

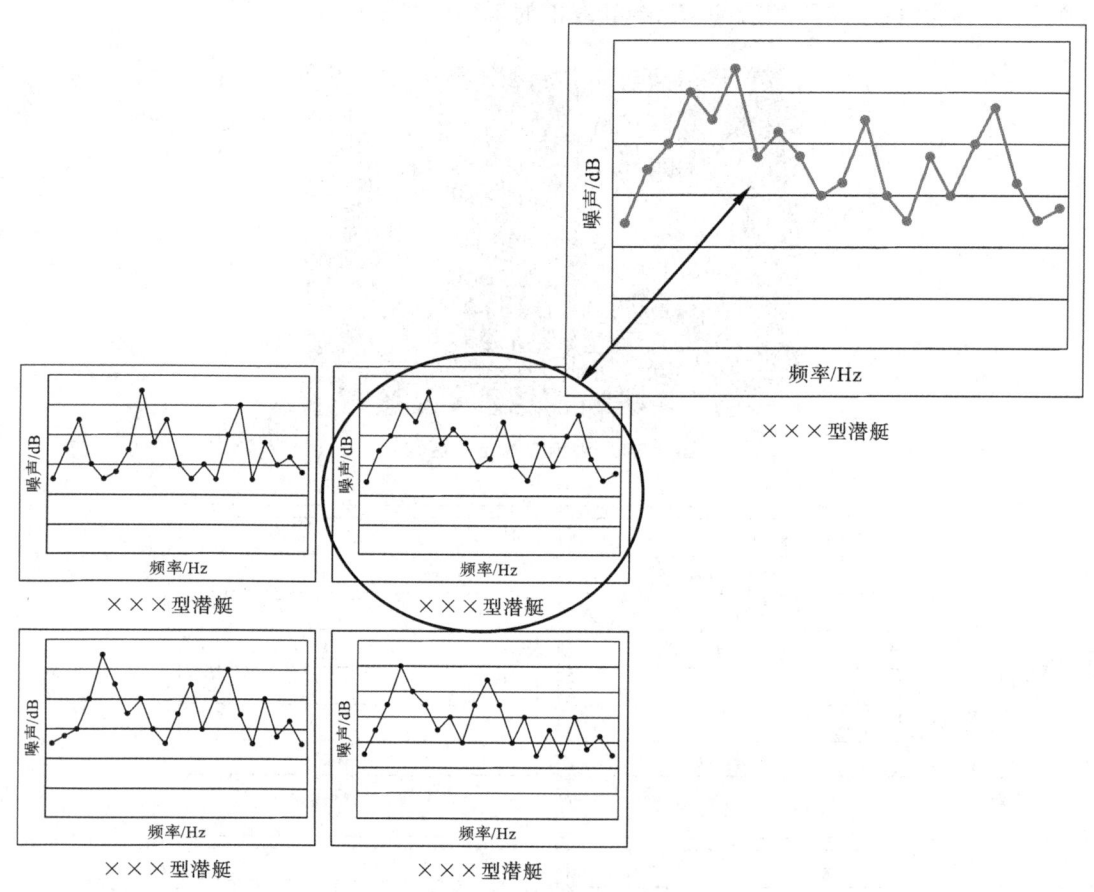

图 9-24 潜艇噪声特征对比分析

另外,还可以在周边海域构建由水下无人艇、水面无人艇,以及海底固定水听器组成的持续反潜监视网络(见图9-25),对过往船只的辐射噪声进行持续监听,并将监听到的噪声信号与敌方潜艇噪声特征进行对比分析,以识别和判断来袭潜艇的型号、动向以及意图,为我方反潜兵力提供早期反潜预警和反潜作战指引。

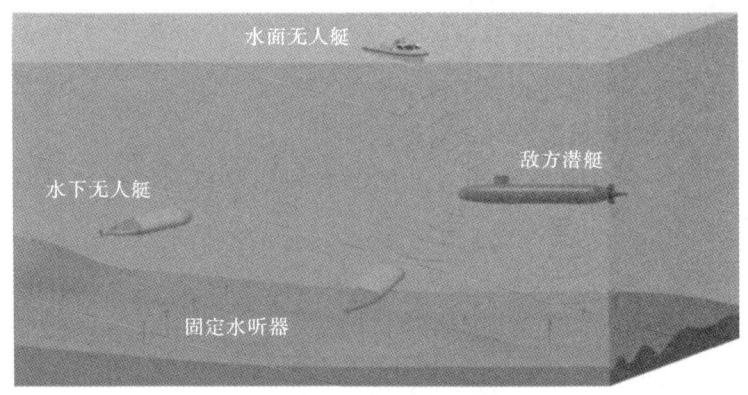

图 9-25　持续反潜监视网络

9.5.3　精准的反潜探测与攻击

反潜兵力获悉来袭潜艇动向和意图后,即可确定敌方潜艇所处海域,出动反潜飞机、潜艇、水面舰艇等兵力(见图 9-26),利用主动、被动声呐等手段,对敌方潜艇实施精准的探测,并通过潜艇声指纹特征的对比分析,识别并锁定敌方潜艇的方位,待时机成熟时,发射鱼雷等反潜武器,对敌潜艇实施精准的攻击,进而达到歼灭敌方潜艇的作战目的。

图 9-26　持续反潜监视网络

思考题

1. 试述潜艇结构声学中的基本关系,并说明什么是潜艇结构声学特性。

2. 试述螺旋桨噪声不变特性的产生机理。

3. 若已知大小模型艇比例为 1∶3,要按照声学相似原理开展声学特性测试。已知小模型艇激振力幅值为 2 N,水听器测点距离声源等效中心 3 m,测得其结构声学特性的谱峰频率为1000 Hz,问:与之对应的大模型艇激振力为多大?谱峰频率为多少?测点应放置在哪里?

4. 试述潜艇总体声学设计的三要素。

5. 试述实现潜艇噪声控制的技术原则。

6. 试述实现潜艇噪声控制的技术手段。

7. 试述如何利用潜艇声指纹特性实现隐蔽作战。

8. 利用结构有限元耦合流体边界元方法开展相似圆柱壳的声学预报,验证声学相似原理。

参 考 文 献

[1] URICK R J. Principles of underwater sound[M]. 3rd ed. Westport:Peninsula Publishing,1983.

[2] 刘伯胜,雷家煜. 水声学原理[M]. 2 版. 哈尔滨:哈尔滨工程大学出版社,2010.

[3] R. J. 尤立克. 水声原理[M]. 3 版. 洪申,译. 哈尔滨:哈尔滨船舶工程学院出版社,1990.

[4] 杜功焕,朱哲民,龚秀芬. 声学基础[M]. 2 版. 南京:南京大学出版社,2004.

[5] 王之程,陈宗歧,于沨,等. 舰船噪声测量与分析[M]. 北京:国防工业出版社,2004.

[6] 张海澜. 理论声学[M]. 2 版. 北京:高等教育出版社,2012.

[7] FAHY F,KALNINS A. Sound and structural vibration radiation, transmission and response[M]. 2rd ed. Netherlands:Elsevier Publishing,2007.

[8] EVERSTINE G C, HENDERSON F M. Coupled finite element/boundary element approach for fluid-structure interaction[J]. The Journal of the Acoustical Society of America, 1990, 87(5):1938-1947.

[9] 芬恩·B·延森,威廉·A·库珀曼,米切尔·B·波特,等. 计算海洋声学[M]. 北京:国防工业出版社,2017.

[10] 朱英富,张国良. 舰船隐身技术[M]. 2 版. 哈尔滨:哈尔滨工程大学出版社,2003.

[11] 王永富,周其斗,纪刚,等. 水中结构振动时声学相似性的数值验证[J]. 振动与冲击, 2012,31(16):66-71.

[12] 纪刚,谭路,周其斗. 螺旋桨/轴系激励下圆柱壳结构的低频辐射噪声模式分析研究[J]. 舰船科学技术,2014,36(6):42-53.

[13] 纪刚,周其斗,谭路. 螺旋桨轴向激励潜艇的轴、艇耦合特性与机理[J]. 振动工程学报, 2019,32(2):264-271.

[14] 刘文玺,周其斗. 基于振动分析技术的潜艇舱段结构优化设计,舰船科学技术[J]. 2019, 32(2):54-59.

[15] 孙谦,刘文玺,周其斗,等. 推力轴承基座结构形式对潜艇振动噪声的影响[J]. 中国舰船研究,2018,13(5):39-45.

[16] 王路才,周其斗,杨常青. 后艉轴承刚度对潜艇结构振动与声辐射的影响[J]. 中国舰船研究,2018,13(1):17-23.

[17] 李宗威,纪刚,周其斗. 非周期系统的局域化现象研究[J]. 中国舰船研究,2020,15(3): 88-94.

[18] 程佩青. 数字信号处理教程(Matlab 版)[M]. 5 版. 北京:清华大学出版社,2017.

[19] 盛美萍,杨宏晖. 振动信号处理[M]. 北京:电子工业出版社,2017.

[20] 纪刚. 结构声学原理[M]. 武汉:华中科技大学出版社,2023.